O legado das estrelas

Coordenadora editorial: Tânia Lins
Coordenador de comunicação: Marcio Lipari
Capa e projeto gráfico: Equipe Vida & Consciência
Preparação: Janaina Calaça
Revisão: Equipe Vida & Consciência

1ª edição — 1ª impressão
800 exemplares — fevereiro 2025
Tiragem total: 800 exemplares

CIP-BRASIL — CATALOGAÇÃO NA PUBLICAÇÃO
(SINDICATO NACIONAL DOS EDITORES DE LIVROS, RJ)

L525
O legado das estrelas / [psicografado por] Amarilis de Oliveira. - 1. ed. - São Paulo : Vida & Consciência, 2025.
288 p. ; 23 cm.

ISBN 978-85-7722-680-1

1. Romance espírita. 2. Obras psicografadas. I. Oliveira, Amarilis de.

25-96461 CDD: 133.93
CDU: 133.9

Este livro adota as regras do novo acordo ortográfico (2009).

Vida & Consciência Editora e Distribuidora Ltda.
Rua das Oiticicas, 75 – Parque Jabaquara – São Paulo – SP – Brasil
CEP 04346-090
editora@vidaeconsciencia.com.br
www.vidaeconsciencia.com.br

O legado das estrelas

Amarilis de Oliveira

Apresentação

É comum quando se está desencarnado há algum tempo perder a identidade com as características que tínhamos quando encarnados.

Com esse autor é assim. Quando terminamos esta obra, pedi que fizesse o prefácio e o assinasse, mas ele não quis. Afirmou que tem pouco em comum e não se identifica mais com o ser encarnado que foi.

Alguns podem ficar espantados, mas o que é um nome? Já que não somos, apenas estamos fulano de tal. Nascemos e renascemos muitas vezes, em várias pátrias, vivenciamos várias raças, sem beleza ou com ela, ricos, pobres, mas, sem dúvida, cada vez melhores, mais inteligentes e mais humanos. Pois os objetivos são estes: a expansão da consciência, o aprendizado contínuo, o aprender a amar ao próximo como a nós mesmos, que, aliás, deve ser nosso guia nessa escalada junto com o conhecimento, porque quem não tem, não pode dar.

Amarilis de Oliveira

Capítulo 1

Quando olhei toda aquela mata verde, pensei que ela nunca se extinguiria. Seria impossível o homem evoluído conseguir cortar todas as árvores e matar todos os animais.

Era um planeta quase virgem, não pré-histórico, mas praticamente intocado pela presença humana.

A população foi aumentando em número, a necessidade de mais moradias, crescendo, e, sem nenhum planejamento, o homem foi entrando e cortando a floresta para se aquecer, se alimentar e fazer lavouras.

Lastimamos. Ele podia ter racionalizado, se planejado melhor e, assim, não teria destruído tanto. Contudo, não nos é dado o direito de intromissão direta.

Nós já cumprimos uma grande parte de nosso aprendizado encarnado, e agora era a vez deles. De crescer, se multiplicar, aprender, embora muita coisa seja aconselhada antes de renascerem. Conselhos como os de um pai para um filho, de um amigo a outro, nada mais que isso, sem direito à interferência direta. Afinal, os destinos são deles, assim como também são os aprendizados, as experiências e as correções dos erros.

Como membro de visitação ao planeta, eu e muitos outros sempre o observamos e fazemos contato com o plano espiritual mais elevado. Depois de alguns séculos — em nossa contagem de tempo, um breve momento —, voltamos.

Quando as primeiras disputas com mortes violentas começaram a acontecer, lastimamos tal acontecimento, mas também entendíamos que aconteceria por um prazo curto. Quem éramos nós para julgar?

Que atos não havíamos cometido até que nosso planeta se estabilizasse? São coisas esquecidas na história do tempo, mas não esquecidas nos registros de nossas consciências finalmente elevadas.

Nosso planeta com bilhões de anos, nossa existência na contagem de um ano com quatrocentos e vinte e cinco dias, contados como os da Terra pelos ciclos solares. Estamos no ano 5297, embora isso não seja importante.

Nosso ciclo solar é diferente, e nosso contato com vocês vem de muito tempo. Posso lembrar-me de quando foi a primeira vez que uma nave nossa cruzou com este sistema solar.

Já havia seres de forma humana habitando o planeta. Já se organizavam em sociedades estruturadas e usavam animais como instrumentos. Clarion desceu a nave até certa altura. De fora da atmosfera o lugar parecia somente uma nebulosa refletindo azul.

Somente ao descer a uma altura — que vocês mediriam como 10 mil metros —, conseguimos descortinar que havia algo mais. Descemos mais um pouco e vimos um mar verde e azul, tanto que o primeiro nome que demos a esse planeta foi Cordissam, que em nosso idioma significa duas cores.

Fizemos a rota completa como se fosse uma órbita e descobrimos que ele tinha polos brancos de água congelada e vastas áreas de terra totalmente virgens — bem maiores em tamanho do que a área habitada.

Lembro-me de que, quando pousamos, ficamos em frente ao que vocês chamam de mar, e eu tive vontade de chorar de emoção. Estava vendo uma civilização nascer. Um planeta evolutivo, uma nova esperança para seres abrutalhados se transformarem em algo melhor, um planeta de expiação, lamentavelmente.

Saí da nave, sentei-me sob o sol infravermelho e rezei para que o destino expurgatório passasse rápido para vocês e para que, antes do limiar daquele século — embora fosse ilógico em tão pouco tempo —, os seres de nível humano alcançassem patamares próximos à perfeição.

Sabia que não seria assim, mas era minha forma de desejar "boa sorte" aos que começavam novamente e aos que estreariam na evolução de forma humana.

Depois de pouco tempo, desloquei-me pela mata, vi os animais parados olharem-me, vi os rastejantes ainda e acariciei-os, desejando que evoluíssem e tivessem sucesso na luta pela sobrevivência. Era a época deles para isso.

Clarion chamou-me, avisando que teríamos de ir antes que a noite caísse sobre aquela parte do planeta. Eu, sentimental como sempre, levei um par de sementes caídas no chão, um punhado do solo e pensei que queria muito que germinassem em minha estufa em casa.

Eu as olharia pensando que cresceriam e se desenvolveriam como o ser humano no planeta. Cada vez que crescessem um centímetro, eu teria certeza de que a evolução iria ao próximo passo.

Inocente, não imaginei, esquecido da própria história, que os erros se sucederiam e que o nível de egoísmo era bem maior do que eu poderia imaginar.

Voltei à nave, levantamos voo, voltamos a atravessar a galáxia do sol vermelho e fomos para casa — embora eu realmente acredite que minha casa seja o universo e que estamos atrelados a ele.

O amor pelo planeta recém-descoberto ficou como se os habitantes fossem todos meus irmãos mais novos, apesar de poucos saberem da nossa existência e alguns a negarem teimosamente.

Em casa, em Vor-9, criei uma estufa, plasmei o mesmo meio que as sementes teriam, níveis de oxigênio, hidrogênio etc. Elas demoraram mais para germinar do que em seu próprio planeta, e houve momentos em que avaliei que isso não fosse acontecer.

Lastimei tê-las trazido. Fora um ato impulsivo meu, mas queria tanto ter algo daquele planeta comigo, um sentimentalismo um tanto bobo, mas ainda sou assim.

Finalmente, vi brotarem duas folhinhas verdes na estufa plasmada. Tinham um verde um tanto brilhante, e logo pensei que algo na composição do solo que eu trouxera provavelmente se alterara.

Analisei o solo bioquimicamente, mas não tinha ideia exata de qual seria ideal. Logo depois, a outra semente também germinou e era de um verde brilhante, mais brilhante ainda.

Pensei: "Não faz mal. Não posso querer imitar a obra do grande Criador, mas elas crescerão, darão frutos e flores. Flores que eu amarei. Se pudesse, teria a semente de cada uma das espécies em meu jardim".

Isso seria impossível, pois precisaria ter todo o planeta Cordissam nos fundos de minha casa. Sorri. Talvez alguma tênue característica do egoísmo de outrora.

Naquele momento, Clarion transmitiu-me uma pergunta. Estava longe, em seu lar, quase do outro lado do planeta que habitamos. Para nós não é mais problema, pois volitar é como viajar a trezentos quilômetros por hora em nossa atmosfera, bem menos densa e com baixos níveis de gravidade em relação a Cordissam.

"Tem tido sucesso em suas aquisições, Irione?"

"Está falando de minhas sementes? Tenho. Hoje, experimentei um prazer inestimável! Uma delas já tem vinte e cinco folhinhas e vários brotos. Nem sei que vegetais são. Pedirei para fazermos um levantamento. Adoraria passar vários anos em Cordissam."

"A denominação está errada. Não é um planeta de duas cores."

"É verdade, mas a primeira impressão foi a que ficou: a de um mar verde e outro azul."

"Vamos mudá-lo. Que tal Cordissanal? É mais adequado."

"Realmente! O planeta de milhares de cores. Teremos de mudar no relatório."

"Eles já devem ter percebido nosso engano, mas, enfim, é somente uma denominação para não termos que ficar repetindo galáxia estelar infravermelha, planeta do quadrante dez etc."

Sorri. Um dos desagrados de Clarion era fazer relatórios, e essa atividade sempre cabia a ele. Precisamos enriquecer nossa biblioteca constantemente, e ele entendia a utilidade disso. Ele também tem reflexos de imperfeições de nosso passado.

Só eu sei disso. Clarion sempre faz o que precisa com carinho e amor, mas eu percebia que vários reflexos passados vinham e, suavemente, tentavam instalar-se. Ainda não somos perfeitos.

"Clarion, fui descuidado ao trazer as sementes. Já imaginou se elas se transformarem em um daqueles vegetais enormes?"

Ele sorriu, divertindo-se.

"Você terá a mais alta estufa do planeta e poderá abri-la à visitação pública."

"Não brinque. Estou realmente preocupado. Creio que, em nossa próxima viagem, as levarei de volta e terei o cuidado de trazer outras que não cresçam tanto."

"Sentirá falta. Eu o conheço. Você é um sentimental, ficará preocupado, se perguntando se elas estão bem e desejará atravessar a galáxia muito mais vezes só para vê-las. Não. Deixe-as com você. Qual é o problema de ter a mais alta estufa? Não vejo nenhum."

"Clarion, você gosta de divertir-se à minha custa. Hoje, pensei que elas talvez sintam falta do próprio meio, embora eu tenha trazido duas para que não se sentissem sozinhas. Descobri que elas emitem sensações de prazer. Vi isso através da aura de energia que as recobre."

"Não são seres inteligentes; têm somente reflexos de aparelhos circulatórios e digestórios Não plasme sobre elas esse seu coração mole."

"Clarion, venha visitar-me. Quero ver se você também não se emocionará ao vê-las. Uma delas já está com quase um metro. Vou acompanhar o crescimento desses vegetais centímetro por centímetro. Estou fazendo relatórios sobre o líquido que os alimenta e sobre a necessidade de água. Requisitei ficar no planeta por muito mais tempo e fazer um estudo completo sobre a flora. Você iria comigo?"

"Muito mais tempo? Estudar a flora? Até iria, mas só se você jurasse que faria todos os relatórios. Serão milhares de folhas para plasmar."

Sorri.

"Faço, mas não vou jurar. Precisarei de ajuda, pois não poderei analisar a flora quimicamente e fisicamente e ainda fazer todos os relatórios."

"Então, vá com outro, pois não farei todos esses relatórios!"

"Clarion, olhe a preguiça lhe estendendo seus braços e o abraçando. Gostaria muito que fosse comigo, embora eu vá precisar de outros botânicos. Estou especializando-me nisso para ter sucesso."

"Você e seu coração mole! Vou. Fazer o quê? Se eu não for, você ficará sentado na areia chorando e exclamando: 'Olhem que beleza de criação! Olhem que bela pedra! Vejam que harmonização química maravilhosa'."

"Você está exagerando. Não sou assim."

"Eu o vejo assim. Mas diga-me: será que suas plantas darão aqueles órgãos coloridos de reprodução?"

"Acabei de dizer-lhe que nem sei de que tamanho ficarão. Como vou saber? Só avaliei que estão com o verde bem mais brilhante, talvez pela imitação do sol infravermelho que eu criei."

"Você vai criar uma aberração, seu doido sentimental."

"Não vou, não. Vou sugerir pessoalmente aos organizadores que você vá comigo."

"Pensei que eu tivesse saído do meu estado de resgate, mas creio que não. Tenho mais algumas coisinhas para pagar, não é?"

"Só um pouquinho, Clarion, e vai fazê-lo acompanhando-me."

Ele sorriu.

"Deus! Quantos pecadinhos ainda tenho nos arquivos para aguentar esse coração mole?"

"Mais uns três mil, tempo suficiente para você ir comigo e voltar perfeito de lá, Clarion."

"Engraçadinho. Não vá caluniar-me criando resgates que não tenho. Já paguei todos os resquícios com você. Vá acariciar seus vegetais", brincou ele parando de transmitir.

Desde que fizemos nossa primeira viagem juntos, Clarion e eu cultivamos uma afinidade muito grande. Não foi, contudo, algo instantâneo. As várias vidas de resgates e aprendizados juntos eram a causa. Nosso carinho e nossa amizade eram puros. Às vezes, discordávamos. Ele julga-me um sentimental e tem certa razão nisso — embora exagere para divertir-se, assim como exagero sobre sua pouca vontade de fazer relatórios.

Pensando bem, ninguém gosta muito dessa atividade, pois é tediosa. Temos que pensar em cada detalhe, hora, minuto, condição de temperatura, umidade etc. A importância desses relatórios, contudo, é fundamental, afinal, é através deles que a informação fica à disposição de todos nos arquivos e nas bibliotecas.

Saí de casa e volitei até o armazém das naves. Queria entrar na escala e pedir para ficar alguns anos no planeta Cordissanal — nome, sem dúvida, mais adequado. Antes, contudo, teria de provar a utilidade do trabalho.

Cheguei à casa espessa do diretor de navegação, emiti um aviso comunicando que estava entrando e recebi um bem-vindo da ala norte. Dirigi-me para lá.

— Como vai, caro amigo? Seja bem-vindo.

— Estou ótimo, e, antes que pergunte, meus vegetais também estão.

— Sou obrigado a confessar-lhe que, todo primeiro dia da semana, vou até a biblioteca ler seu relatório a respeito deles. Assim que puderem receber visitas, poderia avisar-me?

— Já podem, sempre puderam, mas somente através da parede transparente plasmada. Eles precisam de oxigênio em níveis maiores do que nossa atmosfera pode oferecer.

— Você relatou que os órgãos de reprodução são coloridos. Queria muito ver quando eles brotarem. Foi esse o termo que usou, não foi?

— Sim, e é por isso que estou aqui. Gostaria de requisitar uma nave para ficar no planeta Cordissanal por anos. Pretendo fazer um tratado completo sobre a flora do local antes que se modifique. É uma floresta primária ainda.

— Não é Cordissam?

— Não. Esse nome foi inadequado. Não é de duas cores; tem muito mais. Há partes completamente brancas nos polos, mar azul, mar vegetal verde, com destaques de colorido. Há também o amarelo, que se destaca na parte onde não há vegetação, e a temperatura é muito elevada.

— Sei que o sol infravermelho é muito quente e emite calor em demasia.

— É verdade. Gostaria de requisitar uma nave ao conselho. Tenho certeza de que será um trabalho interessante e nos enriquecerá muito.

— Creio que este ano não será possível, pois todos os horários já estão preenchidos. Venha. Eu mesmo vou arranjar uma para você assim que for possível e depois farei a requisição. Sei que não negarão, afinal, todos estamos curiosos para saber como é um planeta nos primórdios de sua evolução. De certa forma, somos nós no passado, e isso é um achado. Você não imagina a vontade que estamos de ver os vegetais. Outro dia, conversávamos sobre eles.

— Podem ir, fiquem à vontade. Não sabia que estavam tão curiosos.

— Obrigado. E estamos, sim, muito curiosos. Que tal amanhã? Quer marcar hora?

— Não. Estarei em casa para quando quiserem.

— Posso levar minha esposa? Tenho comentado com ela.

— Terei prazer em recebê-los. Obrigado mais uma vez.

— Se eu pudesse, o acompanharia ao planeta, mas não posso ficar tanto tempo fora. Já pensou em quem gostaria de levar?

— Só em um.

— Aposto que pediu a Clarion. E ele?

— Aceitou, desde que eu faça os relatórios.

Ele riu.

— Vai me dizer que ele reluta em fazê-los, mas adora ler os dos outros. Vive fazendo cópias instantâneas, resquícios de resgates.

— Também creio. Ele vai reclamar um pouco, mas tenho certeza de que irá com prazer.

— Acredito nisso. Ele é um bom espécime. Minha esposa ficará feliz em poder ver os vegetais. São verdes, não?

— Sim, mas estão um pouco brilhantes em comparação aos do planeta de origem. Trata-se de alguma variação que ainda não descobri. Trouxe mais amostras do solo e farei mais análises.

— Quando viajar, quem vai cuidar deles? Se precisar, diga-me. É só me ensinar, e eu farei com prazer. Dori também cuidaria, tenho certeza.

— Sua esposa é sempre muito gentil.

— Já comentei com Dori que ela escolheu a profissão errada. Deveria ter feito botânica, mas a escolha foi dela.

— Preciso ir. Quando pudermos viajar, por favor, me avise.

— Faça a rota e o esquema do trabalho que pretendem desenvolver. Fique atento para não intervir na evolução dos espíritos do planeta, ensinando coisas às quais ainda não estejam preparados e que lhes possam ser prejudiciais.

— Sim, claro.

Saí de lá sentindo-me feliz. Precisava fazer um relatório sobre como realizaria o trabalho, um plano para apresentar.

Volitei para casa e fiquei do lado de fora da transparência da estufa olhando os vegetais. Com um filtro, vi a aura de um deles mudar de um rosa forte para umas nuanças amareladas. Algo estava ocorrendo. Não existiam estudos a respeito do que poderia estar errado.

Peguei meu aparelho de medir a umidade do ar. Os vegetais eram da orla marítima, e concluí que precisavam de muita umidade.

Refiz a combinação molecular de imediato, deduzindo que a atmosfera artificial que eu criara estava abaixo do que necessitavam. Estava funcionando como uma sufocação.

Plasmei a mudança de moléculas fazendo uma combinação maior de H_2O. Esperei observando, e demorou até que voltasse ao seu rosa natural.

"Isso, meu bom vegetal! Reclame sempre quando eu errar", transmiti, brincando com eles.

"Eu vivo reclamando, e você nem liga", transmitiram de volta, e a mensagem não viera dos vegetais.

"Engraçadinha!", respondi a Carli, que acabava de entrar em minha frequência. "Não lhe faltam moléculas de nada. E o que faltar, você mesma poderá plasmar."

"Irione, você é um chato! Quando virá visitar-me?"

"Não sei. Não quero afastar-me de meus vegetais. Agora mesmo um poderia ter morrido."

"Não vão morrer, e pare de fugir de mim. Qualquer dia, vou aí morar com você. Estou precisando de companhia."

"Não venha, não. Adoro minha vida de solteiro. Quando me sinto só, vou até a casa de meus pais e recebo os afagos de minha mãe", brinquei, e ela sorriu.

"Já passou da idade dos afagos de mamãe."

Sorri de volta. Havia muito tempo, Carli cismara que deveríamos viver juntos, mas eu gostava de morar sozinho. Já fora casado com ela durante várias vidas em nosso tempo de relacionamentos de resgate e aprendizado. Retruquei:

"Já me apaixonei demais por você. Não crê que bastou?", perguntei brincando.

"Não. Não bastou. Às vezes, quero um resgatezinho só para senti-lo perdidamente apaixonado por mim de novo."

"Você adora divertir-se com esse fato, não é?"

"É verdade. Outro dia, lembrei-me daquela vida em que você me roubou de meu noivo oficial, recorda-se?"

"Foi loucura", observei sorrindo.

"Foi", concordou ela melancolicamente, parando de transmitir. Esperei, mas ela desligara completamente.

Acomodei-me para fazer o plano de pesquisa para apresentar. Precisaria organizar os arquivos das espécies por grupos, tipos etc.

Não consegui concentrar-me. Voltei a pensar em Carli e na vida que ela citara. Loucuras da evolução. A lembrança, contudo, não saía de minha mente, e eu recordava cada detalhe.

Nasci em uma vila que não existia mais, filho de pais estabilizados. Eu a vi pela primeira vez ao ar livre. Lembro que senti meu coração do corpo mais denso — que não tenho mais daquele modo — acelerar-se.

De braços dados, passeando com um outro homem, ela, com seus olhos verdes, nem sequer olhava para mim. Tive ímpetos de tirá-la dele e trazê-la para minha casa. Sem recordações do passado, não sabia que aqueles eram reflexos de paixões acumuladas por vidas e vidas de desacertos entre nós.

Pedi a um primo, uma criança de dez anos, que descobrisse quem era a jovem que desfilava pelo parque com o mancebo. Ele foi até o casal e perguntou-lhe diretamente. Ela lhe afagou a cabeça perguntando:

— Para que um jovem tão simpático quer saber meu nome?

— Achei-a linda, senhora, só por isso — comentou sinceramente meu primo o que eu tinha mandado dizer.

Ela olhou para o homem com quem estava de braços dados e sorriu.

— Obrigada por achar-me linda, mas, quando você crescer, estarei velha demais. Além disso, no mês que vem já estarei casada. Sou Amaran, e esse é meu noivo, garoto gentil.

Meu primo agradeceu e saiu correndo, vindo encontrar-me e relatar o fato. Quando soube que ela iria casar-se dali a um mês, fiquei em desequilíbrio. Queria falar com ela e me perguntei o que ocorria, afinal, era a primeira vez que a via.

Com olhos de inveja e despeito, fiquei seguindo os dois discretamente enquanto passeavam pelo parque e vi quando, finalmente, saíram pelo portão. Comecei a segui-los sem que me notassem.

Andaram três quadras até que ele a deixou diante do portão e se despediu com um beijo que me doeu como uma faca em meu peito. Cheguei mesmo a fechar os olhos para evitar a cena.

Assim que ele saiu, esperei que se afastasse bastante, fui até lá e bati no portão. Uma senhora veio atender-me, e pedi para falar com Amaran.

— Quem é o senhor que quer falar com minha filha?

— Diga a ela que é um amigo.

A mulher olhou-me longamente, duvidando.

— Conheço todos os amigos de minha filha. Todos, sem exceção.

— Então, não se lembra de mim. Estive fora — menti firmemente e descaradamente.

Ela ficou olhando-me por alguns segundos ainda duvidando, enquanto eu mentalizava: “Chame-a, por favor. Preciso falar com ela”.

O desejo de falar com Amaran era maior que eu. Finalmente, a mulher entrou e logo depois a jovem veio à porta. Quando me viu, ficou parada, sem dar um passo em direção ao portão.

— Você disse à minha mãe que somos amigos, mas não o conheço, senhor. Tenho certeza disso. Por que mentiu?

— Poderia vir aqui só um minuto? Não vou tomar muito do seu tempo. É importante para mim. Preciso de um favor seu.

Percebi que ela veio em minha direção muito temerosa. Olhei para a boca de Amaran, que o noivo beijara havia pouco, e quis limpá-la com meu lenço como se estivesse contaminada. Não sabia o que iria falar, mas sabia que tinha de tentar algo.

— Em que posso ajudá-lo, senhor?

— Eu a vi andando pelo parque.

— Qual é o problema? Está um lindo dia. Todos passeiam pelo parque, e, se me viu, deve ter notado que eu estava acompanhada de meu noivo — comentou taxativa.

— Vim dizer-lhe que não vai casar-se com ele.

Amaran ficou branca, assustada, e depois caiu na gargalhada.

— Brincadeira de amigos. Bem que ele me preveniu que vocês tinham prometido fazer um trote.

— Não é brincadeira. Falo sério.

O tom que usei a fez ficar novamente no impasse se acreditava ou não em mim.

— Não queira assustar-me, por favor. Faz-me ficar com medo. Isso não é brincadeira que se faça.

— Senhorita, não sei como aconteceu, mas eu estava no parque e a vi passar de braços com ele... Tive ciúme, um terrível ciúme. Não pode casar-se com ele. Eu a amo.

Ela caiu na risada, relaxando.

— Vocês são ótimos. É ator? Pois deveria ser — disse entre risos.

— Não sou. Estou falando a verdade.

— Essas coisas não existem. Ninguém fica apaixonado só de olhar. Diga-me! Meu noivo está nos observando de algum lugar?

— Não. Não estou brincando. O que posso fazer para que acredite?

— É falta de inteligência acreditar em algumas coisas. Sei que está brincando, que são coisas de jovens. Eu esperava qualquer coisa, que dissesse que ele tem uma amante ou que já é casado. Fizeram isso com meu primo. A noiva dele acreditou e quase desfez o casamento dias antes da realização da cerimônia. Depois, quando ela estava em desespero, disseram-lhe que era brincadeira. De mau gosto, eu afirmo, pois a fez sofrer. Pelo menos essa brincadeira de você não me faz sofrer.

— Pode aproximar-se mais do portão, por favor — pedi implorativo.

Com um sorriso nos lábios e um certo suspense pelo que viria, ela aproximou-se, convencida de que era a continuação de uma brincadeira. Divertida, chegou bem perto de mim e perguntou:

— E agora? O que acontece?

Olhei-a. Estava a menos de cinquenta centímetros de mim, e apenas um portão baixo nos separava. Abri-o sem cerimônia e fiquei bem de frente para ela. Amaran levantou os olhos para mim, e eu olhei-a em detalhes: o rosto, a boca, e lembrei-me novamente de o noivo estar beijando-a minutos atrás. Senti o ciúme com toda força outra vez.

Sem que ela esperasse, segurei-a pela nuca com força e a beijei. Amaran lutou para desvencilhar, então a larguei. Afastou-se de mim assustada, mantendo-se a quase dois metros de distância, e limpou os lábios com a manga da blusa, surpresa, atônita, irada e ofegante.

— Foi estúpido! Sempre parecem fazer brincadeiras estúpidas! Até vir aqui me fazer declaração de amor, tudo bem, mas isso passou dos limites. Vocês não têm limites? Meu noivo não vai gostar disso! — gritou.

— É para que ele não goste mesmo! Você não vai casar-se! Vou impedir esse casamento — gritei ameaçadoramente.

A mãe dela saiu à porta.

— O que foi, filha? Eu a ouvi gritar.

— Brincadeira de quem não tem o que fazer, mãe. Esse senhor já está saindo.

Ela virou as costas e entrou. A mãe de Amaran ainda ficou olhando-me de alto a baixo, reprovando-me. Senti-me deprimir, saí e fechei o portão. “Ela não vai se casar no próximo mês”, prometi a mim mesmo.

“Mas como?”, indagava-me. Eu não era de caluniar e não faria isso. Tinha de provar-lhe que eu a amava. Esse era o único caminho.

Nem sequer pensei que, se ela amasse o noivo, nada que eu fizesse impediria o casamento.

“Irione!”, ouvi alguém tentando comunicar-se comigo. Abri meus pensamentos.

“Fale.”

“Fiquei sabendo que você fará uma pesquisa botânica e queria pedir-lhe para acompanhá-los.”

“Quem é você? Não reconheço a comunicação.”

“Desculpe, sou Aradie. Estou no mestrado de Biologia e concluirei este ano. Soube que você só irá no ano que vem.”

“Como soube tão rápido de minha viagem?”

“Alistei-me para pesquisas fora do planeta. Há dois anos espero por algo assim. Hoje, o supervisor avisou-me de que eu talvez possa ir e pediu-me para entrar em contato com você.”

“Faça-me um favor, venha conversar comigo pessoalmente. O planeta está iniciando seu processo de resgate, e creio que a ala em que vou trabalhar não esteja habitada por humanos. Não tivemos tempo de fazer muitas sondagens.”

“Sinto-me honrado pelo convite. Posso aproveitar para ver seus exemplares vegetais?”

Sorri e lembrei-me do que Clarion dissera sobre abrir a estufa à visitaçao pública.

“Sim, com o maior prazer. Quando poderá vir?”

“Amanhã à tarde, depois das aulas, estará bom para mim. Estudo até as três da tarde.”

“Combinado. Estarei esperando-o.”

“Posso fazer imagens dos vegetais?”

“Não sei. Estou fazendo estudos para verificar se a intensidade do brilho não os prejudica. Por enquanto, prefiro que não.”

“Claro. Mas pensei em fazer um quadro da imagem deles.”

“Assim que terminar esse cálculo de sensibilidade, eu o aviso.”

"Obrigado, Irione."

Eu precisava tomar cuidado. Detestava dizer não, mas não poderia levar qualquer um na expedição. Precisavam ser seres afinizados com meu objetivo e terem muito equilíbrio para não se envolverem demasiadamente no círculo reencarnatório do planeta.

Tive vontade de pedir a Clarion que viesse morar comigo para que pudéssemos discutir cada detalhe e sobre os voluntários pessoalmente, mas não tinha esse direito. Meu amigo de infância e eterno irmão estava casado e fora morar um tanto longe.

Levantei-me, fui até a cozinha e bebi um suco nutritivo. Depois, observei novamente meus vegetais. Pareciam bem. Analisei a aura deles com o filtro especial, pois sabia que, como em todas as coisas vivas, antes que algo aparecesse em suas moléculas de corpo denso, primeiro elas plasmariam na aura.

Sendo a aura de moléculas menos densas, seriam dez vezes mais sensíveis. Antes mesmo que atingissem o corpo denso, eu queria entrar com a correção do que as estava alterando e lhes tirando da harmonia.

Estavam ótimas. Anotei a hora e o estado vibracional e terminei de tomar meu suco. Sentei-me de frente para a transparência e fiquei olhando-os através do brilho do sol. Voltei, então, a pensar em Carli e em minhas loucuras da época em que era ainda mais imperfeito.

Em casa, eu não conseguia dormir. Chegava a suar frio, estava às raias da obsessão, mas não percebia isso. Um mês para fazer qualquer coisa, para tirá-la do casamento iminente.

Logo de manhã, mal haviam aberto a loja de flores, eu entrei, escolhi vários maços de flores e pedi ao jovem que entregassem de imediato.

— Senhor, a loja está aberta para receber as encomendas que fiz. O entregador não chegou, e não é de praxe entregar flores antes das nove horas da manhã. É deselegante.

— Queria agora — lamentei.

— Será a primeira entrega, logo às nove horas. Prometo-lhe que, às nove e um minuto, a jovem receberá as flores. Não vai escrever um cartão?

— Não! Trouxe uma carta pronta.

Ele pegou-a de minha mão e reparou no lacre.

— Está bem, senhor. Haverá resposta?

— Espero que sim. Esperarei aqui.

— Dê-me seu endereço. Se a urgência é tanta, o senhor pode me pagar adiantado a entrega da resposta e, assim, o entregador a leva direto.

Dei-lhe meu endereço e voltei para casa. Estava de férias do trabalho e só teria mais uma semana. Por que eu não a vi dois, três meses, um ano antes? Talvez não tivesse ficado noiva. Ou melhor, por que fui àquele parque naquele dia? Morava ali perto e só o frequentei quando criança.

Naquele dia, minha tia pediu-me para levar meu sobrinho ao parque, e eu nem reclamei de fazê-lo. Era o destino. E se era destino, ela iria casar-se comigo. Concluí na época.

Não recebi a resposta até as dez da manhã, então, voltei à floricultura com a certeza de que haviam esquecido. Reclamei, e o dono pareceu-me embaraçado. Ele disse:

— Espere um pouco. Vou chamar o entregador para relatar-lhe o ocorrido. Sinto muito, senhor.

Ele foi até o fundo da loja, e pouco depois um jovem de uns quinze anos apareceu. O dono da floricultura pediu:

— Relate ao senhor o que ocorreu. Conte exatamente como foi.

— Cheguei ao endereço dado, bati e uma senhora atendeu. Pedi para chamar o nome que estava no envelope, e a senhora chamou a jovem, que veio até a mim sorrindo. Ela abriu o portão, agradeceu-me e pegou as flores. Perguntei-lhe se havia resposta, e ela respondeu feliz: “Não. Vou encontrá-lo no almoço”.

“Eu já tinha andado metade da quadra, quando a ouvi chamar-me de volta. Fui até ela correndo, pois pensei que havia mudado de ideia quanto à resposta. Ela, então, disse-me um tanto irada: ‘Não são para mim! Não conheço esse sujeito’. Defendi-me dizendo que não sabia de nada, que era só o entregador e que o endereço estava certo. Ela devolveu-me as flores, e eu afirmei que não poderia trazê-las de volta. A moça olhou para os lados, viu duas estudantes passando e lhes perguntou:

"— Moças, já receberam flores antes?

"— Não — responderam as jovens sorrindo.

"— Então, são para vocês terem um bom dia."

O rapaz fez uma breve pausa e concluiu:

— Ela deu as flores às jovens, que saíram felizes. Senhor, sinto muito.

— E a carta? — perguntei angustiado.

— Não sei. Não estava na mão dela. Não devolveu.

— Obrigado — agradeci, sentindo uma tristeza profunda misturada com ansiedade.

Não sei o que pensei na época. Talvez que, ao ver as flores, ela se apaixonasse por mim? Bobagem! Coisas de paixão à beira da obsessão. Falei:

— Vegetais, vocês nem sequer começaram o ciclo evolutivo humano. Creio que seja a pior parte. Terão muita história para contar, coisas a se recordar, algumas engraçadas, outras vergonhosas. Sabem o que eu fiz? Fui loucamente à casa da jovem, bati, e a mãe dela destratou-me.

Implorei-lhe que pedisse à filha para receber-me, afirmando que não sairia de lá antes disso. Teimei, fiquei parado em frente à casa por quase meia hora, enquanto o portão permanecia fechado para mim. Pensei que ela estivesse em casa, mas não.

Vi quando ela chegou com compras embaixo do braço, então, saí do portão e fui encontrá-la no meio da quadra. Pedi-lhe que prestasse atenção em mim, jurando que não poderia viver sem ela.

Às vezes, ela ficava assustada, às vezes, incrédula, tentando entender que aquilo tudo só podia ser brincadeira. Eu não a deixava passar, enquanto falava tudo o que conseguia dizer sem censura, sem medo de ser ridículo, como só os excessos nos fazem ser. Senti-me exausto.

Ela ficou parada à minha frente sem ter o que fazer e depois me disse:

— Sinto muito, mas tudo está pronto para o casamento: convites distribuídos, vestido na costureira, casa mobiliada.

— Você o ama? Diga que não. Eu tentarei não implorar mais.

— Estamos juntos há três anos.

— Juntos como?

— Convivendo para saber se realmente nos queremos e, há um ano, chegamos à conclusão que sim. Não faça isso comigo. Não me deixe insegura.

— Quero que tenha certeza de que não o quer e que é a mim que você deseja.

— Senhor, não pode ser! Eu o vi ontem, só ontem! Você não pode querer mudar todos os meus planos de vida.

— Vou mudá-los, Amaran. Tenha certeza de que vou!

— Por favor, não me tire de minha tranquilidade. Foram três anos de relacionamento até estarmos seguros de que tínhamos estabilidade para uma relação com filhos. Estou preparada para eles.

— Ótimo! Mas não os terá com ele! Terá comigo.

— Isso é loucura! O senhor deve ser insano.

— Estou insano, Amaran! Você me deixou insano.

— Por favor, não apareça mais aqui. Imploro! — pediu-me com angústia.

Fiquei ainda mais desolado. Toda luta tinha sofrimentos; era o prenúncio da bonança, que eu, audaciosamente, tinha certeza de que viria, sem saber se merecia ou não.

Loucura de reencarnações primárias, sem consciência das anteriores. Sorri. Eu era um ser primário, só isso podia explicar tanta sandice.

Recebi outra chamada via telepática e esperei. Era um outro voluntário para ir ao planeta Cordissanal comigo. Avaliei se todas aquelas pessoas tinham um espírito de cientista ou se estavam loucos para ficar fora de casa. Avisei:

“Quero ficar lá por anos, pois farei um estudo completo.”

“Mesmo assim, eu adoraria. Estou me especializando em Biologia, em vidas primárias.”

“Para você pode não ser interessante, pois ficaremos em uma parte não habitada ainda, sem interferências humanas.”

“Entendo. A primariedade a que me refiro são formas não humanas ainda. Mas, se houver formas humanas, existe a necessidade de ensinar-lhes o bem e ajudá-los a evoluir.”

"Não sei se assim agiremos corretamente. Não se esqueça de que não estão preparados para nossa tecnologia, podendo colocar em risco sua evolução e aumentando seus carmas."

"Perdoe-me, mas não penso assim. Lógico, não podemos lhes ensinar nossa tecnologia, pois provavelmente não entenderiam. Mas terei o direito de julgar e ter livre pensamento e ação."

Pensei bloqueado: "Não vou levá-la. Já começamos nos desentendendo. Ela fala como se me odiasse, e nós nem sequer nos conhecemos. Não que eu me lembre".

"Qual é sua especialização?", perguntei.

"Já lhe disse no começo desta conversa."

"Desculpe, mas continuo achando que sua especialização talvez não seja muito útil lá."

"Não acredito que esteja falando isso! Todo aprendizado é útil."

"Falaremos sobre isso depois. Estou muito ocupado agora."

"Não é do tipo que teme a verdade ou é?"

"Não. Sempre espero que me falem a verdade."

"Vai encontrá-la sempre em mim."

"Um tanto desaforada essa pessoa!", avaliei. "Quem é?" Não a levaria por conta de minha não perfeição. Não era todo perdão como deveria ser, mas precisava esforçar-me.

Como a notícia estava se espalhando depressa, meu pedido certamente estava de mão em mão na burocracia do departamento de transportes.

Entrei em contato com Clarion.

"Já se decidiu?"

"Não."

"Decida-se. Amanhã, levarei a lista das pessoas que irão. Dois interessados já entraram em contato comigo. Não sei se quero levá-los, pois um deles foi até um tanto antipático. Logo no primeiro momento já discordou de mim."

"E você não gostou, não foi?"

"Sim, não gostei."

"Pensei que tinha me dito que iria praticar o perdão em toda sua extensão para também evoluir nessa parte."

"Tenho tentado."

"Não se esqueça, caro amigo, de que você não será o comandante. Não poderá dar ordens ou coisas parecidas."

"Ficarei longe de casa por muito tempo e quero estar com pessoas agradáveis."

"Faça das desagradáveis suas amigas! Não é esse um dos objetivos da vida?"

"Ora, Clarion, eu sei disso!"

"Ora, Irione, pratique!", respondeu ele no meu tom e brincando. "Não poderá barrar ninguém, pois a chance de isso acontecer é mínima. Todos que têm projetos no mesmo sentido serão convidados para participar."

"Preferia que só eu e você fôssemos."

"Egoísta, classe três."

"Que história é essa de egoísta classe três?"

"Quando estávamos no ciclo de reencarnações sem lembranças, ocupávamos a classe quinze. Ficamos nela por milênios, agora..."

"Que história é essa de classe três? Nunca ouvi falar disso."

"É um trabalho que estou fazendo, um estudo sobre o assunto. Não é do egoísmo que advêm todos as outras imperfeições?"

"Sem dúvida, engraçadinho! Vou ter que levá-lo também?"

"Fui o primeiro a ser convidado, lembra-se? Não tinha inscrição para nada parecido e, para seu azar, acabei de fazer como convidado de honra."

Sorri.

"Clarion, eu sei que o aguento sem acentuar minhas imperfeições, afinal, quantas vezes fomos irmãos ou tivemos outros parentescos?"

"Quase cem! Se não aprendemos a viver juntos em harmonia total, isso nunca acontecerá, Irione."

"Criador, quanta paciência o Senhor que nos criou com certeza espera um bocado!", observei.

Clarion sorriu.

"Isto que é exemplo de exercitar o perdão! Aprenda, Irione."

"Tentando mais uma vez, duas vezes, três vezes, quatro, cinco..."

"Um milhão de vezes, dois milhões de vezes."

"Adeus, Clarion!"

Ele sempre brincava, e era esse bom humor em Clarion que eu mais gostava. Ele sempre me mostrava minhas imperfeições de modo que eu as visse claramente, mas sem ressentimentos.

Exercitando nossas relações durante as reencarnações, nós realmente as limpamos do ódio. Com Clarion não sobrara nada, só um respeito e um amor profundo de amigo. Meu amigo.

Lembrei-me de uma vez que havíamos sido irmãos gêmeos. Éramos tão parecidos fisicamente que eu o detestava por isso e ele a mim. Meu sonho era fazer uma cirurgia que mudasse meu rosto, meu corpo, tudo. Impossível, lógico!

Certa vez, só de raiva, marquei um encontro com a namorada dele como se fosse Clarion só para deixá-lo irado. Ela compareceu ao encontro, e eu sorri.

A moça, contudo, olhou-me espantada e, para minha surpresa, me perguntou:

— Por que seu irmão não pôde vir?

— Você está me estranhando? Sou eu. Somos namorados, lembra-se?

Ela começou a rir muito.

— Que brincadeira boba! Gêmeos sempre fazem isso? Espero que seu irmão não saiba disso, pois, se souber, brigará com você. Acho que receberá uns socos bem merecidos.

Ela virou as costas e já ia saindo, quando pedi:

— Espere. Ele e eu somos tão parecidos que somente nossos pais não se confundem. Como você não se enganou?

— O sorriso. O dele é espontâneo; o seu é um tanto forçado. Algo entre vocês os difere. Ver, na verdade, não vejo, mas sinto. Sei quando é ele e quando é você. Brincadeira muito boba a sua!

— Não conte a ele, por favor.

— Não! Não o farei, mas não tente isso de novo. Ele não vai gostar, e eu não gostei também.

Ela se foi, e eu fiquei tentando descobrir o que nos diferia. Só quase três reencarnações depois entendi que era o nível de frequência. Naquela época, ele já era mais evoluído que eu e traduzia isso no bem-estar de sua presença.

Capítulo 2

O sol caía, e voltei a lembrar-me de Carli e do tempo em que ela era Amaran. Queria impedi-la de se casar com o noivo para que, assim, pudéssemos nos casar. Fiquei, então, cerceando-lhe os passos, seguindo-a para todos os lados, mas não houve jeito. A cerimônia estava cada dia mais próxima.

Enquanto isso, meu sofrimento aumentava, e a obsessão de meus pensamentos dirigidos a ela finalmente começou a atingi-la.

Uma semana antes do casamento, nós nos encontramos, e Amaran me disse que, se seu casamento não estivesse tão próximo, me daria uma chance.

Para mim, aquilo foi como um sim.

— Eu a amo e quero casar-me com você — supliquei de novo.

O noivo de Amaran descobriu que eu a seguia e contratou um guarda-costas para ela, temendo-me. Durante aquela semana, não consegui chegar perto dela, não só devido à presença do guarda-costas, mas também pelo fato de ela ter começado a me evitar. Apesar disso, eu fazia que me visse sempre.

A consagração da união deles aconteceria na casa de Amaran. Eu sabia que eles haviam vivido juntos por dois anos — era de praxe —, mas ainda tinha certeza de que ela viveria melhor comigo.

No dia do casamento, bati à porta da casa e pedi para ser atendido por Amaran. A mãe dela não permitiu, e eu não pude entrar.

Enquanto os primeiros convidados chegavam, rodeei a casa e entrei pela janela, aproveitando que o guarda-costas havia sido dispensado. Nunca pensariam que alguém tivesse tal audácia, mas eu, loucamente, tive.

Poderia ter sido preso e obrigado a frequentar a escola de reeducação social, se as pessoas não estivessem tão acostumadas à segurança. Já havia duas reencarnações que qualquer tipo de roubo ou assassinato fora extinto completamente. Começara com uma grande campanha de desarmamento, depois com o boicote a pessoas de má índole, fazendo-as procurar a reeducação, e, quase trezentos anos depois, ocorreu o fim total de todo tipo de desonestidade.

Pensei em tudo isso, como se fosse somente uma história. Sabia do ciclo das reencarnações, e ninguém mais duvidava disso havia quatrocentos anos. Mesmo sabendo dessas informações, pulei a janela baixa, toda aberta, e a encontrei lá.

— O que faz aqui?! — Amaran perguntou-me apavorada.

— Não permitirei que se case! — afirmei.

— Todos estão me esperando. Veja, já estou com as vestes do ritual de união definitiva. Não convivi o tempo de praxe com você, foi com ele.

— Não importa. Venha! Tire isso!

Amaran encostou-se em um canto da parede e senti que estava temerosa, dividida entre ir comigo ou ficar. Tudo dependia de minha insistência. Fui insistente, a agarrei e a beijei longamente, suplicando que não fosse para o casamento.

— Não me peça isso, por favor! Não faça isso! — implorou-me angustiada.

— O que você quer, Amaran? Juntar-se definitivamente com ele ou arriscar-se comigo?

— Juntar-me definitivamente com ele, tenho certeza. Ficamos dois anos morando juntos. Começou com um relacionamento superficial, mas agora temos certeza.

— Eu tenho certeza sem conviver com você! Pularia todo o resto e iria para o definitivo.

— Loucura! Há quinhentos anos, quando as pessoas faziam isso, aconteciam muitas separações e as crianças sofriam muito. Eram jogadas de um lado para outro, e havia brigas pela posse dos filhos, pelo modo de educá-las, e elas sempre saíam com distorções de caráter, levando muito tempo para se refazerem. Não era justo. Essa época já passou! Você não foi à escola? Não estudou história?

— Fui, mas creio que ainda tenha reflexos daquele tempo. Esperaremos para ter filhos, os anos de praxe, os anos que você quiser.

— Mas parei de tomar medicamentos para evitá-los. Se eu for com você, ficará seis meses sem me tocar.

— Tudo isso?

— Sim, lógico! A não ser que queira viver como quinhentos anos atrás. Não quero voltar na história.

Olhei-a. Eu aguentaria seis meses de espera? Ou arriscaria uma união definitiva — que raramente dava certo —, sem passar pela experiência de dois anos? Como será que estavam meus resgates?

Com certeza, eu adquiria outros naquele momento. Quais seriam? Definitivamente, não era inteligente de minha parte o que eu estava fazendo, mesmo assim a peguei nos braços e a tirei dali.

Ninguém viu. Amaran estava paralisada, em choque. Coloquei-a no meu transporte e saí rapidinho. Quase seis quilômetros de distância depois, ela começou a chorar.

— O que estou fazendo de minha vida e das outras que virão? — perguntou-se confusa.

Fiquei pesaroso, pois realmente havia a possibilidade de estarmos estragando algo que, em vidas próximas, poderia ser maravilhoso. No entanto, eu não queria renunciar a ela naquele momento.

— Quero voltar. Leve-me de volta, por favor — pediu-me Amaran entre lágrimas.

— Não... — afirmei inseguro.

— Não pode decidir por mim. Isso é sequestro.

— Não é. Não estou armado. Só a peguei nos braços e a tirei de lá.

— Pare o veículo! Tenho certeza de que quero voltar. É a ele que eu amo, você só me confundiu. Foi só isso, tenho certeza. Foi algum reflexo anterior.

Amaran disse isso com tal veemência que foi como se lanças transpassassem meu corpo. Parei o veículo no mesmo momento e levei-a de volta. Ela saiu sem se voltar, e eu a vi entrar pela janela e atrapalhar-se com as vestes. Amaran estava pronta para ele, não para mim.

Saí de lá e nunca mais a vi. Mudei-me de cidade e de estado. Queria distância da presença dela, do contrário, não sabia o que poderia fazer. "Resgates passados!", suspirei.

— Sol, você que fica aí, iluminando nossa galáxia, deve divertir-se muito com nossas atrapalhações e nossos enganos, não?

— Filho, você precisa se casar. Está falando sozinho. Já mora só há muito tempo.

— Mãe, que prazer! Quando chegou?

— Agora. Vim passar uns dias com você.

— Eu iria ficar com vocês. Passarei alguns anos fora.

— Eu também. Vim ficar mais um pouco com você. Filho, desencarnarei em breve.

— Mãe, a senhora terá outra chance, um novo começo.

— Sim, querido, tenho feito um balanço de minha vida. Sei o que fiz de errado, e uma das coisas que fiz certo foi ter você e sua irmã. Passarei uns dias com ela; aliás, ficarei quinze dias com cada um. Não verei meus netos vindo de você como avó, mas dela tenho esse prazer.

— Ainda não estou preparado para o casamento — repeti.

— Queria que tivessem ficado reminiscências de sua loucura por Carli.

— Era isso mesmo, mãe: loucura, obsessão, nada mais.

— Vou atrapalhar?

— De forma alguma. No começo do ano que vem, estarei fora. Ficarei em outro planeta, que está nos primórdios do ciclo reencarnatório.

— O que fará lá?

— Estudos da flora e fauna em uma parte completamente desabitada. Para o tamanho do planeta, trata-se de uma grande porcentagem de área.

Ela sorriu.

— Nos primórdios, tanto quanto nós há muitos milênios — completei.

Minha mãe ficou comigo durante quinze dias e depois mais quinze dias com minha irmã, preparando-se para o que chamávamos de "nova chance". Sem dor, sem lamúrias. Sabíamos que ela logo estaria em nosso meio outra vez, com um corpo novo, em outro recomeço, completamente adaptada.

Nosso ciclo de vida é longo, quase duzentos anos, comparados aos humanos da Terra. Eu já estava com cinquenta. A infância vai até os quinze anos, o que é ótimo, pois temos muito tempo para estudar, frequentar várias universidades e ter várias formações.

Quando do novo reencarne, quase tudo é lembrado, inclusive o aprendizado anterior, e para isso bastam exercícios de recordação. O que poderia ser chamado de escola primária não é mais necessária, pois as crianças já sabem ler e escrever naturalmente.

Aos dois anos, já são autodidatas e, com uma ajudinha dos pais, logo estão lendo e escrevendo corretamente. Entram na escola aos onze anos e, três anos depois, se preparam para o curso superior, que dura em média dez anos.

Com o primeiro curso superior, já saem com uma graduação. Depois, com mais três anos de especialização, já estão prontas para o mercado de trabalho.

Os pesquisadores trabalham em casa, assim como eu e tantos outros. Quando fazemos viagens, ficamos anos fora, sempre no ramo da formação catedrática.

Viagens a outras galáxias são comuns, e temos acesso a transporte desde que provemos a importância da pesquisa. Para entrar em um desses cargos, precisamos ter certo nível de pós-graduação e fazer testes de estabilidade emocional e ética.

Para a turma de candidatos da qual eu participara foram necessários mais de quinze dias de testes para nove vagas

— entre cem candidatos de todo o planeta — e entrevistas com mais cinco especialistas experientes para avaliar esses conhecimentos e, na prática, a estabilidade emocional.

Depois de tudo isso, ainda ficamos esperando as discussões e avaliações entre eles, para obtermos a avaliação depois de seis meses. Eu não fora classificado entre os primeiros, mas isso não tinha importância. Fora escolhido, e era isso o que me importava.

Queria muito, embora soubesse que enfrentaria situações difíceis em outros mundos. Uma ramificação do laboratório de botânica fora construída em minha casa, e era lá — o que chamávamos de "Casa Central" — onde eu trabalhava com relatórios mensais.

Caso os equipamentos que eu tivesse fossem insuficientes, poderia atualizá-los ou trabalhar na Casa Central, que eu somente usava uma ou duas vezes por semana.

Há uma equipe que está sempre aperfeiçoando os equipamentos, e é impossível manter-se em casa de tão dinâmica que é essa atualização.

Era o que eu fazia naquele dia: estava indo para a Casa Central, com os dois vegetais que havia trazido. Queria deixá-los lá, ensinar alguém a cuidar bem deles e não deixar que nada lhes faltasse. Queria também que uma especialista em corpo astral os examinasse com frequência, afinal, boa vontade é importante, mas, sem o conhecimento, pode ser prejudicial e nada eficiente.

Levava-os na bolha móvel e precisei parar várias vezes para que as pessoas os vissem, afinal, um vegetal verde brilhante em nosso planeta era novidade.

Entrei no laboratório. Era muito cedo ainda, mas já havia trabalhadores.

— Irione, que bom que veio! Soube que vai ficar fora.

— É verdade, Aran. Você já viu esses vegetais?

— Não, mas tinha certeza de que você os traria para cá.

— Estou procurando Arrate, nossa famosa bióloga! Vou deixá-la responsável por eles.

— Ela vai adorar! É nossa melhor especialista e talvez queira ir com você.

— Creio que não. Arrate está um tanto idosa, e tal viagem pode ser cansativa para ela. Serão longos deslocamentos pelo planeta.

— Não estou velha se quer saber. O que são cento e oitenta anos no meio de duzentos? — observou Arrate chegando.

— Posso ficar mais de vinte anos lá, mas vou deixá-la ocupada. Poderia fazer-me o favor de cuidar de meus vegetais?

Ela aproximou-se e olhou-os através da transparência. Ficou um longo tempo observando-os.

— Se você os abandonar, ficarão tristes.

Sorri, pois tinha certeza de que ela estava brincando.

— Não estou brincando, Irione. Você tem examinado a aura deles.

— Sim. Ficam em um tom rosa-amarelado quando lhes falta água. O solo é o mesmo do planeta de origem.

— Não é só isso. Observe mais detalhes.

Eu não tinha olhos treinados como os dela — de mais de cem anos de especialização —, então, não consegui ver nada.

— Não consigo. Estão perfeitos como os do planeta.

— Espere, vou buscar um filtro ocular mais sensível.

— Se ela fosse mais jovem, seria ótimo levá-la — comentei com Aram.

— O que aconteceria se ela desencarnasse lá? Não teria como reencarnar quase de imediato.

— Realmente, você tem razão. O que aconteceria? Não há afins em mesmo nível.

— Se não fosse isso, eu teria sido a primeira a ter essa ideia desde que li seu relatório, Irione — respondeu ela chegando. — Coloque em frente aos olhos. Agora, fale com eles.

— Falar o quê? Eles não têm sensibilidade emocional; são ensaios do aparelho digestório e circulatório, cadeia molecular cinco.

— Não cite coisas que eu já sei. Olhe e fale com eles.

— Arrate, isto é loucura! Nossos vegetais não têm essa capacidade. Por que esses teriam?

— Será que os nossos não têm? Ou nós ainda não pudemos provar? Esses têm, com certeza.

— Você acabou de vê-los, não os estudou ainda. Como pode saber?

— Como você é teimoso, Irione! Se eu estivesse na mesa examinadora, o teria reprovado! Nível de teimosia um. — Brincou ela.

— Não teria, não, pois me ama como a um filho.

— Não. Cinco encarnações em que você foi meu filho me deixaram tão traumatizada que há duas eu não quis mais nenhum! — Continuou a brincar.

Com o filtro, fiquei olhando para os vegetais através da transparência, mas não conseguia ver nada de anormal.

— Fale, Irione. Diga a eles que você vai deixá-los por alguns anos.

Olhei para Aran, que tinha um ar de troça para mim. Suspirei e comecei, com o filtro diante de mim, a falar com os vegetais brincando. Não conseguia levar a sério o que Arrate falava.

— Meus queridos vegetais, papai vai ficar longe de vocês. Não chorem, pois, quando eu voltar, lhes trarei uma terra fresquinha. Quanto a esterilizar, só deixarei os micro-organismos que lhes fazem bem. Têm alguma preferência?

A cor da aura começou a mudar de rosa-claro e límpido com uns pontos esparsos arroxeados — que eu deduzira ser por causa do transporte — para um rosa-arroxeado, e eu não pude negar.

— Como sabia que eles iriam mudar? Acabou de vê-los.

— Li em seu relatório que, quando estavam bem, eram rosa-claro e límpidos. Não estavam assim quando você chegou aqui. Tinham pontos arroxeados.

— Pensei que fosse por causa do transporte.

— O que quero saber é se são ensaios de emoções neles ou se são as nossas que se refletem nos vegetais.

— Eu estou bem. Estou feliz por poder ir.

— Venha cá, Irione. O que mais admiro em você é essa mania de dizer "estou ótimo, sempre ótimo", o que nem sempre é verdade.

— Mas estou. Vou ficar durante muito tempo em um lugar fascinante.

— Vou provar que não está tão bem assim. Sente-se aí. Vou fazer uma imagem da sua aura.

— Está bem.

Sentei-me e esperei que Arrate fizesse a imagem. A revelação não levaria mais de trinta segundos. Eu a vi acompanhar o processo e sorrir satisfeita.

— Olhe aqui. Seu "sempre ótimo" está com excitação extrema, mas com nuanças de pesar. Tome e olhe você mesmo.

— Pesar por quem?

— Pelos seus vegetais, não será? Nunca apresentou instabilidade antes? O curioso é que são nuances parecidas. O que será que em você se reflete neles? Ou será que eles têm a capacidade de sentir-se abandonados, mesmo como seres irracionais e primários que são?

— Onde estaria esse registro neles?

— Não sei — disse ela intrigada. — Quero que fique dois dias sem vê-los. Vou monitorá-los direto e depois lhe mostrarei os filmes.

— Não quero que morram.

— Não chegarão a tanto. Cuidarei pessoalmente do abastecimento químico deles. Agora, fique afastado desde já. Não. Pensando melhor... vá lá e despeça-se deles.

Esperei que Arrate ligasse o aparelho de monitoramento, tanto visual simples como da aura, e depois fui até eles para despedir-me como quem se despede de um amigo, mas sem tocar-lhes. Tinha medo de que nosso ar os alterasse e provocasse alguma disfunção química.

— Mudaram; ficaram ainda mais arroxeados. Agora vá, quero ver quanto tempo ficarão assim ou se voltarão ao normal logo — comentou ela nitidamente intrigada.

Também fiquei muito intrigado. Era eu que provocava isso neles ou eles, naturalmente, com algum tipo de dispositivo orgânico que podia ter sensibilidade emocional?

Eu já havia entregado o relatório de objetivos à comissão, e, como já esperava, a aprovação veio. Nos dias seguintes, passei minhas experiências em curso a um dos colegas do laboratório.

Pedi a Clarion que viesse, pois viajaríamos em três dias. Sabia que mais quatro pesquisadores me acompanhariam — dois haviam tido a gentileza de avisar-me, os outros, não.

Antes de partir, Arrate me enviou um resumo dos relatórios ainda não conclusivos:

> *Os vegetais permaneceram por mais dois dias ainda com a cor rosa-arroxeada, e percebi que, quando eu falava com eles, essas cores atenuavam. Tive a sensação de que, quando eu estava mais feliz, essa coloração ficava ainda mais atenuada. Não tive como tocá-los, pois me pergunto se já existe algo do ser animal entranhado em suas moléculas de mutação. Para isso, preciso conhecer melhor os vários vegetais da flora para saber se todos são assim ou se esses já pertencem a uma classe mais desenvolvida como os nossos.*
>
> *Mando-lhe mais filtros para que pesquise isso para mim.*
>
> *Obrigada,*
> *Arrate*

Dobrei o bilhete e coloquei-o no bolso.

No outro dia, de manhã, Clarion chegou, e eu o abracei. Conversar com ele somente por meio de transmissão de pensamento não era suficiente, e a saudade sempre se fazia presente.

Pedira ao supervisor que fizéssemos uma reunião com todos que iriam a Cordissanal. Eu sabia que não tinha como impedi-los de ir, caso algum não me agradasse, mas queria conhecê-los antes para nos entrosarmos melhor.

Dois dias antes da viagem, o encontro aconteceu, inclusive com a presença do supervisor.

Fomos apresentados a Aradie — lembrei-me dele —, um estudante de biologia e mestrado em marinha, e ao outro de quem eu não gostara e que nem sequer me dera o nome. Chamava-se Trion, era uma mulher, em um nível de doutorado superior. Ela iria interromper seu quarto mestrado para nos acompanhar. Fazia um estilo mandona, classifiquei, e transmiti a Clarion, que comentou:

"Não seja um chato do século passado."

"Não vou me dar bem com ela."

"Se dará bem, sim, você verá. Procure em suas reminiscências do passado e descobrirá o motivo da antipatia."

"Nem tentarei", teimei, e ele sorriu para mim com o olhar travesso.

— E estes são os outros dois, todos com muito interesse em pesquisas em planetas primários — continuou o supervisor.

— Rarun é historiador e quer, por meio dessa experiência, reestruturar algumas falhas de nossa pré-história. Orin é a auxiliar dele. Os dois trabalham juntos há quase cinquenta anos e viajarão com objetivos diferentes dos seus. Só os dois não são biólogos ou botânicos.

— A parte em que ficaremos não há sociedades — comentei.

— Sabemos disso. Deixaremos vocês onde quiserem ficar e iremos até a parte onde haja sociedades. Iremos de manhã e voltaremos no fim da tarde para que possam dormir dentro da nave e não tenham desconforto com a variação de temperatura do ambiente exterior.

— A nave Transcala 14 já foi adequada para isso. Nela há três laboratórios, dois armazéns para amostras, vários decompositores químicos etc. Rogo que consigam êxito.

— Obrigado, supervisor.

Oficialmente apresentados, foi servido um suco nutritivo para comemorarmos. Mantivemos conversas amenas sobre experiências do momento e o que esperávamos fazer.

Clarion foi comigo para minha casa, e, como só tínhamos a necessidade de dormir por quatro horas, ficamos conversando o restante da noite a respeito do planeta que só ele e eu já havíamos visitado pessoalmente.

Capítulo 3

Viajamos na data marcada. Para conforto e para termos um pouco de individualidade, dividimos a parte superior da nave em compartimentos. Levei muitos livros e outros em branco para os relatórios. Percebi que Clarion não levava nenhum em branco e sorri. Era a birra dele de transmutar a escrita.

Nem dez dias depois, entre muitas expectativas e discussões quanto ao que ser feito, chegamos. Era noite, e pousamos por meio de rastreadores de espaço. Não tínhamos a capacidade de ver no escuro, por isso dormi um pouco enquanto esperava o dia clarear.

Eu sabia que teríamos um certo desconforto devido à alta temperatura do sol — muito quente —, embora tivéssemos trazido roupas especiais.

Mal o sol voltou a iluminar aquela parte, a nave levantou voo em direção à outra parte do planeta Cordissanal, levando apenas os historiadores.

Em um local onde a vegetação era minúscula, começamos as pesquisas, mas sem coletar material. Logo no primeiro dia, encontramos mais de trezentas espécies — só na aparência, sem análise química, que seria nossa segunda etapa.

Em um filme próprio gravávamos em detalhes a aparência da vegetação. Quando quase escurecia, a nave pousou. Entramos nela e tiramos os trajes que nos protegiam do excesso de calor.

Com muitas novidades, os historiadores estavam animados. Encontraram uma sociedade em que mal havia noções de matemática, um tipo de escrita simbólica, ao alcance de uma minoria.

— O que vão fazer? — perguntei aos historiadores.

— Antes de tudo, avaliar, mas temos pensado em inspirar outras conquistas.

— Temos esse direito?

— Será evolução. E que mal pode trazer o ensinamento mais difundido da escrita? Ou perderão sua história como nós perdemos a nossa. Não decidimos ainda. Teremos que encontrar alguém que queira aprender e tenha a capacidade de nos pressentir sem medo. Decididamente, não estamos fora da frequência visual deles.

— Com os trajes, isso é impossível mesmo.

— Sem trajes. Sou da teoria que podemos aguentar. Fiz um cálculo que em vinte dias estaremos adaptados ao calor local.

— Qual é a temperatura média daquele lado?

— Calculei cinco *hants* (30–35 graus centígrados).

— Tudo isso? Quanto desconforto não sentirão?

— Muito, é verdade, mas só há um jeito de sair da teoria para a prática: praticando. E aqui?

— Calculamos dois *hants* (22–25 graus centígrados).

— Experimentaram muito conforto. — Brincou Rarun.

— Sim, lógico! Principalmente porque não tiramos os trajes. Fizemos medições e imagens — retrucou Clarion.

— Cientista tem que sentir na pele a experiência que está vivenciando — observou Rarun entusiasmado.

— Vocês são historiadores e não têm como viver a história. O que passou, passou.

— É verdade. Essa é nossa grande frustração, mas estamos aqui e nos sentiremos como em nossos primórdios, já que a escala evolutiva é a mesma em todo o universo. É uma questão de opção pessoal e social demorar-se mais ou menos no mesmo patamar.

— Vou dormir, estou cansado. É perigoso volitar por aqui, portanto, precisamos ficar atentos. A mata é fechada, e, muitas vezes, é preferível andar pezinho atrás de pezinho, e isso cansa — comentou Clarion.

Todos nós rimos, e ele retirou-se. Fui para meu espaço e lá fiz relatórios. Quando Clarion acordou, recolhi-me. Deixei para ele o restante dos relatórios de nossa parte, e ele, como sempre, reclamou um pouco.

— Clarion, em qual vida você pegou essa antipatia por relatórios? — perguntei antes de ir.

— Creio que fui escrivão durante muito tempo, por umas nove reencarnaçoes. Nao aguento mais.

— Naquela época, usava-se equipamento, agora não. Só a força da mente.

— Eu sei. É pior ainda! Tenho de concentrar-me mais, embora não possa reclamar de dor na mão. Em uma das vidas, adquiri uma deformidade nos dedos de tanto escrever. Mas vamos lá! Deveria saber que algum relatório iria sobrar para mim.

— Em quais você foi chorão, deixando reminiscências até hoje?

— Vá dormir, Irione. Depois desta viagem, não terei mais resgates com você. Tenho certeza disso.

Sorri e saí. Sem dúvidas, ainda éramos irmãos, embora de pais diferentes e nascidos longe um do outro. Mal me acomodei, dormi sem imagens. Meu espírito ficou ao lado do meu corpo, à espera de que ele se recuperasse. Não tinha para onde ir.

Acordei, tomei suco alimentar e lembrei-me de minha mãe, que, àquela hora, provavelmente estava em processo de desencarne. Roguei para que ela voltasse logo e que, assim que pudesse, fizesse um novo contato, lembrando-se das outras vidas.

É delicioso reconhecer as pessoas em outras vestes, em uma nova refinação. No meu planeta, isso acontece por volta dos dezessete anos de idade.

Saímos, e a nave levantou voo. Pensei em pedir para que um dia me levassem ou a todos nós até o outro lado.

Clarion e eu fazíamos dupla. Decidi verificar se Rarun estava certo e tirei a roupa especial. O desconforto da temperatura alta atingiu-me no primeiro instante, de forma sufocante. Teimei, enquanto Clarion sorria divertido.

— Levando-se em conta que a temperatura do amanhecer é amena, quero ver até quanto você aguenta.

— A temperatura em que estão os historiadores é muito mais alta. Se eles conseguem aguentar, eu também consigo. Experimente, Clarion. É sufocante, mas parece que a sensação melhorou um pouco.

— Eu não. Não vim aqui para sofrer; vim para trabalhar! E, antes de tudo, trabalho é prazer.

Ao entrar na porção onde a floresta era mais fechada, senti um frescor e medi a temperatura. Dois *hants*. Mesmo assim, trazia conforto, pois o nível de umidade era muito alto.

Curiosamente, nem duas horas depois, sentia-me mais adaptado. Novamente, tentei convencer Clarion, mas ele não quis se arriscar. Eu vestia uma roupa de tecido fino, não transparente, resistente, para cobrir meu corpo. Sabia que o material denso dos vegetais poderia danificar células de minha pele.

Distraidamente, fui entrando floresta adentro, e o nível de luminosidade obviamente começou a cair. Trazia dentro do bolso um filtro e o coloquei para observar a aura dos vegetais. Pareciam trazer explicitamente uma cor harmônica com somente pequenas diferenças. Deduzi que essas variações eram efeito de sua composição química variada.

Com o filtro diante da minha visão, continuei a andar e tomar nota. Percebi que os vegetais que estavam em estado de putrefação já haviam perdido suas auras e os que, por algum motivo, estavam no fim de seus ciclos de vida, apresentavam uma cor amarelada, que se refletia em suas folhas e no caule de cor marrom-escuro, sem brilho, com vários níveis de aspereza.

De repente, vi algo estranho, uma forma de vida que refletia um azul forte até um tom prata dos orgones. Mal o vislumbrei, ouvi um som alucinante, agudo, e notei um movimento rápido entre as folhagens.

Levei um susto. Não era um animal da fauna. Tirei o filtro e tentei olhar de novo. Pelos nossos cálculos, nossos corpos, dependendo da evolução animal, estavam fora da visão. Além disso, havia outro detalhe: ali não deveria existir seres em escala humana.

Tentei deslocar-me depressa, mas não consegui, e fosse lá o que fosse ia bem rápido. Não consegui acompanhar, mas segui a trilha pela marca na vegetação amassada. Tinha peso, e calculei uns cinquenta quilos naquela atmosfera e gravidade.

"Clarion, vi algo estranho e estou seguindo. É algo que se desloca rápido e facilmente pelo ambiente", transmiti.

"Algum animal? De qual espécie?"

"Não sei. Eu estava com o filtro, então só pude ver a aura. Não conheço a dos seres deste planeta. Na medição que fizemos da última vez que viemos para cá, ainda não havia aqui nenhum animal de grande porte, lembra-se?"

"Sim, mas já se passaram cinquenta anos aqui."

"Será que conseguiram desenvolver transportes continentais em tão pouco tempo? Não havia nenhum indício disso. Usavam alguns animais e de forma pouco proveitosa. Somente algumas pequenas civilizações, quase isoladas, o faziam."

"Tem certeza, Irione, de que esses filtros não geraram uma ilusão de ótica?"

"Não. A aura era de uma cor bem diferente e descolou-se. Algo me ocorre que é evolução humana."

"Vou aí com você."

"Não precisa. Continuo seguindo, talvez não o encontre. Achei, Clarion! Achei! São vários."

"Espere. Estou indo aí."

Esperei Clarion impaciente. Contei uns cem. Entre eles, um falava e apontava. Registrei medo. Clarion chegou.

— Essa civilização não existia aqui quando viemos pela primeira vez. Não pode ter passado despercebida ao nosso rastreamento.

— Não mesmo. Creio que você o assustou. Todos vêm vindo para cá. Estão vindo procurá-lo. Se um o viu, todos devem ter essa capacidade.

— Não sei. Creio que sim. Sendo formas humanas, sim. E você com esse traje vai ser facilmente visível, mesmo tentando esconder-se.

— O que faremos? Não podemos fazer contato sem saber até que ponto poderemos lhes ser prejudiciais, causar pavor. Não quero isso.

— Vamos nos esconder. Não há alternativa. Não conseguiremos no meio da mata. Vamos nos elevar e esperar que não olhem para cima.

Sem responder, pois eles já se aproximavam, nos elevamos rapidamente e ficamos no alto. Sentamo-nos no galho de uma árvore alta, e eles passaram por nós sem olhar para cima. Uma parte foi e outra ficou.

— As fêmeas e alguns machos ficaram. Devem ser defensores, Clarion — observei curioso.

— Defensores e, sem dúvida, caçadores. Necessitam de níveis altos de proteína. O corpo deles é bem denso, com necessidades como os nossos há três mil anos.

— Em que escala estarão?

— Não sei. Precisamos estudar, pois não conhecemos suas variações celulares. Mas não faremos de imediato. Viemos aqui por causa da vegetação, e esta será nossa primeira etapa.

— Vamos sair daqui volitando por cima das árvores.

— Será que eles nos verão?

— Não. Acredito que não. Não olharam para cima. Estão na mata fechada, e é difícil ver o céu devido ao adensamento das folhas das árvores.

Subimos mais um pouco — não mais que cinco metros acima da árvore em que estávamos — e ouvimos vários gritos, principalmente de crianças. Apontavam para nós.

— Será que é seu traje, Clarion?

— Ou sua roupa. Os dois brilham. Como será que isso é registrado no cérebro deles?

— Não tenho a mínima ideia, mas acredito que nos viram.

— Pare um pouco. Olhe. Parece que alguns estão nos procurando. Será que só alguns deles nos enxergam?

— Não sei. É melhor sairmos daqui. Falaremos com Rarun e Orin. Eles poderão nos dar uma posição adequada sobre como agir.

Volitamos rapidamente de lá e fomos para a clareira. Aradie e a parceira não haviam chegado ainda, e faltava muito para o escurecer. Fomos para o outro lado, evitando aquela civilização.

Tínhamos quase certeza de que na estada anterior não havia ninguém, nenhum ser humano. Aquilo intrigou principalmente a mim. O oceano era enorme, então, como o haviam atravessado?

Recolhendo espécies vegetais, fiquei sentado embaixo de uma grande árvore, catalogando-as. Clarion olhou-me de longe. Eu estava completamente à vontade, com minha roupa simples, sem o macacão com ar-condicionado. Ele chegou perto de mim e olhou o sol.

— Não acredito. Você passou pelo pico do sol e não colocou seu macacão condicionado.

— Adaptei-me. Rarun tem razão. Experimente, Clarion.

Ele olhou para mim, enquanto eu continuava a fazer anotações. Depois, tirou o macacão ainda em dúvida, como se tivesse medo. O sol já terminava seu ciclo de luz ali, e já começava a escurecer. Esperávamos a nave para nos recolher.

Um grande animal rastejante ficou perto de nós. Certamente não nos via, pois tinha um cérebro mal desenvolvido ainda, mas ficou parado. Levantei-me devagar e fui de um lado para o outro. Ele acompanhou meus movimentos atento e tentou me abocanhar várias vezes sem sucesso. Senti irritação nele.

— Tem veneno, faz parte de seu suco digestivo. Não mastiga, reflete cores — comentou Clarion fazendo anotações mentalmente.

— Ele nos pressente. Não pode nos ver, mas pressente! Que coisa interessante para um animal de visão, cérebro e aparelho digestório pouco desenvolvidos.

— Ele deve ser mortal para os seres daqui. O veneno é enzima pura.

— Vou registrar sua imagem, bichinho. Olhe para mim.

— Está louco, Irione?! Ele não o vê.

— Mas nos sente de alguma forma. Vou mudar a frase para deixá-lo contente. Bichinho, me sinta. Tire todo o seu corpo daí para que eu possa registrar sua imagem em uma bela pose. Quanto será que ele mede?

— Espere, vou puxá-lo. Acredito que metade do corpo esteja ainda escondido.

— Não vá assustá-lo. Estou pronto.

Mal consegui registrar a imagem, senti que ele havia se assustado. Tinha reflexos de defesa muito alertas.

— O que fazem aí os dois?

— Estávamos registrando a imagem de um animal sem pernas, venenoso para o corpo denso — inclusive o nosso — e que não nos vê. Mas adorou Clarion. Tanto que saiu correndo e estragou a imagem que eu estava prestes a fazer — respondi a Aradie que chegava.

— Curioso. Encontramos um tipo de animal também exótico, redondo, com muitas pernas e peludo. Interessante e ao mesmo tempo asqueroso.

— Por quê?

— Creio que faz parte de sua proteção contra os inimigos, afinal, não tem veneno. É só feinho, pobre ser.

Contamos a ele sobre a civilização, e logo nossa nave chegou. Entramos nela e ficamos tão distraídos registrando os menores detalhes e catalogando tudo que quase não conversamos.

Senti-me cansado e saí um pouco. Comecei a registrar o comportamento dos astros vistos do planeta. O astro da noite estava totalmente visível e iluminava tão bem que não poderia classificar de noite escura.

Sentei-me do lado de fora. A temperatura estava bem mais amena, e o teor de umidade ainda estava alto. Enquanto tentava reconhecer os outros astros, ouvi um barulho alto na vegetação que nos cercava e levantei-me por reflexo. Os outros saíram da nave.

— O que pode ser isso?

— É humano, é de dor.

— Vamos verificar.

Clarion, Rarun e eu saímos em direção ao lugar onde havíamos visto os seres. Olhei para minha roupa, e ela brilhava muito. Não sabia o que fazer. Olhei para os outros e as deles também brilhavam.

— Brilhamos muito. Entraremos na frequência visual dos seres e os assustaremos — observei.

— Agora não podemos camuflar isso.

— Pode ser objeto de tortura. Do outro lado o fazem, é horrível — comentou Rarun. — Os torturados emitem sons assim.

Rarun era um jovem de não mais de setenta anos, simpático, conciso, que não costumava rir muito. Orin, sua auxiliar, era uma jovem muito bonita, e eles estavam na fase de experimento de casamento. Julguei que tinham tudo para dar certo. Partilhavam o mesmo interesse em estudos sociais e antropologia, e eu percebia a afinidade entre eles quando conversavam e trocavam impressões sobre o que haviam visto para as conclusões.

Eu também percebia que se amavam. Com certeza, já haviam tido várias vivências juntos em outras encarnações. Pensei em mim e desejei encontrar alguém assim. Pensei em Carli, e, embora já a tivesse amado a ponto de cometer loucuras, essa época havia passado. Não nos completávamos. Ela tinha interesses diferentes dos meus, não gostava de sair do planeta, enquanto eu adorava viajar.

Por isso tinha me aplicado tanto para conquistar aquele cargo no Estado. Curiosamente, pensei nela com saudade. Reflexos do passado, laços em ponto de equilíbrio sempre ficam.

Chegamos ao local volitando. Era muito cansativo volitar ali, pois as moléculas do ar eram bem mais densas. Não chegávamos a um terço da velocidade que alcançávamos em nosso planeta, e, em questão à altura, a atração gravitacional nos limitava a dez metros, com máximo esforço.

O local estava todo iluminado por combustão, e havia muito barulho de vozes e de percussão.

— O que pode ser isso?

— Festa. Tenho certeza de que é uma festa — afirmou Rarun.

— Mas por que o grito de dor? — perguntei.

— Será que podemos nos aproximar um pouco mais sem sermos notados?

— Vou tentar — disse Rarun afastando-se de nós, e decidi acompanhá-lo.

Passamos por alguns deles e tive a sensação de que estavam de alguma forma drogados. Eles nos viram, mas seus cérebros mal nos registraram. Clarion foi pelo outro lado, sentou-se perto de uma escultura pequena e ficou examinando-a.

Havia algo de diferente naquela festa. Vimos uma jovem no chão, amarrada, com os pés e braços abertos. Era ela quem gritava de pavor.

— O que estão fazendo, Rarun?

— Deve ser algum tipo de ritual. Detesto rituais, pois só causam dor e sofrimento. Talvez seja oferecimento de morte.

— O quê? Vão matar a jovem?

— Provavelmente, sim. Tenho certeza disso — comentou ele com certo desconforto.

Olhei na direção que ele olhava e vi um homem enfeitado como aves. Ele estava sexualmente excitado. A jovem começou a gritar e a debater-se novamente. Por reflexo, coloquei-me diante dele, e o homem estancou, assim como sua excitação.

— Ele pode me ver, Rarun.

— Sim, registrou sua presença. Você o assustou, tenho certeza disso.

O homem ficou paralisado, e eu me mantive diante dele.

— O que ele iria fazer com a jovem? — perguntei.

— Uma coisa eu tenho certeza agora... ele iria possuí-la contra a vontade dela — afirmou Rarun.

Sorri.

— Agora não vai mais.

— Talvez a matem por isso.

— É estupidez interromper o ciclo evolutivo dela. Essa moça precisa desta reencarnação. Continuarei aqui. Não permitirei.

— Podemos fazer isso, Irione?

— Acredito que sim. O princípio de amor e respeito ao próximo é para todo o universo, não é?

— Sim, mas tenho dúvidas se podemos interferir.

— Não podemos dar nossa tecnologia a eles, pois poderiam se perder e usá-la contra si mesmos, mas tenho certeza de que podemos ensiná-los sobre o princípio do universo. Veja, ele está olhando somente para mim. Curiosamente, não olha para você.

— Lógico! Não tira os olhos de você, pois está com medo. Olhe ao redor. Todos estão olhando para vocês. Até a jovem parou de gritar. Estão paralisados. Suas mentes estão procurando uma explicação.

"Clarion, venha até aqui", chamei via transmissão.

Vestido com seu traje de proteção, Clarion aproximou-se. Houve um grito generalizado, e todos correram para o mato, menos o homem à minha frente. Falei com ele.

— Tire a jovem de lá. Vocês não vão mais ter esses rituais de violência.

— Ele não o escutou — comentou Rarun.

— Não entendeu nossa língua nem meus gestos.

— Espere. Ainda não sei a língua que falam, não a decorei, prefiro sentir pelas emoções. Transmita. Você pode fazer isso, Irione?

— Vou tentar.

— Se não conseguir, eu tentarei.

Concentrando-me ao máximo, sugeri por meio do pensamento que ele tirasse a jovem de lá. Se quisesse possuí-la que tivesse a permissão dela.

Ele foi até a jovem, soltou-lhe das amarras, enquanto ela continuava a chorar, acreditando que erámos aparições.

— Melhor irmos embora. Já fizemos nossa boa ação de hoje — comentou Clarion.

Elevamo-nos vagarosamente do chão e fomos subindo. Paramos a uns dez metros de altura, enquanto alguns olhavam ainda para cima. Parados na abertura da mata, outros, contudo, pareciam não entender o que ocorria.

— Não sei se você agiu certo — comentou Clarion.

— Tenho certeza de que sim. É transgressão matar, sacrificar qualquer ser. É lei no universo. Se erram, é por ignorância.

— Você tem razão, mas isso não influenciará na cultura?

— Talvez, mas com um mestre fica mais fácil aprender. Corta caminho, não acha? — comentou acertadamente Rarun.

A observação dele foi irrefutável, e olhei-o agradecido.

— Será que seremos bons mestres? — questionou Clarion.

— Temos estudos, experiências, visão universal, conhecemos todos os conceitos, estamos em nossas últimas reencarnações... será que não aprendemos nada que possamos dar? — tornou Rarun.

— Simples e lógico, temos! E temos também a obrigação — afirmei.

Chegamos à nave e continuamos conversando. Depois de concluído o debate, fui para meu ambiente. Sentia-me cansado, pois a movimentação com certa dificuldade causava um cansaço em meu corpo que havia muito eu não sentia. A temperatura também me desgastava, mas queria me acostumar a ela.

— Está cansado, Clarion? — perguntei.

— Um pouco, mas continuo usando o traje — observou censurando-me.

— Deveria tirá-lo. Experimente amanhã — sugeri acomodando-me em meu ambiente de dormir.

Acordei, e o sol ainda não brilhava. Saí e fui até o local onde viviam os habitantes, deslocando-me com cuidado devido à falta de luz.

Flutuei e percebi que algo estava diferente neles. Circulei pelo local e vi a jovem que estivera amarrada em completo silêncio. Tentei conversar com ela, mas a moça me olhou estranhamente.

— Pode me ver claramente? — perguntei.

Ela sorriu, e eu não entendi uma palavra do que falava. Precisava estudar o dialeto, que não deveria ser difícil, mas pela mímica tive a sensação de que a moça dissera sim.

Em pouco tempo dessa conversa, eu já entendia alguma coisa. A moça iria ensinar-me. Avaliei que, se passasse o resto da escuridão conversando com ela daquela forma, eu entenderia. Estranhei o fato de a jovem não estar dormindo e notei que somente alguns estavam acordados. Ao observá-los melhor, tive certeza de que muitos estavam drogados por alguma coisa.

— Quem é você? — ela perguntou, e eu finalmente entendi.

— Sou Irione.

— É um deus?

— Não.

— Você veio do céu. Nós vimos. Havia mais deuses com você.

— Viemos do céu, mas não somos deuses. Somos como vocês. Toque-me.

Estendi minhas mãos para que a moça as pegasse. Senti medo nela. Ela não o fez.

— Um deus veio salvar-me.

— Não sou um deus; sou humano assim como você. Daqui a alguns séculos, você será como nós. Diga-me, por que estava amarrada?

— Fui escolhida. Meu sangue iria fertilizar a terra do plantio.

— Mas antes seria possuída contra sua vontade?

— É o ritual; tinha que ser virgem. Ele se declarou chefe e não respeitou a vontade do velho mais velho. Iria possuir-me, e eu seria divinizada para espalharem meu sangue. O velho mais velho não queria, mas ele perdeu o poder.

— Você não queria, não é?

— Não. Não gosto dele. É meu parente, quis se casar comigo, mas eu não quis. Acho que fez isso para castigar-me. Disse que um deus falou com ele, mas é mentira. Não acredito nisso. Ele não respeitou a vontade do velho mais velho — tornou a repetir.

— Entendo. Creio que agora ele não fará mais isso. Falarei com ele e com aquele que você chama de velho mais velho.

— Se falar com ele, acredito que o ouvirá. Ele diz ouvir os deuses.

— Ele não pode afirmar isso. Deve estar perturbado pelo desejo de seu corpo.

— Mas você, um deus, veio salvar-me. Ele não colocará mais a mão em mim.

— Preste atenção. Não somos deuses, viemos das estrelas, moramos lá, em um planeta. Não está tão distante.

Ela olhou para o céu.

— De qual delas?

— De nenhuma que possa ver daqui. Como você me vê?

— Um brilho de forma humana. Você é alto, e sei que tem braços e pernas. Deve ser quente. Só o fogo e as estrelas brilham.

Sorri, pois era o contrário. O registro de temperatura do corpo externo dela era de 36 graus, enquanto meu corpo tinha ali uma temperatura média de 28 graus.

— Não sou quente nem frio. Posso tocá-la?

Senti terror nela.

— Vai matar-me! Quero ficar viva! Se é um deus, não me mate. Não quero vida eterna.

— Fique tranquila, não vou fazer-lhe mal. É proibido, é a lei universal.

Eu havia me sentado perto dela, a uns dois metros de distância, e levantei-me.

— Vá dormir. Sei que está cansada, posso ver isso.

— Não. Estou muito assustada. Quase morri, e um deus veio salvar-me.

— Não sou um deus. Não diga por aí que sou um deus; diga apenas que vim das estrelas. Só isso. — Comecei a retirar-me.

— Vai embora para nunca mais voltar?

— Não. Vamos ficar aqui por algum tempo ainda, na sua escala de vida corpórea.

Saí e voltei para a nave. Fui pela mata, observando os animais que viviam à noite. Um daqueles compridos rastejantes era um deles, outra espécie pelas características e cores refletidas.

De volta à nave, anotei uma série de perguntas que queria fazer àqueles habitantes, por exemplo: como haviam atravessado o mar? Calculei que, no ciclo solar das estações do ano, já havia muitos anos. Alguém deveria lembrar-se com clareza. Eu não conhecia a durabilidade de cada ciclo reencarnatório.

Fiz um relatório com as palavras que havia aprendido. Contei; eram mais de trezentas. Já dava para qualquer um falar razoavelmente bem, mesmo com alguns erros gramaticais.

Orin levantou-se e cumprimentou-me. Viu-me escrevendo, chegou por trás e olhou.

— O que é isso?

— A língua falada deles. Não têm nenhum tipo de escrita, creio eu.

— Do outro lado, a escrita já foi inventada, mas há somente alguns símbolos. É um grande passo para qualquer povo conseguir registrar sua história e passar às gerações seguintes suas próprias experiências, as estudarem e não repetirem os erros.

— Orin, falei com a jovem que quase foi sacrificada. Foi através dela que aprendi essas poucas palavras. Eles pensam que somos deuses e que, se tocá-los, os queimaremos.

Ela sorriu.

— O que esperava? Nossos trajes brilham com o reflexo do sol, e ontem, com o reflexo da combustão, estávamos refletindo a luz em várias cores. Estou muito curiosa para saber por que alguns nos viam claramente e outros não.

— Muitos estavam drogados, eu pude sentir isso. Cataloguei vegetais que são capazes de provocar esse efeito. Fazem mal, deixam os reflexos cerebrais lentos e toldam a visão.

— A jovem não estava. Falaram com ela. Embora apavorada, não tinha registros de neurônios mortos ou qualquer tipo de anestesia.

— Tem razão. Há algo. Concordamos que alguns estavam drogados, e até acredito que não saibam disso. O reflexo cerebral retardado pode causar um certo tipo de prazer.

— À custa da morte de muitos neurônios. Eles, porém, nem sabem o que são neurônios. Avisei a Rarun que, se não se importarem, ficarei aqui com vocês hoje.

— Não sou antropólogo, mas minha curiosidade a respeito deles está aguçada. Quero entender principalmente como vieram até aqui sem objetos mecânicos.

— Eles já têm nível de inteligência e raciocínio bem desenvolvidos, Irione.

Os outros se levantaram, e, enquanto tomávamos nosso suco alimentar, trocamos mais impressões sobre o que acontecera.

Orin e eu voltamos até o que eles chamam de aldeia. Passamos por eles, e quase todos estavam acordados. Sentimos que muitos estavam com dor de cabeça e nauseados.

— É o resultado de milhares de neurônios mortos — comentou Orin. — Tenho certeza de que não sabem disso. Não ligam a ação a essa reação.

— Poderíamos avisar-lhes quais as plantas que fazem mal à saúde deles. Causam prazer no primeiro instante, mas depois, com o tempo, reduzem esse ciclo precocemente.

Enquanto volitávamos quase rentes ao chão, muitos deles chegavam perto de nós. Alguns nos tocavam, e outros realmente não nos viam.

— Por que muitos não nos veem? — perguntei mais para mim mesmo. — Observe. Quase todas as crianças e setenta por cento das mulheres nos veem, mas só quarenta por cento dos homens nos veem. Devem ser eles os principais consumidores.

— Você deduziu logo — respondeu-me Orin.

— Estou intrigado. Por que consomem isso, e o que é?

Um jovem aproximou-se de nós, pôs-se de joelhos, com o rosto quase colado no chão.

— Oh! Grande deus, ajude-me! Tenho dor, mal consigo abrir os olhos.

"Ele está com ressaca", transmitiu-me Orin.

"O que vamos fazer? Falar-lhe sobre neurônios, plantas venenosas, proteínas, enzimas?"

Ela sorriu.

"Você é bem engraçadinho! Veja em suas anotações qual planta pode pelo menos anular a dor do rapaz."

"Não tinha pensado nisso", comentei, pois mal havia começado algumas análises químicas.

Pensei em alguma planta cuja composição eu já havia analisado e depois fui até o mato que circundava a aldeia. Não tinha como extrair exatamente o composto que eu queria. Estávamos sem a nave e, por conseguinte, sem o laboratório.

Ele continuava de joelhos, e eu não sabia o que significava esse ato. Trouxe a planta e lhe sugeri que fervesse e bebesse o caldo.

Ele saiu e, quando percebi, muitos estavam naquela posição, pedindo-me que os curasse.

— Vamos lá, curador! Você acaba de ser diplomado — comentou Orin com certo ar divertido.

— Então, ajude-me.

— Sou antropóloga, não entendo de vegetais. A medicina que conheço é um tantinho mais avançada do que isso. Vou conversar com eles, com licença.

Ela saiu, e eu fiquei ouvindo-os. Alguns tinham distúrbios digestivos; outros, distúrbios respiratórios; outros estavam simplesmente com o corpo denso desgastado pelo tempo, e eu não podia fazer nada, a não ser evitar que sentissem dor.

Muitas plantas ali tinham efeito analgésico, então, depois de ouvir cada um, eu fui até a mata buscá-las. Eles ficavam praticamente imóveis esperando-me voltar. Tive muito dó, mas já havia pedido muitas vezes para que se levantassem e ficassem mais à vontade. Aquela posição devia ser desconfortável para seus corpos.

Quando dei por mim, já começava a escurecer. Sentia-me exausto, e Orin apareceu não sei de onde.

— Que tal brincar de curador?

— Estou com certo receio de não ter acertado a cura para todos. Passei analgésico para aqueles cujas enfermidades não consegui identificar.

— Quero ver você sair daí agora.

— Fácil, veja só. Com licença, senhores e senhoras, estou indo descansar — falei no dialeto daquele povo, passando por eles ao meu redor.

— Deus, não nos deixe! Precisamos de vocês para nos abençoar — disse um deles.

— Não somos deuses. Comportem-se. Voltaremos amanhã — comentei brincando.

Saí do meio deles e fui com Orin em direção à nave que logo pousaria.

— Por que será que consomem isso se lhes faz tanto mal? — questionei intrigado.

— Você está realmente muito curioso.

— Muito, muito mesmo. O que você descobriu?

— Consegui falar com um idoso, muito idoso para o padrão de vida deles. Ele relatou que os ventos os trouxeram para cá.

— Ventos?

— Sim. Está em um nível de senilidade tão alto que não consegui tirar dele dados precisos.

— Será que atravessaram o mar volitando?

— Não com esse corpo denso, com essa atmosfera, gravidade e dimensão.

Encontrei Clarion ainda com o traje de proteção e sorri-lhe.

— Não vai experimentar tirar? Veja, nós já estamos acostumados, não é, Orin?

— Sim, mas aqui a umidade relativa é muito mais alta do que no outro lado. É mais confortável. Lá vem a nave.

Olhei para cima e vi quando Rarun preparava a nave para descer. Vinha em linha reta, para estacionar exatamente no local marcado.

— Estou cansado, muito cansado — observei.

— Curiosamente, eu também — comentou Orin.

Rarun abriu a porta e entramos. O ambiente adequado a nós dentro da nave deu-me uma profunda sensação de prazer. Joguei-me em uma poltrona e fechei os olhos.

Tive uma visão estranha; parecia que várias pessoas entravam na nave pedindo socorro. Levantei-me de imediato.

Os outros olhavam para mim. Com certeza, eu havia interrompido uma conversa com meu gesto brusco.

— O que foi? Parece assustado — comentou Clarion, estranhando-me.

— Tive a sensação de que várias pessoas entravam na nave.

— Você pode ter tido uma visão. Tentou falar com elas? — perguntou-me Aradie.

— Não. Se estiverem incorpóreos e por aqui? O que estarão fazendo? Será que estão sendo preparados para reencarnar?

— Pode ser o cansaço também.

— Tem razão. Vou alimentar-me e deitar-me.

— Não trouxe amostras, Irione? — perguntou-me Clarion.

— Não. Hoje ele foi só curador; passou conhecimentos de ervas analgésicas e que anulam o efeito do que as pessoas beberam e inalaram ontem.

— Agora que não vamos mais conseguir convencê-los mesmo de que não somos deuses — comentou Trion, nas poucas vezes em que falou alguma coisa.

— Deveria deixá-los sofrendo? — perguntei um tanto incomodado. Trion tinha uma forma de falar que me lembrava ironia.

— Por que está assim, Irione? Parece que seu estado de emoções está alterado — questionou Clarion.

— É verdade. Noto isso agora. O que será que está me influenciando?

— Provavelmente, a frequência dos seres. Fique atento, bloqueie-se.

— Vocês têm razão. Eu ficava ouvindo as queixas e pensando em como eles estavam se sentindo. Como é desagradável ter dor, sentir desamparo. Desculpem-me. Creio que os adotei como pai.

Todos riram.

— Alimente-se, durma e restabeleça-se, papai de todos. — Brincou Clarion.

Recolhi-me antes de todos. Costumávamos descansar nas últimas horas da escuridão, mas fui me deitar logo nas primeiras. Acordei quando todos dormiam, saí e fui até a aldeia.

Silêncio total, todos dormiam. Procurei a jovem e vi que dormia tranquilamente. Examinei-lhe o corpo e constatei que o espírito não estava lá; estava em desdobramento.

Fui de tenda em tenda. Vi jovens, bebês com suas mães, e tive certa saudade da minha. Percebi que minhas emoções estavam mais acentuadas e tive certeza de que era a influência da frequência do povo da aldeia. Precisava ficar atento. Quem precisa não pode doar.

Faltavam poucas horas para o amanhecer, e decidi voltar à tenda da jovem. Ela dormia com mais seis pessoas, e deduzi que eram sua família. Fiquei olhando-a. De repente, ela sentou--se, logo totalmente desperta.

— Deus, eu o vi hoje. Não pude chegar perto, pois você estava curando.

— Eu não estava curando; eram as ervas que faziam isso. Elas têm poder químico para tal. É só aprendizado.

— Poderia ensinar-me o poder delas? Gostaria de saber curar também.

— Qual é seu nome?

— Dorka, deus.

— Vamos fazer um trato. Você para de me chamar de deus, pois não gosto e não sou um deus. Quero que me chame de Irione, combinado?

— Sim, grande deus Irione.

— Não, querida. Só Irione. Grande deus Irione é muito cansativo. Quando amanhecer, encontre-me perto de uma grande árvore, aquela que tem flores vermelhas e amarelas, está bem? Fica perto daqui. Sabe qual é?

— Sim, grande deus Irione.

— Dorka, é só Irione. É ordem de deus.

— Se o deus ordena, eu chamo — afirmou ela respeitosamente, e tive vontade de rir.

Sorri. Como eram inocentes. Não tinham ideia do que era Deus, a força criadora do universo. Saí de lá e fui andar pela floresta. Começara também a fazer os registros dos animais noturnos e de alguns diurnos. Embora não fosse minha especialidade, haviam despertado minha curiosidade.

Voltei para a nave, e Orin e Rarun estavam conversando amigavelmente, sentados um ao lado do outro de mãos dadas. Sorriram-me e cumprimentaram-me.

— Está mais estabilizado?

— Sim. Realmente preciso tomar cuidado com as frequências que refletem sobre mim. Não estou acostumado a precisar desse tipo de bloqueio, mas já comecei a estudar uma forma de fazê-lo. Quando vocês vão se casar?

— Estamos na experiência ainda.

— Poderiam pular alguns anos — sugeri.

— Não. Não queremos pular tempo algum, pois corremos o risco de um divórcio depois, e isso é uma coisa ultrapassada — comentou Orin sorrindo.

Sorri ao me lembrar que, não havia muitas encarnações, quis pular todas por Carli e que reminiscências daquele amor aos extremos não ficaram em mim, mas, talvez por não termos nos casado, permaneceram nela.

Entrei no que chamávamos de sala de alimentação e tomei um suco. Avaliei se realmente deveria ensinar a jovem um pouco do que sabia sobre as ervas. Ela poderia fazer muito bem o trabalho e evoluiria mais rápido. Clarion veio até a mim para traçarmos planos para o dia que iniciava.

Não irei com você. Ensinarei à jovem o efeito benéfico de algumas ervas. Estou pensando em como extrair os componentes sem um laboratório — comentei.

— Pense bem, Irione. Elas nem sempre funcionam quando misturadas à água em ponto de ebulição. Às vezes, podem até se tornar venenosas quando expostas à alta temperatura.

— Eu sei, Clarion, ajude me.

— Plasme um laboratório inteiro, mande-a estudar em nossas escolas e pronto. Em duzentos anos ela estará pronta. — Brincou ele.

— Não seja chato. Ela não tem esse tempo, pois viverá, no máximo, até os sessenta anos. A média é de quarenta, calculei agora. Se as ervas ajudarem, poderão aumentar esse ciclo e aproveitar mais essa reencarnação.

— Sim, grande deus brilhinho! Passador de calor.

Sorri para ele.

— Ajoelhe-se ante o grande deus, do contrário, colocarei veneno em seu alimento.

— E regredirá dez reencarnações! Quero ver! Terá de passar por tudo de novo, ser meu irmão, inclusive seremos gêmeos.

— Deus me livre! Ser seu amigo já é carma suficiente. Para onde vai?

— Para o sul. Para economizar energia, pedirei a Rarun e Orin que me deixem lá e depois me busquem.

— Sinto não ir com você, mas prefiro ficar aqui com eles, ser útil.

— Não está me chamando de inútil, está? Se estiver, arranjarei um resgate agora mesmo!

— A eles, Clarion. Não seja chato.

— Então, adeus. Vamos levantar voo. Se eu fosse você, ficaria com o traje. Prevejo o início da estação quente. As temperaturas aumentarão e muito.

— Quero adaptar-me.

— Bem, o calor é seu. Adeusinho.

Desci da nave. Rarun e Orin, que estavam do lado de fora, entraram, e os vi levantarem voo. Entrei na mata, volitei um pouco e cheguei à árvore. Sentei-me na grande raiz para esperar por Dorka e comecei a examinar e catalogar parasitas e pequenos vermes.

Peguei o filtro, examinei para ver se todos já tinham aura e comecei a registrar as nuanças de cores para classificá-las depois. Senti alguém chegando e virei-me. Era Dorka, que ainda ficava um tanto paralisada perto de mim.

— Venha, chegue mais perto.

Como eu estava com o filtro em minhas mãos, coloquei-o e olhei-a. Estava com a aura estabilizada, com nuanças de vermelho, azul, sutis diferenças e uma grande faixa de orgones. Por meio desse exame, senti o medo dela. O azul começou a arroxear-se.

— Desculpe, não quero assustá-la. Pode chegar perto.

— O que era aquilo sobre seus olhos?

— Um filtro, nada importante — falei colocando-o no bolso. — Venha. Você vai aprender muita coisa hoje, mas preste atenção. Só poderá usar o que aprender para cura, nunca para fazer mal às pessoas. Se o fizer, isso a prejudicará.

— Sim, grande deus.

— Creio que ontem fizemos um trato, não foi?

— Irione — corrigiu-se bem pouco à vontade.

— Diga-me, Dorka, há alguns de vocês que não me veem ou só nos percebem como algo?

— Só os abençoados veem os deuses descidos das estrelas. Crianças são abençoadas, então, todas elas conseguem vê-los. As mulheres têm o poder de dar vida, por isso também veem os deuses. Mas poucos homens conseguem vê-los.

— Não são abençoados, é uma questão de frequência visual. Eles se drogam para isso.

— As folhas os levam para outro mundo.

— O mundo das drogas. Em parte, tem razão, mas vivem nesse agora e estão muito prejudicados.

— Se um deus diz, eu acredito.

— É algo físico-químico, Dorka. Não é magia.

— Desculpe-me, não entendo sua língua.

— Desculpe-me, não estou respeitando suas limitações. Vamos lá.

Grosso modo, tentei explicar-lhe como as plantas analgésicas agiam, mas depois me lembrei que um dia ela iria embora. Pedi a Dorka que passasse essas informações a alguém em que ela confiasse e que respeitasse o princípio de sempre fazer o bem.

Passei fases do tempo solar praticamente ensinando a ela o básico. Achei-a inteligente. Nesse tempo, desenvolvi a secagem através do calor do sol e a extração por meio do esmagamento das fibras.

Várias vezes, fui até a aldeia conversar com alguns e percebi que eles também estavam aguçando suas visões e enxergando-me melhor com o tratamento que estávamos fazendo. Alguns já estavam viciados quimicamente e apresentavam problemas neuronais sérios e irreversíveis.

Certo dia, tive a ideia de olhar para esses seres através do filtro e tive a surpresa de perceber que a faixa de orgones deles, um ciclo prateado que circula o corpo denso, era bem menor. Por que esse efeito? Eu não sabia. Mais uma coisa para ser descoberta.

À noite, na nave, discutimos sobre isso, mas nenhum de nós era especialista. Lamentei que Arrate não tivesse vindo conosco.

Trion continuava arredia. Quase não ficava na sala quando conversávamos e dividíamos abertamente nossos conhecimentos, nossas experiências e dúvidas. Calada, compenetrada, estava desenvolvendo suas teses de mestrado, e isso era realmente difícil, ainda mais em cima de estudos em novos planetas. Mesmo assim, eu tinha certeza de que ela não era muito semelhante ao resto de nós.

Minha aluna Dorka era extremamente aplicada e, como não tinha como anotar o que aprendia, guardava tudo na cabeça, demostrando ter uma excelente memória. Eu me tornara um fã dela.

Clarion e eu tentávamos desenvolver uma escrita lógica e fácil para que Dorka pudesse fazer anotações e para que todos os outros, se possível, conseguissem aprender.

Eram eles que deveriam ser chamados de deuses. Às vezes, quando a nave descia, muitos vinham assistir — até mesmo aqueles que só nos viam como um brilho com forma, quase cegos pelos efeitos prolongados da erva com seu uso inadequado, fumada, inalada ou mastigada.

Dorka e os outros conseguiam nos reconhecer por meio de nossos nomes. Embora não fôssemos parecidos, éramos semelhantes a eles, afinal, tudo no universo tem o mesmo princípio.

Meus olhos eram de um azul quase transparente, meus cabelos quase âmbar, a boca, rosa, o corpo de muitas cores. Essa fora uma das descrições de Dorka. Eu não me via assim, mas era questão de luminosidade e frequência visual. No dia em que pedi para que me descrevesse, perguntei a ela: "Sou bonito ou feio?".

— Lindo! — respondeu-me sem entusiasmo.

— Quero a verdade.

— Esquisito, mas agora já me acostumei ao esquisito.

— E o outro, Clarion? Como você o vê?

— Um homem grande, bem mais gordo que você, com uma lua cheia na cabeça, de corpo brilhante, não de muitas cores, mas quase amarelo.

Eu ri muito. A visão que eles tinham de Clarion parecia com a imagem dele usando o traje aclimatado, que ele nunca tirava. Detestava sentir calor ou frio.

Capítulo 4

Trion continuava a ser uma pessoa quieta, quase não emitia opiniões, e fiquei com a sensação de que ela gostava de ficar à parte. Certo dia, comunicou-nos que iria ficar bem mais ao sul, pois preferia acampar do que ser trazida todo dia para a nave.

— Você sentirá muito desconforto, frio, e isso poderá desarmonizá-la — preveniu Clarion.

— Trouxe equipamentos. Chegou a hora de testá-los.

— Você tem certeza de que quer isso? Há muita coisa para ser estudada aqui. É um mundo novo, mal habitado.

— Absoluta.

— Vou com você — pediu Aradie.

— Não. Agradeço. Quero ir sozinha.

— Tenho direito. Eles já estão estudando aqui, então, vou com você.

Ele não pediu, deixando no ar uma determinação. Ela olhou-o sem esconder a reprovação.

— Não — retrucou mesmo assim.

Senti-o entristecer, e minha antipatia por Trion, que eu tentava dominar, aumentou.

Na aldeia, contei não mais que mil e quinhentas pessoas. Procurei um dos mais antigos e perguntei-lhe por que haviam se deslocado e como. Não estranhavam mais nossa presença. Havíamos nos adensado para que todos pudessem nos ver melhor, inclusive os com problemas de visão.

Esse convívio mais restrito foi acontecendo aos poucos e aumentou devido a uma doença que começou a atingir a todos. Eu não entendia de doenças, ainda mais dessas pessoas, pois não era minha especialização. Dorka, contudo, queria tanto salvá-los que, quando dei por mim, já estava envolvido com a situação.

No laboratório da nave, analisei o sangue de muitos deles. Clarion e eu percebemos que havia um parasita nos doentes. Fizemos vários testes e começamos a analisar componentes químicos que pudessem combater a doença, mais precisamente o parasita, sem anular os anticorpos das pessoas.

Não transferimos parte do laboratório para a aldeia, pois seria difícil manter o nível de esterilização. Com várias alternativas à mão, ficamos cuidando dos doentes, e Dorka ganhou outro nome entre eles, Origin, que significava "ajudante dos deuses".

Permanecemos muitos dias na aldeia, ensinando e ministrando remédios, e muitas vezes pulávamos nosso horário de repouso. Dorka, por sua vez, continuava a nos acompanhar.

Fiquei muito admirado com a força de vontade dela. Dorka parecia uma de nós. Descobri por meio desse convívio que eles haviam fugido do terremoto.

— Que terremoto? — perguntei muito curioso a um dos idosos.

— Era um deus vingativo, Thoron... Ele avisou ao povo que não queria mais mortes. Que, se o sangue fosse derramado mais uma vez, causando mais uma morte sem que fosse por determinação dele, ele faria a terra toda tremer e afundar, para que, assim, todos vissem o quanto ele podia mandar e quanta força tinha.

Olhei para Clarion. Não sabíamos se deveríamos acreditar ou não. Dias depois, o assunto voltou. Ainda estávamos convivendo diariamente com eles. Outro idoso começou a nos relatar a história, desta vez com mais detalhes. Como o mais velho ancião daquele povo estava completamente senil, perguntei ao outro narrador:

— Por que o deus era vingativo?

— Thoron havia criado os seres para obedecerem às leis da vida. Não queria morte nem guerra e pediu a todos que fossem unidos, mas havia homens que não queriam a união, que queriam comandar quem não queria ser comandado. Houve uma grande guerra e muitas mortes. Muitas mulheres chorando e muita fome.

"Certo dia, uma jovem ajoelhou-se diante do templo de Thoron e reclamou muito. Por fim, levantou-se e disse a ele: 'Grande deus, você proibiu a morte, a desunião, no entanto, descobrimos que você não tem força. Fizeram tudo ao contrário do que você mandou: mataram, não tiveram união, ofenderam, violentaram. Não acredito em você, deus, nem em sua existência. Aqui não é um lugar bom para se viver, por isso vou matar-me aqui, diante de seus olhos. Meu sangue escorrerá em sua estátua, e todos saberão que você é fraco e teme os homens, quando, na verdade, deveria comandá-los'.

"Então, houve uma voz de trovão, tão alta que vinha das nuvens. Todos ficaram paralisados, mas a jovem não teve medo e continuou a desafiá-lo, gritando:

"— Thoron, você não existe! Fala alto, mas até um menino pode desobedecê-lo.

"Thoron, então, abriu as nuvens e gritou mais alto do que ela. O vento que saía de sua boca fez as árvores tombarem.

"— Não pode desafiar-me, mulher! Os maus estão pagando, não aí, para que vejam, mas aqui! Estão à porta do céu, implorando pela felicidade que só dou aos justos. Não derrame seu sangue para desafiar-me, pois ficará como eles: perdida entre os vivos, desesperada e procurando o lugar dos mortos.

"— Não acredito. Os ímpios ainda estão aqui, as guerras continuam, e eu não quero mais ficar. Se diz que existe um lugar onde os mortos são castigados, deve existir também um lugar em que os vivos são compensados.

"— Mulher, se teve coragem de desafiar-me, deve ter coragem de atravessar o mar. Serão dias e dias somados às noites, vocês comerão peixe cru, mas terão de levar água doce para matarem a sede. Não há lugar para covardes! Vocês serão os primeiros a chegar. Vá, escolha e descubra.

"— Thoron, nossos pés não andam sobre as águas, você sabe disso, por isso me dá algo impossível de cumprir.

“— Trabalhem, pensem, procurem um meio. Muita coisa boia, mas lembre-se de que o sol será impiedoso, e as chuvas serão raras. Escolha você mesma quem quer levar.

“— Thoron, você estará lá?

“— Não. Lá é terra de outros deuses. Se não acreditam em mim, vão.

“As nuvens se fecharam, e Thoron não se manifestou mais.”

— E como atravessaram o mar? — perguntei, tentando entender o significado daquela história, já que nenhum deus fala através de nuvens ou coisa parecida.

— Um homem sonhou com troncos amarrados, com várias bilhas cheias de água e que atravessavam o mar. Thoron gostava dele, pois o homem não perdera a fé, e contou-lhe quando deveria partir.

— Muitos vieram com ele em paus amarrados, e outros, que não deveriam vir, o imitaram e vieram. Muitos dos que não deveriam vir morreram no mar, e outros conseguiram perdão e chegaram.

— Quando chegamos aqui, vocês iriam matar Dorka. Não estavam, portanto, desrespeitando as leis novamente?

— Muitos enganaram Thoron e passaram a cultuar outros deuses aqui. E outros deuses disseram ao Cás que, para o solo dar seus frutos, o sangue teria de ser derramado novamente.

— Por quê? O que o deus disse ao homem?

— O deus só fala com ele, diferente de Thoron, que todos ouviam.

— Como sabem que ele não está mentindo?

— Não sabemos, mas ele tem poder. Poder que um deus lhe deu. Outro homem, aquele que vive afastado, desafiou-o, chamou-o de mentiroso e disse-nos que viria do céu uma estrela de muito brilho. Estes, sim, seriam chamados de deuses, seriam bons, e ninguém se atreveria a desafiá-los, pois tinham grande força. Só os merecedores os veriam primeiro, as crianças, e depois com o tempo todos os veriam. Os que não merecessem só perceberiam o brilho de suas vestes.

“Clarion, será que muitos fingem nos ver?”, transmiti.

"Não creio nisso, porém nenhum deles quer ser desmerecedor. Precisaremos fazer um exame minucioso", Clarion transmitiu de volta.

— Onde vive esse homem que falou sobre nossa vinda? — perguntei ao narrador.

— Fugiu com medo dos outros deuses. Voltará quando a justiça for feita.

— Para que lado ele foi?

— Para o da montanha, aquela que quase alcança o céu.

Sorri. Eles não tinham ideia de quanto media o pico mais alto do planeta e que alcance tinha a atmosfera.

Ficamos ali com eles até altas horas da noite. Não adiantava tentar convencê-los de que não éramos deuses. Tínhamos vindo como previsto, mas o que me deixou curioso era como alguém, havia muito tempo, previra nossa vinda.

Na nave, todos estavam cansados, e eu só queria dormir. No outro dia, logo cedo, comentei com os outros tripulantes as versões da história, e tentamos esmiuçar o ponto de verdade. Ela, provavelmente, fora inspirada em algo, e, por causa da fantasia, dados se perderam, mas a essência da verdade permanecera.

Tentamos fazer um prognóstico de há quanto tempo estavam ali, mas não conseguimos. Tentamos também comparar com os dados históricos levantados por Rarun, contudo, não conseguimos. Do outro lado não existia história ou lenda, como chamavam na aldeia.

Depois de muita especulação, Rarun e Orin foram incumbidos de averiguar aquela história para nós.

Clarion e eu adotamos a aldeia, que, naquele momento, era composta de um pouco mais de 1.520 pessoas. Algumas tinham nascido recentemente.

Embora não fôssemos médicos, tentamos reverter o estado de quase cegueira dos que estavam viciados, mas não foi possível, mesmo depois de analisarmos bastante a erva que consumiam.

Conseguimos fazê-los parar de consumi-la, e, com isso, a incidência de cegueira entre eles não aumentou.

Começamos a fazer nosso trabalho de análise da flora com mais intensidade, e eu levava Dorka comigo para continuar ensinando-a. Não insistia, contudo, nos princípios químico-moleculares, já que para ela seria impossível absorvê-los com aquela falta de instrução.

Dias depois, Rarun e Orin voltaram e comentaram que, em um levantamento realizado no outro lado do planeta, descobriram que se contava a história de uma grande ilha, em que os deuses, depois de ficarem muito irados, afundou a todos. Alguns, contudo, foram avisados com antecedência para fugir.

Olhei para Clarion. Parecia que uma tinha a ver com a outra. Será que era o mesmo povo?

Não muito tempo depois, começou entre os habitantes da aldeia um processo de infecção, e novamente tentamos reverter o quadro. Lastimei não ter incluído um médico na expedição, mas isso se devia ao fato de nossa saúde ser quase perfeita. Temos grande resistência a micro-organismos e outros distúrbios.

Usamos todos os recursos da nave para evitar mortes, mas houve algumas, principalmente entre crianças e idosos.

Passei a dividir meu tempo entre trabalhar no laboratório e perambular pela aldeia. Queria descobrir como se contaminavam, já que a doença tinha características contaminativas.

Em nossas análises, encontramos milhares de micro-organismos no sangue, na saliva e nas fezes das pessoas. Aradie também passou a nos ajudar, pois, como biólogo, nos era extremamente útil.

Ficávamos discutindo durante horas as possibilidades. Como não tínhamos literatura local, começamos a criar uma. Trabalhávamos contra o tempo, e, a cada interrupção de ciclo, lastimávamos muito.

Sabíamos que não era destino marcado — isso não existe —, mas cada dia de um ciclo faz diferença no outro. São milhares de alternativas, responsabilidades, e, se estávamos ali, tínhamos a obrigação de ajudar, minimizando sofrimentos.

Quem sabe mais tem obrigações com quem sabe menos ou tem menos recursos, este é o princípio da caridade universal.

Eu pensava em tudo isso, enquanto assistia a mais um enterro. O velho mais velho da tribo morreu. Alguns especulavam se ele voltaria à ilha para a justiça de Thoron ou se os deuses dali o acolheriam.

Clarion e eu transmitimos:

"O que será que eles querem dizer com isso?"

"Assim que descobrirmos o que chamam de deuses, conseguiremos entender."

Sorri intimamente. Mais uma incógnita daqueles costumes e das posturas ante a vida e suas razões.

Para essas ocasiões, eles não tinham um ritual propriamente dito; apenas acreditavam que a alma seria recolhida, só não sabiam por quem.

Sabíamos que o princípio estava correto, só a distinção permanecia desvirtuada. Precisávamos pensar se estavam preparados para a verdade mais ampla.

Finalmente, depois de quase quatro ciclos lunares completos, conseguimos isolar o micro-organismo e encontrar, dentre os componentes químicos analisados, uma planta cujo extrato o colocava em estado de dormência até os anticorpos o reconhecerem como estranho.

Sentimos um alívio enorme quando os doentes começaram a se restabelecer. Muitas vezes, passei a noite com eles, apesar do desconforto físico para mim.

Assisti ao carinho que as mães demonstravam por seus filhos, seus cuidados e a luta por suas vidas, e em nenhum momento deixei de pensar na minha mãe e no reencontro que teríamos quando ela se recordasse que tinha laços comigo.

As mortes cessaram. Foram poucas e, sem dúvida, graças à nossa intervenção.

Capítulo 5

Certo dia, curioso a respeito do homem que morava isolado na floresta, avisei a todos que iria para o lado da montanha indicada procurar o indivíduo que previra nossa vinda. Já tínhamos concluído que muitos que estavam cegos fingiam nos ver, embora não vissem mais nada.

Por prevenção, peguei meu traje de proteção, muito suco alimentar e saí. Havíamos feito um mapa da região, e tentei volitar até a montanha.

Devido à atmosfera muito densa e à força gravitacional, já me sentia exausto em pouco menos de meia hora de trajeto, mesmo com menos de 1/10 da velocidade que conseguia alcançar em meu planeta.

Resolvi ir pela floresta. Nos trechos mais abertos, eu volitava para descansar as pernas ou sentava-me embaixo de alguma árvore frondosa para descansar. Levara também registradores, e, como ia sem pressa, anotava o que via quando parava. Percebi que muitos animais não me viam; só pressentiam minha presença. Quando isso acontecia, saíam correndo sem olhar para minha direção, prova contundente de que só a pressentiam. Especulei se era por minha diferença de temperatura, afinal, se sentissem minha presença por rastreamento de calor, eu era para eles um ser completamente moribundo.

Depois de passadas mais de três noites — em que mal dormi devido ao desconforto do chão duro —, cheguei ao sopé de uma montanha, cujo pico estava coberto de neblina. Sorri. Era isso que eles pensavam que era o céu?

Procurei vestígios da presença de alguém ali e tive certeza de que seria difícil para um ser viver sozinho e ainda estar vivo — ainda mais que eu não tinha ideia do tempo em que ele fora para lá. Disseram-me que ele se chamava Chrospu, que significava "homem abandonado ou fugido".

Procurei algum tipo de caverna, pegadas e outros vestígios e resolvi subir um pouco a montanha. A mata era fechada, e tive de andar "pezinho atrás de pezinho", como dizia Clarion.

Comecei a sentir-me tão exausto que avaliei que deveria ter trazido aquele tipo de cama dos seres da aldeia. Repeti para mim mesmo:

— Hora de improvisar, Irione.

Às vezes, vestido com meu traje climatizado de proteção, às vezes não, fiz uma cama de folhas, deitei-me em uma pequena clareira e resolvi que era melhor colocá-lo. O traje protegia-me de insetos ou qualquer outro animal que eu não sabia até que ponto poderia atacar-me.

Embora fosse dia, relaxei completamente. Dentro da floresta, a luminosidade era amena. Bebi um pouco de meu alimento, coloquei-o de lado e dormi profundamente.

Quando acordei já era noite, então, fiz como os nativos: acendi uma fogueira. Experimentei uma sensação de solidão imensa, ouvindo apenas o pio das aves noturnas e o farfalhar das folhas. Não tinha sono e arrependi-me de ter deixado levar-me pelo cansaço.

Se o homem estava por ali, não era hora de procurá-lo. Provavelmente estava bem escondido de todos aqueles perigos. Repassei algumas anotações e pensei em Trion e sua antipatia cordial e em Aradie, que parecia fazer questão de estar sempre com ela.

Pensei em meu planeta e em meus vegetais, procurei o equipamento que levava o filtro e o coloquei. Curiosamente, os vegetais também pareciam dormir. As cores de suas auras estavam completamente diferentes, e deduzi que a causa era a falta de luz solar, que diminuía a fabricação de clorofila e as atividades vitais das plantas.

Fiz várias anotações, deixei as conclusões por conta de Arrate — aquela bela senhora por quem eu tinha tanto carinho — e mais uma vez lamentei o fato de ela não estar conosco.

Mal amanheceu, anotei uma temperatura de dois *hants*. Tirei minha roupa climatizada e fiquei só com a outra. Coloquei o equipamento nas costas e saí da clareira depois de apagar o fogo.

Não tínhamos capacidade de enxergar bem à noite — não na noite de Cordissanal. Subi um grande trecho da montanha, mas não encontrei vestígios de que alguém vivia ali. Deixei o equipamento no chão para diminuir o peso que carregava e volitei, subindo bem acima das árvores. As folhas e os galhos eram tão densos que não se enxergava nada através deles.

Desci. Peguei os equipamentos, subi e desloquei-me mais uns vinte metros montanha acima. Encontrei, embora não pudesse ver muito bem do alto, uma pequena clareira. Os raios de sol batiam forte no local, iluminando-o.

Os vegetais não pareciam ter nascido naturalmente, pois tinham uma linha reta, uma ligeira estética. Pareciam cultivados por alguém, então, tive certeza de que o homem estava por ali ou já estivera.

Sentei-me a alguns metros à sombra e esperei, pois não me restava outra coisa a fazer. Não reconheci o vegetal e anotei suas características. Depois de esperar horas, um ser apareceu, arrancou um deles, jogou fora as folhagens e começou a raspar as raízes, sem pressentir-me.

Levantei-me e fui até ele. Sem o traje climatizado, falei o idioma que os outros falavam, chamei-o pelo nome e aproximei-me mais.

— Chrospu, vim para falar-lhe. Pode dar-me atenção?

O homem parou o que estava fazendo, ficou alguns segundos imobilizado e depois sorriu.

— Homem que brilha, você demorou, demorou. Perdeu-se entre as estrelas?

— Meu nome é Irione. Como sabia que viríamos?

— Homem das estrelas, fui avisado de que uma estrela viria do céu e com ela outros homens nos trariam conhecimento, magia, e eu poderia voltar para casa.

— Quem lhe avisou?

— Os deuses que regem tudo. Contaram-me que dois de vocês desejarão ficar aqui para sempre, que vieram procurar seus passados.

— Chrospu, como recebe esses avisos?

— Por meio de sonho. E no sonho os deuses avisam-me coisas. Sou filho de Thoron e, mesmo estando longe, não deixei de amá-lo. Eu não deveria ter vindo, mas meus pais me trouxeram para cá quando eu ainda era pequeno e precisava do leite de minha mãe. Naquela época, eu já sabia que Thoron era meu verdadeiro pai. Que não era um fracasso e tinha sabedoria. Certo dia, quando grande, vi meu corpo em metamorfose, e Thoron veio até a mim. Pediu-me que avisasse a todos que a estrela cairia com direção certa.

"Todos riram, ridicularizaram-me, e o tempo passou. Preferi ficar afastado, pois não gosto de ser chamado de Chrospu. Não sou abandonado. Há deuses na floresta, eles falam comigo. Eu os vejo."

— Você veio quando era o que chamam de bebê. Não sabe o que aconteceu de verdade e o que os deslocou até aqui?

— Como filho de Thoron, eu sei. Ele não me fez segredos. Desde antes de nascer, eu já sabia; fui preparado para ser o líder.

— Parece que não conseguiu isso.

— Sou o líder de minha própria vida. Mando nela e ninguém me obriga a fazer o que não quero. Irei com vocês quando partirem.

— Lamento, Chrospu, mas não pode ir. Morreria de falta de ar e de alimento, pois não tem a facilidade de adaptar-se como nós nos adaptamos ao seu planeta.

— Irei quando estiver vivendo minha outra vida. Fui expulso de lá muitas vidas atrás, pois traí meu povo, não quis estudar e me aperfeiçoar como todos. Fui expulso por não cumprir. Agora, estou pronto; aprendi minha lição.

Olhei para ele desesperançado. Não iria conseguir descobrir o que queria, mas, já que havia ido até lá, resolvi escutá-lo. Quem sabe ele diria algo que pudesse esclarecer o fato histórico existente no emaranhado da lenda e da confusão que eles pareciam fazer dos acontecimentos reais.

— Pode contar-me com detalhes? — pedi.

— Vou contar-lhe tudo que vi através dos sonhos:

"Quando vivi há muito tempo para lá dos raios desse sol, em um povo, noutra terra, fui filho de um líder. Todos já sabiam da importância de fazer o bem, mas eu não. A mentira e o engano me atraíam.

"Sendo filho do líder, eu aproveitava esse poder para fazer de todos meus escravos. Acreditava que meu pai não sabia ser líder, e, nessa época, os soldados já não andavam mais armados. Armas eram peças de museus, como instrumentos aposentados que não deveriam mais ser usados.

"Fui lá e roubei muitas delas. O roubo também não existia mais naqueles dias, assim como guardas. O museu, então, ficava aberto à visitação para que todos sempre se recordassem de como o humano havia sido perverso.

"Durante várias noites, fui até lá para roubar as armas. Trazia para casa e as trancava em meu quarto. Quando estava já bem armado, procurei alguém que compartilhasse de minhas ideias, chantageei, ameacei, contudo, não encontrei ninguém. Ao contrário, foram até meu pai e lhe contaram o que eu pretendia fazer: trazer os piores dias de volta.

"Minha mãe chorou de desgosto, e meu pai, ofendido, pediu que reconstruíssem o antigo lugar das prisões. Fui mandado para lá, jurei vingança e esperei.

"Dois anos depois, acharam que o castigo havia sido suficiente, perdoaram-me e trouxeram-me para casa. Novamente, mamãe chorou — desta vez de alegria — e abraçou-me. Mas eu, sendo o único preso em todo o planeta, só consegui detestá-los por aqueles dois anos sem poder sair às ruas.

"Olhavam-me como se tivessem dó de mim e novamente se descuidaram. Voltei, então, ao museu e roubei uma única arma, a mais potente, e com ela saí cometendo crimes contra todos os que haviam se recusado a me seguir. Foram duas, três, quatro, cinco mortes, não me lembro. Alguns, refeitos do choque e da violência, dominaram-me e levaram-me de volta ao meu pai.

"Novamente, não sabiam o que fazer comigo. Fui mais uma vez condenado e preso, e tentaram fazer-me ver que eu estava do lado contrário ao lado certo e da história. Recusei-me e jurei que um dia sairia e mataria a todos.

"Um ano depois, uma nova ordem chegou até a mim. Já que eu queria praticar crimes que viesse para uma terra de crimes. Fui colocado dentro de uma nave pequena e mandado para cá, do outro lado do oceano.

"Como tinha mais conhecimento, liderei e encontrei tudo o que queria aqui: gente que me seguisse. Ensinei-lhes a produzir várias armas. Morri, renasci tantas vezes e em todas as vidas quis ser líder. Não aprendi.

"Antes de eu ser um bebê de novo, Thoron determinou que saíssemos de suas terras. Eu vim, mas já não era o mesmo. Estava cansado de guerras e poder. Queria voltar para casa, pois já me sinto castigado."

— E onde você crê que seja sua terra?

— A de vocês. Eu sabia que um dia vocês viriam buscar-me e vieram.

— Perdoe-me, mas creio que esteja enganado. Mesmo que tenha tido reencarnações em nosso planeta, você não poderá voltar, pois tem laços aqui, resgates. E, se algum dia voltar, irá de outra maneira.

— Acabei aqui. Tenho que voltar e pedir perdão lá. Deixei coisas para serem feitas, desviei-me do meu caminho.

— Chrospu, perdoe-me, mas creio que esteja confuso. Mesmo desencarnado, você não poderá voltar para nós, se é que realmente somos sua origem. Existem muitos mundos depois desse sol.

— Homem brilhante, não pode se recusar a levar-me, pois é o meu destino e o de vocês.

— Onde você vive agora?

— Vou voltar. Agora sabem que estou falando a verdade. Vou liderar como deveria ter feito.

— Pode cometer novos erros.

— Não cometerei. Será minha prova final, que atestará que sou merecedor.

— Obrigado pelo que me contou, Chrospu — falei levantando-me e saindo.

— Homem brilhante, quando eu estiver fora dessa roupagem, verá que sou um de vocês — afirmou ele.

Sorri gentilmente e voltei. Aquela história toda parecia uma confusão só, embora o que ele me contara fizesse sentido. Muitos seres, quando são exceção de não evolução, são expurgados dos planetas, mas não daquele modo. São quando ainda estão só em corpo astral e espírito e entram naturalmente no ciclo reencarnatório do novo planeta.

Durante todo o caminho de volta, vim tentando montar aquele quebra-cabeça. Como toda aquela gente tinha atravessado o oceano, com toda a turbulência, os ventos e sem um equipamento adequado? Como haviam chegado vivos ao outro lado?

Mais dias de caminhada. Novamente, passei duas noites sem dormir para chegar logo ao meu destino. Cheguei mais do que cansado à nave e entrei:

— Irione, grande caçador de histórias! — Brincou Clarion. — Seja bem-vindo!

— Estou cansado. Falaremos logo depois que eu descansar. Agora seja gentil e traga um suco alimentar para seu amigo, enquanto ele se senta.

Clarion saiu para buscar-me o suco, e, antes de sentar-me, comecei a tirar a roupa climatizada. Tirei o capacete, abri a roupa e mantive apenas as outras, leves, que deixavam meu movimento mais livre. Sentei-me e fechei os olhos.

Senti uma presença e acreditei que era Clarion voltando. Quando abri os olhos sorrindo, dei de cara com Trion, que me olhava.

— Como foram suas pesquisas? — perguntou ela, como se fosse uma obrigação me perguntar.

— Não obtive sucesso. Aumentou o emaranhado, mas, curiosamente, uma verdade ficou clara: ele sabia de nós com antecedência e avisou aos outros que viríamos.

Ela sentou-se a alguma distância de mim e olhou para o chão. Calei-me. Pelo jeito, nada que eu dissesse poderia interessá-la. Clarion serviu-me o suco alimentar e sentou-se ao meu lado, perguntando:

— Como ele poderia saber antes de nós?

— Não sei, Clarion. Ele contou-me uma história que, embora pareça confusa, deve ter uma essência de verdade. Pensarei sobre ela e depois falarei com você. Estou há duas noites sem dormir.

— Por quê?

— Não sei, quis chegar logo.

Saí e fui para meu ambiente pessoal. Lá, tirei tudo o que me vestia, deitei-me e dormi por várias horas. Quando acordei, ainda era noite. Continuei deitado em meu ambiente, pois o deslocamento me cansara muito.

Pensei em o que faria de minha vida quando voltasse. Pensei em Carli, avaliando se sobrara algum daqueles amores loucos por ela. Lembrei-me da vez em que nos envolvemos sendo de povos diferentes, com princípios diferentes, e era proibido que nos misturássemos. Tentei recordar os fatos. Sorri, deduzindo que não tinha importância, levantei-me e vesti-me. Fui até o salão principal da nave e procurei relatórios para atualizar-me do que os outros estavam fazendo.

Os relatórios de Clarion eram verdadeiros esquemas. Era preciso ser adivinho para saber o que ele andara fazendo. Por acaso ao lado dos dele estavam os de Trion. Peguei-os por curiosidade e sentei-me para ler.

> *Essa espécie se reproduz assexuadamente, e os parceiros são únicos a vida toda, ligados instintivamente a ponto de, quando um morre, o outro se recusar a respirar. Fica no fundo do mar propositadamente, sem vir à tona procurar oxigênio, tendo, assim, uma morte por sufocação. Não têm características humanas em parte alguma do corpo, nem do denso, nem do astral, porém são fiéis a esse ponto.*

Para defender os filhotes, o macho é capaz de cometer suicídio ao enfrentar oponentes que não tenham chance de vencer, enquanto a fêmea tenta fugir com o filhote. As características na espécie variam, mas todas têm o mesmo princípio de comportamento e ligações instintivas fortes. Detectei que há lances de pensamento contínuo.

Levantei a primeira folha e olhei a imagem do animal com admiração. Parecia um peixe, mas era um mamífero. Fiquei curioso em vê-lo pessoalmente. Iria pedir a Aradie que me levasse para vê-lo. Mesmo as imagens animadas não tinham a beleza de conhecer o animal ao vivo e em seu habitat.

Ainda estava lendo o relatório de Trion, quando ela entrou na sala. Comentei:

— Trion, estou lendo seu relatório. Que animal de iniciativas nobres!

— Realmente, é encantador. Tem níveis de inteligência bem acima da média para a categoria.

Olhei-a, mas ela não me olhava; olhava o ar da manhã, que começava a despontar. O assunto terminou aí. Trion parecia não gostar de falar, principalmente comigo. Pensei e tentei lembrar-me se tínhamos algum resgate recente, nada, nenhuma lembrança.

Olhei-a pelas costas. Ela parecia distante, e arrisquei-me a perguntar:

— Trion, você está com problemas? Posso ajudá-la?

Ela demorou para responder e finalmente respondeu um não de maneira lacônica. Clarion chegou e eu fiquei agradecido. Com ele eu sempre tinha assunto. Falamos sobre o povo da aldeia e sobre Chrospu.

Os outros chegaram, e a conversa ficou animada. Trocamos impressões sobre a história de Chrospu, e Rarun comentou que, por meio de seus contatos, estavam tentando descobrir algo sobre a ilha que provavelmente ainda existia.

Mais uma vez reparei que Trion continuava quieta e parada à porta. Depois passou por nós, foi até a cozinha, tomou seu suco e saiu. Nem sequer chamou Aradie que, distraído com meu relato, não a viu sair.

— Bem, vamos trabalhar! — comentou Clarion. — As pessoas da aldeia têm perguntado por você. Dizem que é mais bonito do que eu.

Sorri respondendo:

— Você não tira essa roupa! Além do mais, eu brilho muito mais. — Brinquei

— Não gosto do calor.

— Acostuma-se. Eu já me acostumei — comentei.

Ouvi Aradie chamando Trion.

— Ela saiu — informei.

— Para onde? Tínhamos combinado que faríamos a pesquisa juntos.

— Não sei. Deve estar por perto.

Aradie saiu, e notei que ele a procurava. Saí com Clarion e fomos até a aldeia. Percebi que senti saudades deles, e eles de mim. Alguns vieram e pegaram em minhas mãos, em um misto de carinho, medo e respeito.

Sentei-me com alguns anciões e ficamos conversando. Contaram-me que duas crianças gêmeas haviam nascido e eles acreditavam que eram presentes dos deuses aos pais. Eu sabia que eram grandes resgates e olhei para Clarion sentado ao meu lado ouvindo as histórias. Aquele povo parecia acreditar que precisavam nos relatar tudo o que acontecia.

Nossa atenção os deixava felizes, por isso os ouvíamos. Uma jovem veio até nós e postou-se de joelhos.

— Não faça isso — pedi levantando-a. Mesmo de pé, ela manteve os olhos abaixados.

— Irione, essa noite eu sonhei que um grande corvo vinha até a mim, tinha cabelos de gente, olhos de gente, boca e nariz. No entanto, tinha asas e corpo de corvo, dizia que eu era sua esposa e não permitiria que eu fosse feliz com meu futuro marido.

"Disse que eu o transformara naquele ser disforme por causa de meus caprichos. Ele não queria ir viver com os mortos para não me abandonar, no entanto, eu amava outro e o abandonava. Eu não seria feliz, pois ele não permitiria.

"Quero ser feliz, o que posso fazer? Esse sonho tem se repetido, e tenho medo do homem-corvo. Ele tem assombrado minhas noites."

Olhei para Clarion e transmiti:

"Obsessor."

"Sem dúvida!"

Respondi a ela:

— Quando você sonhar com o homem-corvo, não fique com medo. Diga a ele que vai amá-lo novamente, em outra vida. Mas hoje ele tem que ir ao mundo dos mortos. Lá, ele será feliz e encontrará muitos amores. E, quando se casar, faça de tudo para que seu marido e você sejam felizes. Assim, o homem-corvo não poderá se interpor.

Ela saiu feliz e retirou-se. Conversamos mais um pouco sobre coisas da aldeia e depois saímos para nossas pesquisas. Clarion e eu continuamos a conversar e perguntei:

— O que você sente em relação a Trion?

— Nada de especial. Ela é quieta, não gosta de falar. É um direito dela. O que há, Irione? Você não gosta muito dela?

— Não lhe parece que ela desrespeitou Aradie novamente hoje?

— Talvez. Não quero discutir isso. Perdoe-me, Irione. Deixe-os.

— Ela também parece incomodá-lo. Por quê, Clarion? Conte-me.

— Não sei. Talvez reminiscências das quais não me lembro. Esforço-me para lembrar.

— Por que tenho a sensação de que você já se lembra?

— Porque é muito metido. Só porque foi meu irmão uma meia dúzia de vezes ainda pensa que é — e só foi o mais velho uma vez! — reclamou brincando.

Sorri.

— Levando-se em conta que Deus é justo, você ainda está me merecendo.

Ele sorriu de volta.

— Por escolha agora. Gosto de sofrer. Lembra-se daquela vez que você tentou beijar minha namorada quando éramos gêmeos?

— Ela percebeu e não me deixou tocá-la. Sentiu algo diferente.

— Fiquei sabendo.

— O quê? Ela te contou?

Contou-me que, ao vê-lo perto de casa, acreditou que fosse eu. Chegou a pensar em correr, pois tínhamos o costume de correr um para o outro e nos abraçar. Como isso era gostoso... Mas algo a segurou, e ela teve cautela. Quando chegou bem perto, teve certeza de que não era eu, embora você falasse do mesmo modo e com o mesmo tom de voz.

— Acho que fui um mal imitador.

— Não, foi algo sutil. Quando você tentou beijá-la, ela não permitiu, pois teve certeza de que era você, não eu. Quando ela me contou o que aconteceu, tive vontade de surrá-lo, mas a rejeição dela frustrando seus planos já me bastou. Até onde você iria com isso?

— Não sei, mas me achava injustiçado. Ela realmente parecia especial.

— E foi. Foi uma esposa e tanto. Tínhamos nossos problemas, mas superávamos sem deixar mágoas. Lembra-se de quanto tempo fiquei casado com ela?

— Não.

— Quase cem anos. Naquela época, não vivíamos tanto. As desarmonizações do corpo denso para o astral eram muito grandes. Ele se decompunha facilmente.

— Clarion, vou confessar-lhe... eu tinha inveja do seu relacionamento com ela. Muita coisa em você me provocava inveja. Éramos iguais fisicamente, mas você era totalmente diferente. Todos sentiam isso e gostavam mais de você, o que obviamente me incomodava.

— Foi por isso que viemos gêmeos idênticos, com condições físicas iguais, já que você, no plano espiritual, me acusava de ter sido muito mais bonito e ter sido privilegiado na vida anterior àquela.

— Sim. Recordo-me disso. Foi antes de virmos como gêmeos idênticos. Nessa época, eu realmente acreditava nisso, lembra-se? Desde pequeno, você era o preferido de nossa mãe. Depois, cresceu e tornou-se um homem alto, atraente, forte. Fiquei um pouco abaixo de seus ombros, com músculos pouco desenvolvidos. Você não sabe o quanto me exercitava para ter o tórax parecido com o seu. Quando nosso pai morreu, deixou tudo para você; fiquei apenas com uma pequena parte.

— É curioso isso, pois você ficou com a única coisa que eu queria. A única pela qual eu abriria mão de tudo.

— Do que está falando? Fiquei com uma propriedade de solo ruim, pequena e mal localizada.

— Lembra-se de quando fui visitá-lo a primeira vez? Você morava sozinho e só tinha a companhia de alguns empregados que já viviam ali por anos. Dois anos depois, voltei a visitá-lo. Eu acreditava que papai tinha sido injusto, tentei várias vezes refazer a partilha, mas você não quis.

— É verdade. Orgulho. Parecia que você tinha tudo: aparência, favores. Todos queriam ficar com você.

— Isso foi minha desgraça, que, quando se juntou com a fortuna herdada, se tornou uma praga. Era por isso que eu sempre ia passar dias com você. Enchia-me daquela gente falsa e interesseira bajulando-me.

— Eu acreditava que você ia me visitar porque sentia saudades de mim.

— Sentia. Brigávamos, mas, na hora das discussões, éramos honestos um com o outro. Você nunca pensou em uma coisa e disse outra falsamente.

— Anos depois, você nunca mais foi visitar-me. Mas o que era mesmo que eu tinha e pelo qual você trocaria tudo?

— Sua esposa. Quando a vi pela primeira vez, vocês estavam noivos. Quando a vi, fiquei impressionado com ela. Não era uma mulher linda, mas algo me cativou no primeiro instante. Eu não tinha consciência de que era seu amigo e que já havia tido um relacionamento passado com ela.

“Irione, quando a vi andando pela propriedade, eu quis mostrar-lhe tudo o que podia impressionar uma mulher. Tirei a camisa alegando calor para exibir meus músculos e pedi a ela para levar-me até a casa principal, como se eu não perambulasse por ali desde criança.

"Desci do meu veículo e segui a pé. Queria mostrar-lhe que eu tinha cultura e, quando dei por mim, estava falando de minhas propriedades, da casa que eu herdara, de minha condição financeira. Era a ânsia inconsciente de que ela se recordasse de mim."

— Naquele dia, quando ela chegou com você e disse que era uma visita para mim, lembro-me de ter dito: "Não, é só meu irmão".

"Ela comentou: 'Ele parece rico', e eu confirmei. Fiquei com a sensação de que, mais uma vez, tripudiaria de mim por ter uma noiva que é filha de empregados. Pensei com inveja nas damas que você provavelmente poderia desposar até que me dei conta que isso realmente não me interessava. Entre todas as damas, era ela a mulher que eu queria e amava.

— Também me dei conta disso naquele mesmo dia, durante o almoço. Os olhares que vocês trocavam, os carinhos fortuitos... Pensei que ela só poderia amá-lo sinceramente, pois você não tinha nada mais que pudesse interessá-la. Quanto a mim, possuía muitas coisas fora de mim. Não é curioso? Você me invejava pelo que eu possuía, e eu o invejava pelo que não possuía. Cheguei à indecência de fazer a ela uma proposta para deixá-lo e relacionar-se comigo.

— No dia em que chegou?

— Não. Se você tentar se lembrar, verá que passei a visitá-lo duas vezes por ano. Ficava poucos dias, mas ia. E a cada vez me sentia mais atraído por ela. Vocês estavam sempre juntos. Naquela época, já era um casamento experimental não oficializado.

— Realmente tínhamos um carinho muito grande um pelo outro. Ela nunca me contou que você a assediava.

— Eu sei. Ela disse que não iria fazê-lo e alegou que eu pensava que tudo estava à venda, quando a única coisa que estava à venda era minha alma. Ela estava certa, Irione. Certíssima.

— Aquele casamento foi um dos melhores que tive. Não foi de resgates; foi de crescimento mútuo. Fizemos muitas coisas juntos. Ficamos casados por muitos anos, mais de cem, se não me engano, e tivemos seis filhos. Desfrutávamos de muitos momentos de felicidade plena, coisa rara naquele nível evolucional.

— Naquela vida, fui infeliz. Você não tem ideia do quanto. Todas as vezes em que me relacionava com uma mulher — e foram muitas com as quais tentei o casamento experimental —, tinha dúvidas se ela estava comigo por me amar ou pela boa vida financeira que podia ter.

— Lastimo, Clarion. Sempre pensei que você tivesse sido muito mais feliz que eu, afinal, tinha tudo para isso. Sentiu-se amado alguma vez durante esse período?

— Não!

— Foi por isso que viemos gêmeos depois. Eu reclamava que você tinha sido privilegiado, e você a mim. Que coisa ridícula!

Olhei-o. Ele estava recolhendo amostras de raízes, sem olhar-me. Era nossa segunda etapa de trabalho, e ele tomava cuidado para não prejudicar o desenvolvimento das plantas. Falei em voz alta:

— De novo meu irmão.

Ele olhou de volta e sorriu.

— Tem razão.

Capítulo 6

De volta à nave, passamos parte da noite no laboratório e percebemos que o clima estava mudando e o nível de umidade, baixando.

Trion entrou no laboratório e nos viu. Primeiro ficou parada na porta sem dizer uma palavra, como se não esperasse nos encontrar ali.

— O que foi, Trion? — perguntou Clarion.

— Nada. Pensei que o laboratório estivesse vazio.

— Como podia esperar isso se todas as noites estamos aqui? Venha. Há espaço bastante para todos nós. — Brincou Clarion.

— Prefiro voltar depois — disse, virou as costas e saiu.

— Tenho certeza de que é de mim que ela não gosta — comentei.

— Por quê? O que você pode ter feito de tão ruim a ela? Com certeza, se lembraria.

— Também creio nisso. E se for algo muito remoto, importante para ela, mas não para mim? Perdido em minhas memórias, não reconheço a frequência dela.

— Ela deveria vir e falar com você objetivamente ou perdoá-lo seja lá pelo que for.

— Talvez não tenha perdoado ou nem conviva bem ainda, pois deve lhe trazer conflitos. Provavelmente seja isso.

Clarion suspirou.

— Não deve ser isso. Acho que Trion está com problemas. Às vezes, não tem a educação adequada com Aradie nem com os outros.

— Reparei, mas Aradie parece não se importar.

— Talvez tenha lembranças.

— Vou conversar com ele. Quem sabe não me ajuda a entender?

Fiquei com vontade de conversar com Aradie, mas queria fazê-lo em particular. Era, contudo, difícil transmitir em nível fechado, perto de todos. Ficaria desagradável. Trion continuava esquiva.

Foi para o sul e ficou por lá durante vários dias. Chegamos a ficar preocupados com ela. Trion não fazia contato e não permitira que Aradie a acompanhasse.

Antes de partir, havíamos combinado estar sempre em dois para eventuais problemas, mas ela estava quebrando esse trato.

Dorka passava o dia praticamente conosco e ia à aldeia para alimentar-se, pois nosso suco alimentar não satisfazia às suas necessidades por inteiro. Com ela, Clarion e eu aumentávamos o número de palavras da língua nativa em um dicionário ao qual todos estudávamos, para nos entendermos melhor cada vez mais.

Já tínhamos fluência em quase todos os termos. Chrospu havia voltado à aldeia, mas não se tornara o líder como pensava que seria. Não foi aceito e continuou a insistir que precisava ir conosco. Tentávamos dissuadi-lo. Logo depois que voltou, ele contou-nos uma história bem interessante. Clarion estava junto e a ouviu também.

— Certa vez, quando o sol e a lua se misturaram e fizeram de um dia claro de sol a noite, as aves foram para seu ninho, a cobra pensou que já era o momento de alimentar-se, o rato saiu da toca e as abelhas voaram rápido para casa com medo de perderem seu rumo. Era noite quando deveria ser dia.

"Olhei para o céu e vi uma estrela brilhante descendo. Tive certeza, então, de que haviam confundido o sol e a lua com aquela estrela, que ficou parada bem acima de nossas cabeças.

"Todos começaram a temer. Mulheres choravam, pensando que era o fim do mundo, que o sol não brilharia mais e que tudo ficaria confuso para sempre. As plantas não renasceriam, as abelhas ficariam enganadas para sempre, os pássaros jamais sairiam de seus ninhos e morreriam de fome. Só a cobra caçaria, e, quando acabassem os ratos, ela viria e caçaria o homem. Bem alimentadas, dominariam o mundo. Também tive medo.

"Então, a estrela desceu devagarinho, e um ser brilhante viu todos temerosos pela noite que não ia ter mais fim e nos disse:

"— Não chorem, não é preciso ter medo. O sol voltará a iluminar, pois essa é a missão dele, e a lua levará muito tempo para atrapalhar novamente.

"Um grande guerreiro de muitas guerras e muitas mortes foi até a estrela e perguntou ao ser:

"— São vocês os culpados? Por que a estrela brilhante não fica para iluminar nossas noites?

"— Porque a noite é importante. É através dela que suas almas vão até os deuses, chegam mais perto de tudo o que as criou e ficam à semelhança dele.

"Uma mãe, que chorava por não acreditar que o dia surgiria novamente, pediu:

"— Fique conosco, pois temo a cobra grande que caça. Ela pegará meu pequeno filho, um bebê nascido ontem.

"O ser que ficara à porta da grande estrela entrou e voltou com algo brilhante na mão. Desceu até nós e pisou no solo sem deixar marcas. Muitos correram apavorados de medo, mas muitas mães e muitos outros ficaram. O ser, então, lhes disse:

"— Tome. Fique com essa pedra. Nunca mais haverá escuridão, nem mesmo nas noites sem lua.

"Os que ficaram olharam para a pedra e, mesmo sendo guerreiros, não se atreveram a pôr a mão nela. Só a mãe com medo de que a cobra levasse seu filho na escuridão a pegou. A pedra era escura e fria, e ela perguntou:

"— O que farei com isso? Esta pedra não ilumina e com ela não poderei matar a cobra, tampouco todas as cobras que podem engolir meu filho.

"— Não é para isso que estou lhes dando o objeto; é para que aprendam a criar o fogo e nunca mais temam a noite.

"— Como farei isso? — perguntou a mãe descrente, com o pequeno filho nos braços.

"— Basta bater em qualquer outra, tão dura quanto ela, e o capim seco pegará fogo. Mas cuidado para não queimar todas as moradias e toda a mata, pois, se isso acontecer, não haverá mais cobra, é verdade, mas também não haverá mais homem, mulher ou criança.

"O ser entrou novamente na estrela, que, mesmo na escuridão, brilhava muito, fechou a porta e voou devagarinho. Com o filho ainda nos braços, a mulher correu a procurar outra pedra dura, bateu uma na outra, e um raio de fogo surgiu. Outros vieram ajudar, colocaram capim seco, troncos, criando, assim, o fogo. Com medo de acontecer o que o ser dissera, cercaram com pedras o fogo para que ele não saísse do controle.

"O sol demorou, mas voltou a brilhar. A lua e ele não se misturavam mais. Os guerreiros revezavam-se tomando conta do fogo, até que perceberam que ele era obediente quando estava cercado.

"A cobra da noite não chegava perto, pois temia o fogo dos deuses, e, assim, as mães dormiam em paz. Certa noite, contudo, quando todos estavam tranquilos e confiantes, veio a chuva, e a água que caiu dos céus apagou o fogo.

"Na noite sem lua, as mães começaram a chorar novamente, mas a mulher pegou a pedra e bateu em outra, fazendo o fogo voltar a brilhar. A água vinda dos céus o apagou mais uma vez, contudo, o homem inteligente decidiu cobrir o fogo com folhas e o protegeu da chuva."

— Chrospu, quando foi isso?

— Quando eu estava em outra vida, em outro corpo, e não era homem ainda. Eu era a mulher que chorava pelo filho. Dois deles, mesmo durante a luz do sol, haviam sido comidos por uma cobra grande.

— Isso não aconteceu aqui, não foi? Foi na outra terra? Onde era a outra terra?

— Não me lembro; só sei que ficava do outro lado do oceano, em um lugar já esquecido na memória.

Clarion transmitiu-me:

“Lenda? Fantasia? Ou verdade?”

“Talvez uma mistura das três. Ele, certamente, se referiu a um eclipse solar.”

“Vejo isso como verdade, e o fato de ter sido mulher um dia é comum nas reencarnações.”

“Preciso pesquisar melhor; creio que em todas essas histórias haja um quê de verdade, a essência como uma parte escondida.”

Eu tinha certeza de que Chrospu falava de lances de vidas antigas, o que não eram comuns no estágio evolutivo dele e que por isso pareciam não fazer sentido. Eles, contudo, poderiam nos ser muito úteis. Mas por que Chrospu fora parar ali?

Era fim de tarde, e vimos a nave chegando. Fomos volitando encontrá-la. Os nativos não a estranhavam mais, embora ainda ficassem observando-a. Um deles pintava com misturas de resina vegetal nossas imagens em pedras e madeira. Preferiam pintar Clarion, pois era mais fácil. Ele raramente tirava o capacete e as roupas de climatização.

Mal entramos na nave, Aradie veio conversar conosco; estava preocupado com Trion. Ela não fizera contato e estava sozinha havia quinze dias em um lugar onde não tinha registro de evolução humana em nossas pesquisas superficiais.

— Ela quis ir sozinha, Aradie. O que podemos fazer? — perguntei.

— Creio que devamos usar a nave para rastreá-la. Ela pode estar enfrentando problemas graves.

— Ela nos é um tanto hostil. Até com você é assim. Lastimo, pois saiu praticamente escondida. Creio que seja melhor deixá-la em paz — insisti.

— Não, Irione. Tenho meus motivos para preocupar-me.

— Não fique aflito. Amanhã, manteremos a nave aqui e faremos uma votação. Se a maioria votar sim, vamos procurá-la, o que não deve ser difícil — comentou Rarun.

— Ela não deixou marcado no mapa onde estaria, não entrou em contato e está com a frequência fechada. Tenho certeza de que não quer ser incomodada — continuei.

— Pode estar em dificuldade. Talvez tenha se esquecido de deixar a rota.

— Aradie, pare de enganar-se. Ela não esqueceu; só não quis — afirmou Clarion calmamente.

— Não interessa, Clarion, eu a desculpo e não deixarei de preocupar-me.

— Por que será que ela quis vir conosco? — perguntou Clarion intrigado.

— Ela sempre quis fazer uma pesquisa assim. O problema é que Trion não trabalha para o governo e não tem acesso às naves como vocês — comentou Aradie, e percebi que ele estava um tanto alterado.

Calei-me. Não sabia que tipo de resgates ou missão eles tinham juntos ou até mesmo lembranças. Tomei meu suco alimentar e fui para o laboratório. Logo depois, Clarion chegou. Estava um tanto quieto.

— O que foi, Clarion?

— Estava pensando em que tipo de problemas Trion tem conosco e com Aradie.

— Com você, eu creio que nenhum; comigo, sim. Com Aradie, ela certamente tem, e ele sabe. Tem lembrança viva disso e deixou bem claro com o comportamento que teve hoje. Foi, inclusive, um tanto mal-educado.

— Posso entender. Lembra-se de quando você e eu quase nos matamos? Levamos quase três reencarnações para dissolver esse ódio.

— Na época, eu tinha certeza de que você merecia ser morto e levei muito tempo para entender que eu também tinha culpa.

— Você sempre foi teimoso. — Brincou ele enquanto analisávamos algumas plantas.

— Eu? Você não só quis ficar com tudo o que eu tinha como quis ainda casar-se com minha irmã.

— Eu a amava perdidamente, e isso também era resgate.

— Você era, sim, um usurpador. Deu-me um golpe de muitos créditos, quase me fez falir e passar fome com toda a minha família.

— Amá-la foi meu castigo. Era para nunca mais vê-los, mas o castigo não tardou e, daquela vez, não esperou por outra vida. Foi incrível como veio rápido. Nem cinco anos depois.

Sorri para ele, enquanto observava algumas células e alguns componentes químicos pelo nosso microscópio. Ele continuou falando, enquanto tomava notas. Para mim, era como rever todas as cenas.

— Quando entrei em sua casa de comércio, eu queria comprá-la. Não tinha créditos, por isso lhe dei papéis sem valor, falsos. Na pressa de vender, você nem sequer mandou investigar se eram verdadeiros.

— Fui à coletoria, e o encarregado afirmou que eram verdadeiros, por isso passei tudo para seu nome no dia seguinte e esperei a transferência dos créditos, que levaria cinco dias.

— Eu tinha um conhecido que era um falsificador exímio. Você só iria descobrir se mandasse verificar no banco do outro estado, o que levaria uns três dias de viagem.

— Você fez mais. Comprou de mim e, assim que passei para seu nome, repassou no dia seguinte a outro comprador, que os adquiriu de boa-fé e lhe pagou com papéis verdadeiros.

— Que horror! Quanta má-fé a minha. Com os créditos verdadeiros do banco, fiz a transação e fugi. Peguei uma condução e fui viver a quilômetros dali. Mas, para meu azar, nem tinham se passado cinco anos em que eu estava cuidando de meu novo negócio, uma pequena loja de artigos alimentares. Para falar a verdade, eu estava cansado de viver de golpes, e esse tipo de roubo já estava sendo eliminado da sociedade. Restaram um ou outro como eu, e, às vezes, até me sentia mal em fazê-lo.

— Naquela época? Duvido! Era, sim, o jeito mais fácil de ganhar créditos, e você não me pareceu inseguro ou sem vontade, tanto que foi rapidinho concluí-lo.

— Talvez você tenha razão. Eu que não gosto de pensar em como era realmente mal-intencionado. Vivia discretamente e mantinha meu novo negócio naquela cidade bem longe dali. Sabia que a polícia estava à minha procura. Seria difícil encontrar-me, pois tudo o que eu lhe dera era falso e não deixara pistas.

"Quando uma jovem entrou na minha loja acompanhada de mais duas, elas sorriram-me, e eu fiquei olhando-as. Uma delas me chamou a atenção, e senti uma atração irresistível pela moça. Ela comprou algumas frutas, pois naquele tempo ainda comíamos coisas assim. Tive vontade de não cobrar dela; queria simplesmente presenteá-la. Nunca a tinha visto e pensei que talvez o pai, a mãe ou qualquer parente frequentasse a loja. Não me passou pela cabeça que ela pudesse ser de outro local. Se tivesse passado e eu perguntado, não teria arriscado o que arrisquei."

— Ainda bem. Você teve o que mereceu.

— É verdade. Mas, como estava lhe contando, a atração foi irresistível. Quando elas foram pagar, fiquei conversando com as três. Perguntei o nome delas, mas só queria saber o da moça.

"Quando ela voltou dois dias mais tarde, acompanhada de uma das jovens apenas, eu lhe disse que gostaria de conversar em particular. A outra saiu e ficou do lado de fora da loja esperando. Marquei um encontro, e ela aceitou. Vieram outros, e fui envolvendo-me mais e mais até que não havia mais dúvidas: tive certeza de que ela era a mulher da minha vida. Propus o casamento experimental, e estávamos tão envolvidos que eu tinha certeza de que não poderia viver sem ela."

— Imagine como reagi quando minha irmã me escreveu pela primeira vez contando que havia arranjado um namorado. Dias depois, disse que seus encontros estavam cada dia mais amiúde e que estava amando. Passou-se um tempo, escreveu-nos contando que iriam iniciar o casamento experimental. Você não imagina o quanto fiquei feliz por ela. Ainda estávamos em um mar revolto em dívidas, e nossas vidas eram só tristeza. Foi por isso que ela fora para a casa da tia: para fugir de nossas angústias. Eu mesmo a enviara para lá.

— Foi meu castigo. Quando chegamos à conclusão de que queríamos o casamento experimental, fiquei tão feliz que mal dormi aquela noite. Só no dia seguinte ela comentou que a família era de outro local. Quando me disse de onde eram, eu entendi que iria arriscar-me muito. Depois, na ânsia por ela, acreditei que, se passasse uns dois dias ali, não teria problemas, pois o nível populacional era grande. Não passou pela minha cabeça perguntar com antecedência o nome dos parentes dela. Iria conhecê-los para deixá-la feliz; eu queria ter um bom relacionamento com a família.

— Ela nos escreveu e nos deu seu nome verdadeiro. O que eu conhecia era o falso. Esperamos vocês com alegria, e nossa mãe até preparou uma comida especial. Era simples, mas feita com todo o carinho. Espalhamos a notícia aos parentes de que ela iria para o casamento experimental. Pelo que nos escrevia sobre vocês, tive certeza de que se amavam e seriam muito felizes.

— Tínhamos tudo para isso. Desci naquela estação de mãos dadas com ela sentindo-me o homem mais feliz do planeta. Depois de seis horas de uma viagem cansativa, em que ela dormira em meus braços por algum tempo, eu a olhava e pensava: "Seremos felizes. É a mulher que eu quero, e o casamento experimental até poderia ser excluído, mas já era costume. Estávamos muito apaixonados, Irione. Você nem imagina.

— Imagino, sim. Para você se arriscar a tanto, voltando para um Estado onde estava sendo procurado pela polícia.

— Estava cego de amor, e o fato de sentir-me correspondido em cada olhar e afago cegava-me cada dia mais. Isso nunca tinha acontecido naquela vida, e eu não tinha lembranças das outras. Quando descemos de mãos dadas na estação, e o vi vindo direto para nós, eu gelei. Sem dúvidas, seria reconhecido. Pensei que você estivesse por acaso naquela estação e no mesmo horário. Acreditei que era azar demais. Mas o azar que eu imaginava não era nada em comparação ao que viria depois. De mãos dadas comigo, ela apresentou-me a você.

— Lembro-me. Segurei-o pelo braço e chamei o segurança da estação. Você foi preso na hora. Fiquei tão confuso e parecia não acreditar que você tivesse parado em minhas mãos daquela forma para receber o castigo que merecia.

— Nem eu — comentou ele rindo. — Fiquei paralisado e nem tentei fugir, lembra-se? A única coisa em que pensava era que eu a amava e que ela era sua irmã. Pensei: "Por que não a conheci durante a transação? Por que o amor não ocorreu naquela época? Talvez eu não tivesse errado".

— Clarion, não diga isso. Você já vinha dando esse golpe em vários Estados.

— É verdade, mas paguei por todos eles na prisão. Aliás, estou errado! Comecei a pagar naquele momento na estação. Você disse que chamou o segurança, não foi? Esqueceu que antes pulou sobre mim e começou a socar-me?

— O segurança demorou a chegar — falei brincando.

— Você não deu tempo a ele. Assim que me viu, gritou: "Saia de perto de minha irmã, seu canalha!". E ela, assustada e sem entender, respondeu: "É meu noivo! Por que está o tratando assim?".

— É o desgraçado que nos deu o golpe com os créditos falsos.

— Lembro-me do olhar dela, da lágrima escorrendo, de ela soltar minha mão e ficar à pouca distância de mim. Naquele momento, senti como se uma fenda, um grande precipício se abrisse naquela pouca distância. Depois não vi mais nada. Não sentia a dor provocada pelos socos que você me dava, pois a que eu sentia por perdê-la para sempre sufocava todas as outras.

"Lembro-me do guarda tirando-o de cima de mim, prendendo minhas mãos, e de olhar novamente para ela. Não havia mais lágrimas; só havia dor onde antes existira amor. Eu colocara dor naqueles olhos lindos que eu amava."

— Clarion, que sentimental você está hoje.

— Ora, Irione! Não brinque. Foi horrível. Durante todos aqueles anos de condenação, fui o preso que mais produzia na cadeia. Ninguém entendia por que eu trabalhava com tanto afinco se não ganhava por produção como os operários comuns. Eu trabalhava para ficar cansado, para dormir por exaustão, pois assim não ficava revendo a cena das lágrimas que ela derramava, do soltar das mãos, do precipício abrindo-se entre nós.

Parei o que estava fazendo e olhei para Clarion. Ele também interrompera o que estava fazendo e entregara-se completamente às lembranças. Senti que, apesar das vidas, da compreensão do erro, aquela lembrança ainda lhe causava dor.

— Lastimo, Clarion, mas ainda não estava no estágio de perdoar. Eu o odiei por muito tempo, por tudo o que você fez minha família e a de outras pessoas passarem. Lembro-me de que, no dia de seu julgamento, muitas vítimas suas foram testemunhar. Havia gente do país inteiro.

— A justiça dos homens estava certa, Irione. Havia muito tempo, eu vivia de pequenos e grandes golpes. Sabia que a chance de enfrentar a prisão era grande. A polícia se tornava cada vez mais eficiente, só não contava que a de Deus já o era. No dia do julgamento, a única coisa que me preocupava era vê-la mais uma vez. Nem sequer especulei quanto tempo pegaria no que chamavam de reeducação social.

— Ela também sofreu muito. Não chorava na nossa frente, mas eu a conhecia e sabia que ela sofria. Dias depois, até pensei em retirar a queixa, pois temia por ela, pelo que poderia fazer. Cheguei a pensar que teria sido melhor se vocês houvessem seguido para o casamento experimental, pois ela deixaria de amá-lo naturalmente ao notar suas distorções de caráter. Mas suas vítimas foram aparecendo e, de repente, eu era só mais um a acusá-lo.

— Quando entrei naquele tribunal, eu a procurei com os olhos. Se tivesse a capacidade de plasmá-la pelo desejo ardente, eu o teria feito. Ela não estava lá, e nunca mais a vi.

— Eu sei. Ela não tinha nada a fazer ali. Não era testemunha, não era vítima, não legalmente. Seu ato a fez sofrer muito, mas, aos poucos, o amor foi sendo minado por tudo o que você nos fez passar.

Quase três anos depois, ela envolveu-se com outro homem, e foram felizes. Depois do casamento experimental, tiveram três filhos.

— Nunca mais amei daquela forma novamente. Quando saí da prisão sete anos depois, o castigo dos homens havia acabado, mas o de Deus continuava. Cheguei a tentar vê-la, mas soube por vizinhos que ela tinha se mudado.

— Era verdade. Estava morando em um Estado mais ao norte, e nunca a ouvi pronunciar seu nome. Ela lhe escreveu alguma vez?

— Não. Só recebi cartas de minha mãe e de meu pai.

— Você desejou isso?

— Às vezes, sim, mas às vezes acreditava que seria pior. Como explicaria a ela que a amava daquela forma depois de fazer tudo aquilo à família dela? Curioso... eu temia a justiça dos homens, da qual acreditava que iria escapar, embora temesse ser descoberto. Jamais, contudo, havia pensado na de Deus, acreditado que da justiça Dele não escaparia, como nada escapa.

— É onde os seres erram, Clarion. Erram ao confundirem a quietude de Deus com indiferença.

— Aprendi, Irione. Como aprendi! Nunca mais, em nenhuma vida, dei golpes; passei a valorizar o trabalho como ninguém.

Sorri-lhe e voltei ao que estava fazendo. Avaliei que eu passara aquela vida todo odiando-o pelo que fizera a nós e por fazer minha irmã sofrer. Não comentei com Clarion que ela passara as primeiras noites chorando, que eu podia ouvi-la de meu quarto e o detestara mais por isso. O ódio que ela dissera que viria de imediato não veio. O amor de minha irmã por Clarion era muito profundo; os dois tinham vindo para construírem muitas coisas juntos. Ele, contudo, optou por seguir caminhos errados, afetando muitas pessoas e o destino dos dois. Por essa razão, ela foi contemplada com uma nova chance de ser feliz, embora jamais tivesse deixado de amá-lo.

Amor que vinha acumulado de várias outras vidas, e aquela era a grande chance de realizá-lo como marido e mulher.

— No que está pensando, Irione?

— Por quê?

— Está parado com o microscópio à sua frente em meio à ação.

— Em nada importante.

Clarion sorriu comentando.

— Creio que estou ficando como Chrospu, cheio de recordações.

— Pelo menos as suas fazem sentido, e eu posso lembrar-me como aconteceram. Vamos trabalhar.

Voltamos a trabalhar nas análises, que eram minuciosas. Montávamos a cadeia molecular e depois as características de DNA. Desde que me formei, queríamos concluir em que ordem exatamente acontecia a evolução, desde o ser unicelular até o ser humano. Queríamos descobrir a lógica de Deus, coisa dificílima para seres em níveis de conhecimento como nós.

Eu estava tão compenetrado que não vi quando Aradie entrou no laboratório. Só notamos sua presença quando ele se dirigiu a nós. Aradie já havia tentado a transmissão, mas estávamos bloqueados pela concentração no trabalho.

— Podem ouvir-me?

— O que foi, Aradie? — perguntei sem interromper o que estava fazendo.

— Queria o voto de vocês para procurarmos Trion.

— Não coloco empecilho — votou Clarion.

— Nem eu, mas tenho certeza de que ela não quer ser incomodada.

— Não pode ter essa certeza, Irione. Não conhece o perfil psicológico atual dela.

— Aradie, já disse que não há problema em irmos procurá-la. Crê que precisamos ir junto? Com os rastreadores da nave, vocês três conseguem fazê-lo.

— Sim, conseguimos. Desculpem-me, não quis ser incômodo.

— Não foi. Como estão suas pesquisas? Outro dia, vimos um animal de uns sete metros, sem pernas e sem veneno, que se alimenta de pequenos roedores. Por ora, fizemos apenas uma análise superficial. Curiosamente, ele só nos pressentiu. A mim, só o fez quando eu estava sem o traje climatizador.

— É o que os seres da aldeia chamam de cobra, mas há algumas cujo veneno pode matar um ser humano em segundos com apenas uma gota. São altamente perigosas.

— O que aconteceria a nós que temos um corpo menos denso?

— Desconforto. Alguns calafrios e algumas horas de repouso, nada mais. Elas não nos atacam, pois percebem nossa temperatura mais baixa. Isso as faz acreditar que estamos inertes, e esses seres não se alimentam de nada inerte. Atacam também por defesa, mas não entendem nosso tipo de corpo. Creio que acreditam que somos vegetais.

— Achei um animal estranho — comentou Clarion.

— Há várias formas de vidas primárias que nos parecem estranhas, embora já tenham feito parte de nossa evolução também. Existe um tipo que vive parte na água e parte na terra; alguns são completamente indefesos; outros são venenosos. Os habitantes já sabem distingui-los e têm me ajudado muito.

— Por que Trion prefere estudar ao sul, sendo que aqui há tanta coisa para ser estudada? — perguntou Clarion intrigado.

— Ela tem seus motivos — respondeu Aradie, retirando-se.

— Não entendo esses dois. Talvez fosse importante fazer sessões de recordação. — Brincou Clarion.

— Duvido que ela participe, embora seja algo muito divertido.

— Tenho pensado em Chrospu. Será que ele realmente veio exilado de outro planeta?

— Se isso aconteceu, veio do nosso plano espiritual. Em corpóreo nunca se faz isso.

— Não me lembro desses registros. Deveria existir em algum lugar.

— Não sei, vou continuar registrando as histórias dele do modo como conta e talvez tenhamos uma conclusão antes de sairmos daqui. Vou dormir, estou cansado.

— Vou ficar. Deixe que eu ordeno e faço os relatórios.

— Você, Clarion, com toda essa boa vontade para fazer relatórios?

— Autopunição. — Brincou ele.

Saí, fui para meu ambiente de sono e tentei pensar nos tipos de perigos que Trion pudesse estar correndo. Não encontrei nenhum. Só mesmo Aradie sabia os motivos que o levavam a estar tão preocupado.

No outro dia, acordei sentindo-me disposto e tranquilo. Peguei meu suco nutritivo e fui para o lado de fora. Olhei em volta e percebi que algumas folhas estavam amarelecidas. Tínhamos feito um cálculo dos ciclos solares, e achei que algo estivesse errado. O nível de chuvas deveria estar alto naquela época, mas isso não estava ocorrendo.

Preocupados em estudar e analisar os vegetais, isso nos passou despercebido. Decidi comentar com Clarion e com os outros que estava ocorrendo uma mudança sutil no clima.

Entrei, acabei de alimentar-me e peguei o aparelho de medição de umidade. Estava mais baixa que anteriormente.

Olhei o relatório e constatei que realmente havíamos parado de fazê-lo. Dentro da floresta sempre parecia tão úmido, no entanto, ali, naquela abertura da mata, a umidade estava diminuindo.

Saí e, quando Clarion se juntou a mim, me esqueci de comentar o que havia observado sobre a umidade. Estávamos curiosos com um tipo de vegetal que se unia ao tronco de outro com suas raízes e vivia de sugar a seiva alheia, sem, no entanto, levá-lo à decrepitude. Entreguei-me ao trabalho e esqueci tudo à minha volta.

Votamos depois que esperaríamos mais uns dois dias por notícias espontâneas de Trion.

Capítulo 7

Trion ainda não havia dado notícias, embora eu duvidasse que ela não tivesse a capacidade de se comunicar por via telepática, mesmo com a atmosfera muito mais densa do que a de nosso planeta. Eu nem sequer tentara, mas Aradie com certeza o fizera.

Naquele dia, a nave chegou bem mais cedo, eu diria no meio da tarde. Estranhei quando a vi pousando. Mesmo sendo silenciosa, as crianças da aldeia sempre vinham vê-la e corriam pela mata fazendo um barulho enorme.

Todos nós éramos considerados parte da família deles, embora houvesse da parte de alguns — talvez por falta de informação — uma certa reserva em relação a nós, o que não ocorria com as crianças.

Naquele dia, Chrospu veio com as crianças. Brincamos com elas e prometemos que as levaríamos para um passeio na nave. Falei com Rarun, que não viu problema nisso.

Os que estavam ali perto foram buscar os outros. Não eram mais que quinhentos, pois muitos pais não permitiram que os filhos embarcassem. No último momento, ficaram temerosos.

Levamos somente uns trezentos conosco, enquanto os outros ficaram chorando pois queriam ir. Tive certeza, contudo, de que, quando trouxéssemos de volta o primeiro grupo, o nível de confiança em nós aumentaria.

Clarion e eu ficamos no solo com os pais e sentimos certa inquietação vindo deles. Chrospu só olhava; sempre olhava com aquele ar estranho.

Vi a nave levantar voo com as crianças. Pela parte transparente podíamos ver suas cabeças; todos eles estavam amontoados querendo espiar quem ficava.

Algumas em solo continuavam chorando por não terem ido. Entre os adultos ninguém manifestou vontade de ir, pois o medo os dominava. Chrospu começou a gritar:

— Roubaram! Não vão trazê-los de volta!

Senti terror nas pessoas e percebi o quanto era frágil a confiança deles em nós. Clarion pediu:

— Cale-se, Chrospu. Estamos aqui, eles têm que voltar. Foi só uma experiência para eles. Estão felizes.

— Não! Tenho certeza de que não vão trazê-los. Foi assim! Foi assim que me levaram de meu planeta.

— Chrospu, você veio exilado para cá. Seu planeta mudou de nível, mas você não. Sei que isso sempre acontece em planetas que saem do ciclo de expiação para o de aprendizado. Muitos ficam atrasados. Não queira ficar novamente; é maldade sua amedrontá-los. Por que está fazendo isso?

— Quero ir! Vocês têm de me levar! Esse lugar não é meu.

— É sim. Agora é.

A nave veio baixando, desceu, e a porta abriu-se. As crianças, então, saíram felizes, gritando aos que ficaram que tinham adorado o passeio. Vi alguns deles gritarem de excitação como aves.

— Você viu, Chrospu, que trouxemos as crianças de volta? Nunca faríamos mal a ninguém — afirmou Clarion.

Chrospu abaixou a cabeça, como se estivesse envergonhado, e saiu. Todos da aldeia que estavam ali o olharam com certa rejeição. Um dos mais velhos da tribo veio até nós e disse:

— Esse homem, Chrospu, é doente como um velho muito velho, traz desconfiança, medo e implanta insegurança no coração das pessoas. Ele deveria ser afastado novamente da tribo.

— Não, ele é inofensivo. É jovem, mas é um velho muito velho — confirmei com certa tristeza.

Eu tinha certo dó de Chrospu e podia sentir que ele sofria. Era alguém atormentado.

O homem nos olhou longamente e saiu. Entramos na nave, e Clarion comentou:

— Chrospu está senil; tem misturado passado, futuro e suas fantasias.

— Clarion, existe o que eles chamam de fantasia ou são reminiscências?

— Preciso entender bem o que eles chamam de fantasia, antes de lhe afirmar algo.

Dentro da nave, perguntei a Rarun e Orin por que tinham vindo tão cedo.

— Está ocorrendo uma barbárie do outro lado; um imperador tem matado sucessivamente muitos escravos. A área onde a nave estava pousada, que antes era deserta, começou a ficar movimentada.

— Tentaram impedir?

— Tentei falar com o imperador, mas ele nem sequer nos recebeu. Hoje, não tivemos sorte. A nave fica bem afastada, escondida do povo da vila. Lá as pessoas não são gentis como as daqui e querem tirar tudo. Chegamos à conclusão de que quem mais tem mais quer tirar; é uma antítese, mas é a pura verdade. Alguém nos viu. Orin e eu volitamos um pouco e, quando chegamos perto da vila, andamos. Usamos vestes como as deles para passarmos despercebidos. Vimos homens e mulheres acorrentados; eram quase mil. Quase mil condenados à morte. Tínhamos planejado ficar longe do palácio, mas, nessa situação, não pudemos. Esperamos que nos recebessem, contudo, não fomos e não sabíamos o que fazer. Na sala havia muito mais gente do que havíamos imaginado. O imperador é um perseguido e está cheio de inimigos. Persegue os que vê, mas não consegue identificar os mais perigosos, que são aqueles que ele não vê.

— Conseguiram intervir de alguma forma?

— Não. O esquema de proteção do imperador é forte. Cheguei a dizer que era um historiador e que ele seria conhecido como o pior imperador.

— A quem você disse isso?

— A um dos seus assessores. Curiosamente, ele passou-me a ideia de que o imperador está morto ou inativo de alguma forma. Aparentemente, ninguém o vê há alguns anos.

Olhei-os surpreso.

— Estando morto ou inativo, por que outro não assume?

— Tenho me perguntado isso. Concluí que talvez o próximo herdeiro não exista ou, se existir, não usará as mesmas pessoas para assessorá-lo.

— O que o leva a crer nisso? — perguntou Clarion.

— Não há registros que ele apareça em público há três anos. Espalhou-se a notícia de que ele é divinizado e que olhar para ele pode cegar quem o fizer.

— Que grande bobagem!

— Sim, é, mas o povo tem acreditado nisso. É um golpe político.

— Mas e os inimigos do governo? Por que não descobrem a verdade?

— Sabe como é esse tipo de relacionamento; vivem em função de perseguir. Se acaso o perseguido sai de seu alcance, ficam sem saber o que fazer; não podem provar nada.

— É verdade. Quantos anos tem o imperador?

— Dezessete ou vinte anos. Fecham o ano pelo ciclo de solstício.

— Jovem ainda. Seria fácil de manipulá-lo, então, por que o matariam?

— Talvez não tenha sido assassinado; tenha sido uma morte natural.

— Por que tantas mortes?

— Não vejo explicação. Não ficamos lá para assistir a tamanho erro. As paredes do castelo são muito adensadas, por isso não as atravessamos. Temos que entrar pela porta como qualquer um. Tiveram notícias de Trion?

— Não, já faz mais de quinze dias. Aradie anda muito preocupado, mas ela é um tanto hostil.

— Amanhã, devemos ir com a nave rastreá-la.

— Ela pode não gostar — comentei.

— Então, o que faremos?

— Votar novamente.

Todos votaram sim, e eu fui o único a votar não. Se ela quisesse ficar sozinha, que ficasse. No dia seguinte, não saí para a pesquisa. Permanecemos na nave e todos nós fomos procurá-la por rastreamento.

A floresta era fechada, havia muitos tipos de vida, animais de médio e pequeno porte. Descemos perto da praia onde ela deveria estar, a procuramos, mas não a encontramos. O visor de rastreamento acusava que ela estava por ali. Aradie chamou, chamou e nada.

— Ela pode estar dentro da água — comentou Orin.

— Na água? — perguntei admirado, olhando para aquela imensidão de mar.

— Sim. É o que o rastreador está indicando.

— A água é fria, quase ao ponto de congelamento. Ela morreria. Algum animal de grande porte deve estar confundindo os rastreadores. Não está adaptado para as evoluções aqui presentes.

— Talvez, mas ela disse que traria equipamentos. Lembram-se disso? — questionou Aradie.

— É verdade. Você também os tem?

— Não todos. Vamos esperar.

Todos concordaram. Não faltava trabalho ali, e Clarion e eu começamos a pegar amostras. Muitos vegetais eram das mesmas espécies que já tínhamos catalogado. Entramos um pouco mais à frente na floresta. Havia vários tipos de répteis, alguns brilhavam com os raios de sol que furtivamente penetravam as copas das árvores.

Volitamos um pouco e avistamos uma grande clareira, onde estavam reunidos povos de aldeia. No meio deles, reconheci Trion.

— O que ela faz ali?

— Não sei. Por que não colocou no relatório que aqui havia humanos?

— Talvez não tenha dado tempo ainda. Trion está aqui há mais de quinze dias e não voltou depois disso.

— Há algo estranho nisso, Irione.

— Nada estranho. O que vamos fazer?

— Avisar aos outros que a encontramos.

Por telepatia comunicamos aos outros que Trion fora encontrada. Senti uma ligeira decepção em Aradie, e Clarion comentou:

— Que tipo de reação foi essa?

— Não sei. Trion o abandonou. Os dois combinaram que seriam parceiros, e ela o deixou para trás.

— O que faremos? Ir, ficar, descer ou o quê?

— Vamos descer.

— Vamos assustar essas pessoas. Olhe para Trion; está parecendo um deles. Talvez seja a impressão que ela queira passar. É melhor não irmos. Vamos esperar. Transmita a ela que estamos aqui.

— Eu? Por que eu? Ela não gosta de mim, Clarion.

— Está bem, Irione. Eu farei isso. Vamos descer antes que chamemos a atenção. Você está brilhando mais que um arco-íris com essa roupa.

— E você parece um ser de outro planeta com essa. — Brinquei.

Decidimos voltar para a nave, e, durante o trajeto, Clarion tentou várias vezes entrar em contato com Trion. Não conseguimos.

— Pode ser algum adensamento que a impede de nos ouvir.

— Ou ela nos ouve e não quer responder.

— Por que faria isso? Não vejo lógica.

Dentro da nave, novamente reunidos, votamos entre ir embora ou ir até a aldeia onde ela estava. Aradie queria seguir para a aldeia, e permitimos que ele fosse. Senti insegurança nele, mas Aradie foi mesmo assim.

Enquanto o esperávamos, fui até a água e peguei muitas amostras. Depois, tentei ver o animal que ela descrevera, mas ele não estava por ali.

Ficamos conversando sobre o lugar, e, um tempo depois, Aradie voltou. Esperamos que nos relatasse o ocorrido, mas ele não comentou nada; apenas comunicou:

— Vamos! Não temos nada a fazer aqui.

— Falou com ela? — indaguei.

— Ela não quer ir.

— Chegou perto dela?

— Cheguei de modo que ninguém me visse, pois não sei que tipo de trabalho ela faz aqui. Fiquei insistindo na frequência dela e tenho certeza de que Trion me ouvia. Depois de algum tempo, ela simplesmente transmitiu: "Não quero você aqui". E eu perguntei: "Por quê? Preocupo-me". "Vá", insistiu ela.

— Então, vamos — comentou Rarun. — Se ela quer ficar, é um direito dela. Pelo menos sabemos que está bem.

Entramos na nave, e eu fiquei pensando em Trion. Ela não tinha um comportamento igual ao de todos nós e parecia hostil — com uns era mais, com outros, menos. Comigo ela era muito hostil, e, com Aradie, muito mais.

Dentro da nave, Aradie pediu para navegá-la. Quando tive chance de ficar sozinho com ele, perguntei:

— Aradie, o que há entre você e Trion? O que houve?

— Eu a perdoei por erros do passado, mas pelo jeito ela não perdoou os meus.

— Quer contar-me?

— Não.

— Se quiser... Talvez não sejamos amigos, mas poderíamos ser.

— Talvez... — respondeu vagamente, como algo remoto.

Senti que Aradie estava se sentindo triste, decepcionado, talvez envergonhado. Fui para o laboratório com Clarion, enquanto Rarun e Orin discutiam a situação política do império.

— Eles não sabem que a vida continua para todos. Alguém precisa dizer isso a eles, pois isso evitará que cometam tantos crimes — comentou Orin.

— Será que querem saber?

— Isso evitará que eles aumentem seus carmas.

— Como poderíamos fazer isso? Inspiração não funciona.

— Diretamente.

Eles continuaram a conversar, e eu entrei no laboratório. De repente, percebi que estava com um certo desânimo. Clarion olhou-me.

— O que foi? O tempo da preguiça já passou.

— Estou pensando em Aradie. Lastimo por ele e tenho a sensação de que ele tem um grande amor por Trion.

— Eles não se conheceram aqui, isso eu sei.

— Qual é o problema? Provavelmente, trabalhavam juntos antes, e os laços podem vir de outrora.

— Não me lembro dela. Já pensei, pensei, mas não me lembro.

— Também já fiz isso, Clarion, tem que haver algo. O comportamento de Trion não é natural.

— E se ela se deixou influenciar pelos nativos do sul?

— Outra pergunta... como eles foram parar lá? Nosso equipamento de rastreamento não estava exato da outra vez que passamos?

— Estava. Pensei nisso. Talvez, alguns transportes que trouxeram essas pessoas tenham sido desviados para o sul por correntes marinhas, ventos. Outra coisa, alguns tipos de troncos podem flutuar sem apodrecer por muitos dias. Há um tipo de seiva oleosa que impede a água de infiltrar-se na madeira.

— Eles não usam embarcações nem para trafegar pelos rios; andam por dias até encontrarem um lugar em que as águas sejam rasas. Apesar de isso ser raro, encontram tudo de que precisam à mão por aqui.

— Há quanto tempo estão aqui? Do outro lado do oceano, já fazem até construções de pedra com arquitetura. Aqui só há choupanas improvisadas. Não há lógica nisso. Parece uma mistura de histórias em épocas diferentes. Será que eram um povo isolado de outra civilização?

— Talvez necessidade. Aqui, estão em número pequeno; lá o número de pessoas é bem maior. Rarun calculou que há cerca de 150 mil pessoas naquele país.

— É o mesmo povo? De onde vieram? O idioma tem algumas expressões parecidas? Tenho dúvidas imensas sobre isso.

— Provavelmente, viviam afastados. Se Chrospu falasse coisas com sentido...

— Por que crê que ele tenha a resposta?

— Embora ele misture presente e passado, tenho certeza de que Chrospu foi um dos primeiros que chegaram aqui em outra vida ou em outras vidas. Ele sabe de algo, Clarion. Estamos pousando. É dia, e eu não vou ficar aqui no laboratório. Vou sair.

— É você quem sabe. Eu ficarei aqui, pois a temperatura lá fora deve estar alta. Use a roupa climatizada.

— Por falar nisso, percebeu que o nível de umidade está baixando?

— Sim, deve ser cíclico. Logo, logo voltará a chover.

Ele conversava comigo distraído, olhando através do microscópio e fazendo anotações; eu, no entanto, estava inquieto. Saí da nave, afastei-me um pouco, sentei-me em uma grande pedra e fiquei olhando ao redor.

Tentei lembrar-me de épocas mais remotas de minha vida e reconhecer Trion em algumas delas. Se fazia diferença a ela, provavelmente era importante. Eu aprenderia a lidar melhor. Não consegui nada, contudo. Nenhum resquício de lembrança.

Dorka aproximou-se em silêncio, embora eu a tivesse pressentido quando ela se dirigia até lá. Sorriu-me com seu jeito meigo, e tive certeza de que ela ainda pensava que eu era um deus.

— Aproxime-se. Venha, sente-se aqui. Há lugar para dois — disse-lhe.

Dorka pensou um pouco, e eu lhe estendi a mão. Ela veio timidamente, ficou perto de mim, mas se manteve afastada uns cinquenta centímetros.

— Parece triste. Não sabia que ficavam tristes — comentou ternamente.

— Somos como vocês, Dorka. Tudo no universo tem o mesmo princípio. Daqui a algumas vidas, vocês serão como nós e também se lembrarão de todo o seu passado recente.

— Irione, não gostei de vê-lo assim. Parece que algo o desconforta.

— Você é muito sensível, Dorka. É assim mesmo que me sinto: em desconforto. Quero lembrar-me de algo, mas não consigo.

— Se não consegue, é porque não é bom. O velho mais velho conta que, quando temos muitos erros e vivemos milhares de luas, Deus apaga as lembranças do mal que fizemos e só nos deixa lembrar de quando fomos crianças. Nesse tempo, o mal e o arrependimento não moravam em nosso coração.

— Ele é um grande sábio.

— Muitas luas trazem sabedoria.

— Não é bem assim, mas não sei se nessas muitas luas de que ele fala estão incluídas aquelas das muitas vidas.

Ela olhou-me:

— Posso tocá-lo sem queimar-me?

— Eu não queimo, Dorka. Já lhe disse isso. Esta roupa é para proteger-me. Não lhe dei a mão agora mesmo? As crianças não nos tocam, e nós a eles? Por acaso queimamos alguma?

— Não. Chrospu disse-nos que vocês usam máscara para esconder seu rosto verdadeiro.

— De onde Chrospu tirou essa ideia? Não é verdade. Clarion é sensível ao calor, por isso usa aquele chapéu. Não é assim que vocês dizem? Veja, eu não uso. Você não disse outro dia a cor de meus olhos? Pode pôr a mão em meu rosto, se quiser.

Senti-a muito temerosa e não queria que aquele povo tivesse medo de nós. Estavam isolados da civilização do outro lado do planeta e viviam relativamente em paz, com um ou outro comportamento egoísta. A união ali facilitava a sobrevivência.

Ela passou a mão pelo meu rosto, e eu a senti quente. Depois, ficou olhando-me bem de perto, enquanto eu a olhava reparando nos detalhes. Dorka tinha os cabelos lisos, os olhos castanho-escuros e amendoados, pele bronzeada pelo sol.

— Irione, quando a casa grande em que moram vai embora?

— Não sei ainda. Estamos estudando tudo aqui.

— Para aprender a curar, como têm me ensinado?

— Também. É importante ter conhecimento e saber o que fazer com ele. Preciso ensinar-lhe mais, pois descobrimos mais coisas.

— O velho mais velho nos disse que vocês vieram para nos salvar da morte, que aqui não tem céu e que iríamos ficar vagando pela floresta. Eu iria gostar. Não teria mais medo de cobra.

— Em todo lugar há o que vocês chamam de céu. O velho mais velho está errado.

— Outro dia, ele nos contou que, quando avisaram que a terra iria se abrir e que todos tentaram fugir, o mar não aceitou. Então, o vento soprou muitos para a água, que os engoliu. Lá também não há céu; só há água e escuridão.

— Não é bem assim. Sempre há céu para quem merece e para quem não merece. Você merece, Dorka. Use sempre o conhecimento que tem para fazer o bem e será feliz. Fazendo isso, encontrará céu em todas as partes.

— O velho mais velho contou-nos que ele logo irá. Pediu que seu corpo fosse colocado bem alto, na árvore mais alta, para que sua alma pudesse voar para a terra distante de onde teve de fugir um dia.

— O corpo que ele deixará não é nada; não é o corpo verdadeiro dele. É só um corpo emprestado da natureza.

— Não acredito nisso. Ninguém pode andar por aí sem corpo. Vocês têm corpo. A alma fica perdida, e ele não vai achar o lugar. Então, é melhor enterrar, pois a alma fica protegida do sol e da chuva.

— Dorka, você também está triste. Por quê? Está falando da morte como se quisesse que ela fosse o fim de tudo.

— Queria que fosse, pois assim me esqueceria de você. Penso em coisas que não deveria pensar.

— Não gosta de mim? Eu não seria uma boa lembrança para você?

— Você terá de ir embora, e eu ficarei triste. Ficarei muito triste por toda a minha vida e, só depois quando eu for a velha mais velha, falarei muito de você. Será a lembrança boa que ficará, mas depois quero esquecer.

— O importante é que se lembre de que somos amigos e sempre seremos. E lembre-se também de que nos encontraremos de novo, quando você for mais velha do que a mais velha da tribo. Acredita em mim?

— Mas, antes de isso acontecer, ficarei triste.

— Confesso que também ficarei, mas não pensemos nisso agora. Estamos aqui e ainda ficaremos muito tempo, talvez até quando você for a velha mais velha.

— Não quero. Você não gostará de mim quando eu for a velha mais velha, pois ficarei feia, sem dentes, meus cabelos cairão e os que restarem ficarão sem cor.

Sorri-lhe com ternura, pois não adiantava discutir. Como a faria entender que o corpo era só uma roupagem temporária? Acariciei o rosto de Dorka como forma de carinho. Ela sentiu minha mão mais gelada e sorriu-me de volta.

— Preste atenção, Dorka. Quando você for a velha mais velha e morrer, eu, se ainda estiver aqui, poderei vê-la se você quiser. Acredite em mim.

— Ninguém vê a alma, mas vocês vieram do céu, da casa grande feita de estrelas, então podem tudo.

— Quem dera você tivesse razão, querida. Outro dia, ouvi falar que você está na idade de se casar. Já foi escolhida? — perguntei para mudar de assunto.

— Não quero casar-me.

— É importante para que possa ter filhos, assim, lhes darão a chance de aprender.

— Aprendo com você.

— Você precisará passar esse conhecimento.

— Chrorum também aprende, vocês ensinam.

— É verdade. Por que não se casa com Chrorum? Formariam um par perfeito. Os dois são inteligentes, aprendem facilmente, têm coisas em comum. Terão filhos, passarão conhecimento a eles, e, quando você for a velha mais velha, terá netos e bisnetos, que alegrarão seus dias e não a deixarão pensar no passado e ficar triste se más lembranças vierem.

— Irione, pode um deus, que mora nas estrelas, se casar com uma mulher que mora na floresta?

— Nunca pensei nisso, principalmente porque não sou deus.

Ela olhou-me intensamente, e eu desviei meu olhar. Não queria criar laços a tanta distância, não aquele tipo de laço. O de amizade já me satisfazia, mas a ela não.

— Preciso trabalhar, Dorka.

— Vou ajudar. Onde quer tirar folhas?

— Estamos estudando as raízes, mas deixe que eu faça isso. Não queremos matar as plantas. Só um minúsculo pedaço como um arranhão já nos basta.

— Voltarei para a aldeia, então. Tenho filhos de minha mãe para ajudar a alimentar.

— Case-se, Dorka, e tenha os seus. Não sabe o benefício que fará e os amigos que conquistará.

Ela saiu da pedra e começou a se afastar sem olhar para trás. Foi em silêncio, quieta, e eu, que já estava me sentindo um tanto triste, fiquei ainda mais. Dorka com certeza estava me amando, e isso a fazia sofrer. Mesmo sem querer, eu criara aquele tipo de laço. Embora eu a amasse, era de outra forma, em outro nível, no meu nível.

A noite veio, e voltei para a nave. Depois de me alimentar, fui ao laboratório e trabalhei até me sentir cansado. Dirigindo-me para meu ambiente de repouso, passei por onde costumávamos fazer reuniões e vi Aradie, quieto, parado, olhando as estrelas lá fora através das partes transparentes da nave. Transmiti a ele:

"Quer conversar?"

"Não. Há momentos em que somente nossas lembranças já nos trazem indagações demais."

"Perdoe-me pela insistência, mas você está bem?"

"Obrigado pela preocupação, Irione. Vá dormir. Sei que está cansado."

Continuei meu caminho e deitei-me pensando em Aradie. Algo estava acontecendo. Ele parecia ter medo, vergonha. O que teria feito de tão terrível para temer tanto ou ficar daquele modo?

Pensei em mim e percebi que também estava com remorso por causa de Dorka e pela paixão que ela estava sentindo por mim. Lembrei-me das várias vezes em que estivera apaixonado, de como esse sentimento nos cega, e lembrei-me também de Carli. De como passara uma vida toda mergulhado naquela paixão sentindo-me infeliz e procurando em cada lugar alguém que sufocasse aquele sentimento. Recordei-me de quantas vezes repetira o nome que ela tinha naquela outra vestimenta — Amaran — e das vezes em que me amaldiçoei por não a ter levado mesmo sendo seu dia de casamento. Todas as loucuras que sempre passam pela cabeça de alguém com um resgate desses.

Para sentir-me melhor, aumentei o nível de oxigênio, que relaxava a tensão que eu sentia. Vi quando Clarion entrou silenciosamente e sentou-se no ambiente dele. Acreditando que eu já estivesse dormindo, ficou imóvel por alguns instantes.

— O que foi, amigo? — perguntei.

— Durma, Irione. Vou fazer o mesmo.

— Há algo acontecendo entre nós. Um certo desconforto está nos envolvendo.

Ele sorriu.

— Existe nas antigas escritas que ninguém deixará de pagar seu mínimo débito.

— Eu sei. Qual é o problema? Creio que já pagamos a dívida principal. — Brinquei.

Clarion deitou-se e ficou quieto por longo tempo. Depois respondeu:

— Não tenho essa certeza, Irione. Quem sabe cobrarão as dívidas maiores agora que temos recursos para isso?

— Bem, amigo, que seja a lei universal, afinal, ninguém escapa dela, não é mesmo?

Ele não me respondeu e também ligou seu nível de oxigênio. Nós também precisamos desse componente químico em nossa respiração.

Nosso sistema digestório havia evoluído, sintetizava melhor o que ingeríamos, por isso o que chamávamos de suco alimentar nos nutria bem e satisfazia. Era um composto bem balanceado, feito a partir de vitaminas, sais minerais e proteínas naturais, fácil de ser conservado. Embora precisássemos fazer de vez em quando o que chamávamos de "exercício de mastigação" — para exercitar os músculos da face e os dentes —, utilizávamos o mesmo suco alimentar em outro estado, na densidade de uma maçã, por exemplo. Os sabores também variavam para que não perdêssemos o paladar, embora todas as variedades fossem saborosas.

Capítulo 8

Dias depois, eu já estava me sentindo melhor. Rarun e Orin comentaram conosco que haviam descoberto que o imperador estava vivo e não tinha a idade prevista por eles, mas vinte e dois anos. Para descobrir isso, Orin empregara-se no castelo de pedras. Queriam registrar toda a época, mas não como alguém de fora. Desejavam viver o dia a dia daquela civilização.

Havia dias, ela tentara isso, mas fora rejeitada. Por fim, conseguiu o trabalho. Diziam no castelo que o imperador tinha um poder imenso, e ninguém queria se aproximar dele.

Os escravos, oriundos de povos vencidos em guerras, diziam que o faziam obrigados e com temor.

— Ofereci-me para cuidar dele. Pobre homem... Já pensaram? Com um isolamento desses! Como deve sofrer! Sabemos que poderes mágicos não existem e que divindades jamais assustariam ou fariam mal a alguém — contava-nos ela.

— Você sabe o que ele tem?

— Não. Vou vê-lo hoje pela primeira vez. Sei que vários irmãos dele morreram; ele é o único vivo.

— Talvez seja um tipo de bruxo alquimista. É comum nesse nível de evolução — acrescentou Rarun.

— Pensamos nisso, mas alguns dizem que os escravos que cuidam dele ficaram sem fala ante seu poder.

— Orin, será que você consegue trazer amostras do sangue dele? Talvez o imperador não seja uma pessoa comum.

— De sangue, não, pois poderão pensar que quero assassiná-lo. Não, por enquanto não. Depois que ele me conhecer e tiver confiança em mim, provavelmente. Por ora, trarei fios de cabelo.

— Ótimo — comentou Aradie procurando parecer animado. — Não é minha especialidade, mas conheço a matéria.

— Bem! Lá vamos nós. Serei camareira do imperador. Verei se ele realmente tem olhos de fogo. — Brincou ela. — O que devo fazer com o dinheiro que ganhar? Serão umas parcas moedas.

— Dê aos necessitados — sugeriu Rarun. — Isso é coisa que não falta daquele lado. Eles não têm a fartura alimentar que há aqui na floresta. Quem não tem base de troca sofre o mal da fome. O lugar é desértico.

— Farei isso.

Senti que Orin estava exultante com o novo cargo, mas ela nos comunicou que haveria dias em que não poderia voltar. Rarun também parecia bem animado. Perambulava pelas ruas discretamente, anotava as coisas que as pessoas relatavam e dava seu próprio parecer sobre o momento histórico. Pensei que o convívio entre ele e Orin iria diminuir e que ele sentiria saudade dela nas noites em que a companheira não pudesse voltar para a nave.

Os dois costumavam ficar horas trocando impressões, chegando a um acordo sobre como ser mais preciso nos relatórios. Concluí que eram muito afins e formavam um par perfeito.

Desci da nave com Clarion, e Aradie preferiu ir com Orin e Rarun. Pretendia analisar um mar que, segundo impressões de Rarun, parecia estar ficando sem vida pelo alto nível de sais que acumulava.

Achei que era ótima a ideia, pois assim ele faria algo que não estivesse ligado a Trion e que quem sabe o tiraria daquele estado em que estava.

Observei isso e senti em Clarion a mesma impressão, mas não comentamos sobre o assunto. Fomos a campo; já havíamos catalogado mais de duas mil espécies e muitas dessas com variações. Em análise química, contudo, estávamos atrasados. Era muito mais rápido recolher do que analisar, o que era óbvio.

Ao longo do dia, peguei-me várias vezes pensando no que o tal imperador poderia ter para fazer todos temerem chegar perto dele. Orin não corria perigo. Além do conhecimento das ervas que desenvolvíamos, tínhamos a certeza de que a magia e o sobrenatural não existiam. Tudo é natural até o desconhecimento desse fato.

Senti uma agitação na aldeia mesmo estando a distância. Logo nos acharam, e Dorka veio chorando ao nosso encontro. Relatou-nos que uma criança havia sido atacada por um animal rastejante e estava morrendo.

Corri até lá e entrei em contato com Clarion. Estávamos sem o laboratório de análise da nave e, se aplicássemos o antídoto errado, mataríamos mais depressa a criança.

Rapidamente, trocamos informações sobre alguns venenos analisados e seus efeitos aparentes, mas o problema era que muitos pareciam iguais. A criança chorava em desespero e depois ficou quieta, em estado de coma.

A aldeia toda ficou à nossa volta, e rezei a Deus que nós acertássemos o antídoto. Rapidamente, fizemos uma mistura de ervas, abrimos a boca da criança e lhe demos o preparo para beber. A maior parte, contudo, escorreu para fora.

Faltavam muitas horas para escurecer, e a nave ainda demoraria a chegar. Se a criança se mantivesse viva até lá, eu cederia meu ambiente e aumentaria o nível de oxigênio para dar-lhe maior chance de vida até podermos analisar seu sangue.

As horas arrastavam-se, e todos estavam em total silêncio. Dorka já não chorava mais, enquanto Clarion e eu nos mantínhamos ao lado da criança nos sentindo responsáveis e impotentes. Várias vezes, tentei transmitir a Rarun que voltasse, mas sabia que, na densidade daquela atmosfera, não conseguíamos enviar nossas frequências de pensamento a tão longe. Só era possível fazer as transmissões por poucos quilômetros, e ele estava do outro lado do planeta.

— Ele precisa chegar logo. A criança interromperá seu ciclo, enquanto assistimos a algo que poderíamos evitar.

— Como? Não somos adivinhos e nós dois juntos não conseguimos entrar em contato com ele.

— Vamos pedir a todos da aldeia que desejem que ele volte.

— Eles não têm essa capacidade, Irione.

— Vamos tentar, Clarion. Vou pedir e instruir a todos que o façam.

Pedi aos que estavam mais afastados que chegassem mais perto e lhes passei as instruções:

— Quero que todos vocês pensem em apenas uma coisa: que Rarun traga a nave de volta. Repitam isso em pensamento várias e várias vezes.

Fiquei tão concentrado em fazer isso que, quando ouvi que começavam a gritar, me assustei. A nave preparava-se para pousar, e um alívio percorreu a mim e Clarion, que rapidamente pegou a criança nos braços. Para que não tivessem medo, pedi a Dorka que também entrasse na nave. Ela não tinha medo, pois já havia entrado e saído da nave várias vezes, visto o laboratório e tudo.

Assim que a porta se abriu, Clarion entrou e foi direto ao nosso local de descanso. Chegando lá, colocou a criança no ambiente que ele usava e aumentou o nível de oxigênio. Enquanto isso, fui ao laboratório, peguei nosso equipamento, tirei um pouco do sangue da criança e voltei para lá.

Nem sequer havíamos falado com Rarun, que já sentia a emergência. No laboratório, ele foi falar conosco.

— O que houve? Como conseguiram me alcançar? — perguntou Rarun.

— Todos da aldeia se uniram para nos ajudar, pode crer nisso?

— Eu estava nas ruas, e havia muitas frequências misturadas. De repente, senti que queriam que eu voltasse. Não os ouvi; os senti. Volitei rapidamente até a nave e vim para cá. O que houve com a criança?

— Ela foi picada. Ministramos algo, mas não temos certeza de que esteja certo.

Conversávamos enquanto eu fazia a análise do sangue da criança. Em menos de cinco minutos, já sabíamos o tipo de veneno e o que deveria ser feito.

Fiz a mistura, alterei alguns compostos químicos para obter o antídoto exato, fomos até a criança e ministramos o antídoto diretamente na corrente sanguínea. Pelos nossos cálculos, ela morreria em meia hora se não tivesse sido socorrida acertadamente e em tempo.

Percebi que eu estava um tanto ansioso. Não éramos biólogos humanos, embora entendêssemos superficialmente do assunto.

O tempo parecia não passar. Como um dia tão curto podia parecer tão longo de repente? Clarion deu uma poção calmante a Dorka, que voltara a chorar. Ela bebeu sem nem perguntar o que era.

A temperatura da criança estava mais baixa que o seu natural, então aumentamos a temperatura do ambiente para que ela se mantivesse aquecida. Os lábios da garotinha estavam arroxeados, e comentei com Clarion:

— Pela estrutura química, não temos o registro desse veneno em nossos relatórios. Não é vegetal. Tenho certeza de que, se tivéssemos analisado algo tão mortal, eu não teria me esquecido.

— Eu também não. Foi algum animal, talvez alguma espécie daqueles que eles chamam de cobra.

— Não, a picada tem duas marcas ínfimas. Foi algo bem menor, de não mais de oito centímetros. Procurei a marca, está perto do pé. Veja.

— Será que existem cobras desse tamanho?

— Não vi nenhuma, mas, se houver, está pela aldeia e fará novas vítimas.

— Você tem razão. Crianças pequenas assim raramente saem de perto das mães. Irei à aldeia, Irione. Você pode ficar? Se acontecer qualquer coisa, transmita e voltarei volitando o mais rápido que puder.

— Está bem.

Clarion e Rarun retiraram-se, e ficamos eu e Dorka. Após tomar a poção para acalmá-la, ela começou a ficar com sono, e eu praticamente a deitei em meu recinto de descanso.

Fiquei fazendo registros da criança, de seu nível de pulsação, temperatura interna, externa etc.

Rarun precisava buscar Aradie, mas a criança não podia sair dali. Transmiti a Clarion que avisasse a todos da aldeia que a nave decolaria, mas voltaria logo. Ele lhes avisou, e levantamos voo. Orin não viria.

Trouxemos Aradie, e a criança continuava na mesma. Tive medo de que ela morresse, embora tivéssemos ali toda tecnologia disponível para salvá-la. Mas, se fosse o momento dela, não poderíamos fazer nada. Peguei-mo, então, rogando para que não fosse.

Curiosamente, eu tinha, depois de muitos anos, a sensação de insegurança. Não deveria, pois conhecia tudo sobre o ciclo das vidas, mas assistir a uma criança desperdiçar aquele ciclo por um acidente me incomodava — ainda mais sabendo que tínhamos chances de salvá-la.

Tarde da noite, Dorka acordou com fome, e seu sistema digestório precisava do alimento com o qual estava acostumado. Clarion foi com ela até a aldeia, deixou-a lá e depois voltou. Fizemos uma nova análise do sangue da criança e constatamos que era um veneno poderosíssimo, de defesa.

Um animal com aqueles milímetros de picada não teria a capacidade de alimentar-se de algo grande, então, por que tinha um veneno tão poderoso?

Clarion e eu discutimos esse ponto, mas não chegamos à nenhuma conclusão. Se fosse um animal muito grande, as pessoas da aldeia o teriam visto. Que tipo de animal poderia ser?

Clarion foi dormir, e eu fiquei acordado. Além de agitado pelo acontecimento, queria fazer registros precisos dos efeitos do veneno e do antídoto.

Curiosamente, no silêncio da nave, recordei-me do tempo em que as mães faziam isso com os filhos doentes. Passavam noites sem dormir, preocupadas, tentando baixar a febre e salvar a vida de suas crianças. Eu havia lido isso em nossos livros de história e, naquele momento, me senti como uma mãe, ou pai, corrigi. Afinal, tenho frequência do sexo masculino, trabalho que também deveria caber aos pais.

No meio da madrugada, a criança mexeu-se um pouco, e registrei que seus reflexos vitais estavam se recuperando.

A temperatura corporal mantinha-se artificialmente. O nível de oxigênio, bem mais alto do que ela costumava respirar, também a estava ajudando muito.

Clarion acordou refeito e substitui-me para que eu fosse repousar. Deitei-me e, embora também estivesse cansado, experimentei a sensação de dormir preocupado. Nos primeiros momentos, tive dificuldade de conciliar o sono, fiz uma meditação, relaxei e finalmente acabei adormecendo.

Quando acordei, ouvi o choro fraquinho da criança, pedindo para ver a mãe ou a irmã. Tomei meu suco alimentar e fui buscá-las. Dorka entrou na nave sem problemas, mas a mãe ficou temerosa. Por mais que eu pedisse para não ter medo, ela deu dois passos dentro da nave, olhou tudo em volta e depois saiu correndo.

Senti que a criança ficou mais feliz quando viu Dorka ao seu lado. O aspecto psicológico é muito importante para a cura; o ser tem que saber que é amado e que precisa viver. Que sua vida e "morte" fazem diferença para alguém, independentemente se essa pessoa é uma criança ou um adulto.

Naquele dia, a nave permaneceu na aldeia. Era importante para a criança, pois não sabíamos quais seriam as outras consequências do veneno. O laboratório, portanto, era vital naquele momento.

Passamos a analisar a urina da criança e notamos que muitas células de sangue estavam sendo excretadas por meio dela. Concluímos que o veneno injetado não fora mais que uma mísera gota.

No dia seguinte, a nave também não saiu. Rarun continuou analisando os relatórios e fazendo outras conclusões. Aradie também usava o laboratório.

Ele concluiu que os animais daquele mar morriam por osmose, e os raros que existiam lá não sobreviveriam.

— Por que esse fenômeno, Aradie? — perguntei curioso.

— Precisaria analisar o fundo do mar para ser preciso. Deve ter alcançado uma jazida de sais muito grande, principalmente potássio. Os micro-organismos são frágeis, e, sendo eles a base da cadeia alimentar, não vejo salvação para os raros que sobraram. É um fenômeno natural, sem intervenção dos habitantes.

Ficamos conversando e trocando impressões sobre o assunto. Notei que Aradie não falava mais sobre Trion, tive vontade de perguntar, mas não o fiz. Algum tempo se passara desde a última vez que fôramos procurá-la, e precisávamos entrar em contato com ela novamente. Não transmiti isso a ele, porque pretendia conversar antes com Clarion.

No terceiro dia, transferimos a criança para a aldeia. Ministrávamos uma mistura de ervas que estimulava os anticorpos. Moléculas do veneno ainda estavam na corrente sanguínea da criança, e continuávamos acompanhando esse processo de eliminação.

Em quinze dias, não havia mais traços do veneno nem células de sangue sendo expelidas pela urina da criança.

Voltamos à nossa rotina, mas um carinho especial por aquela criança brotou em mim e em Clarion. Um sentimento mais forte que o carinho que tínhamos pelas outras.

— Sinto-me como os pais de antigamente, que perdiam noites lutando pela vida dos filhos. — Brinquei.

— Irione, outro dia eu estava pensando: o que estamos fazendo aqui?

Sorri ante a inquietação de Clarion.

— Estudando. O que você tem feito?

— Penso em algo mais amplo. Será que já não tivemos laços com essas pessoas? Mesmo que sejam os mais remotos possíveis.

— Não acredito nisso. O que estamos fazendo agora? Laços de amizade graças a Deus. Crédito, não débito.

— Não sei se tem razão. Por falar nisso, estou preocupado com Trion.

— Eu também. Pensei nela ontem.

— Sabe que, provavelmente, ela não gostará de nos ver.

— Sei, Aradie também sabe, mas é nossa obrigação. Ela está ciente de que somos responsáveis uns pelos outros.

— Mas parece que ela não quer isso. Mesmo assim, vou propor irmos vê-la.

— Eu voto sim — comentei.

Depois de uns sete dias, Orin veio com a nave. Parecia uma escrava, vestida de fibras naturais mal costuradas. Viera para fazer os relatórios com Rarun, e percebi pela troca de olhares que sentiam muito a falta um do outro.

Eles dormiam juntos em uma divisão com maior privacidade, enquanto Clarion e eu partilhávamos o mesmo ambiente — mas locais separados, por opção nossa. Aradie e Trion ocupavam cada um uma divisão.

Nossos ambientes de dormir são como um cesto grande, ovalado, com sistemas de refrigeração e oxigenação ajustáveis e individuais. Nós os chamamos de ambiente simplesmente. Juntei-me a eles, curioso para saber o que o imperador tinha; Orin havia trazido vários fios de cabelo dele para analisarmos.

— É difícil sair do palácio — comentou Orin. — Também não consigo comunicar-me com Rarun, pois as paredes são muito densas. Todos vigiam todos.

— Como conseguiu afastar-se hoje?

— Tenho um dia de folga a cada período de 31 dias, quando, então, posso sair. No entanto, tive de implorar permissão ao imperador.

— O que você acha que o imperador tem?

— Não sou médica, e meus conhecimentos de biologia são muito parcos. Vocês terão de nos ajudar.

— Com muito prazer, mas somos botânicos. Aradie é de biologia marinha.

— Consultaremos nossos arquivos de doenças antigas. Ele sofre de uma paralisia. Não anda e apresenta atrofia muscular nos membros superiores e inferiores. Não sei se esse atrofiamento se deve à falta de uso ou se veio primeiro como causa da doença. Sei que, se eu disser a alguém que o imperador está doente, serei morta. Não mais que meia dúzia de pessoas o cercam, nessas incluem-se dois assessores, que chamam de vizir. São amantes e dirigem tudo. Percebi que muita coisa é feita à revelia do imperador.

— Por que escondem isso do povo e do restante?

— Uma divindade não pode ficar doente.

— Mas morrem, e isso não pode ser escondido, não? Fazem até muito aparato.

Ela sorriu.

— É verdade. O aparato é mais uma festa do sucessor, que toma o poder, do que algo feito em homenagem à morte do outro. Eles têm consciência da existência de vidas anteriores. Sabem que retornarão em um futuro próximo, contudo, acreditam que isso só cabe aos nobres. Por isso, creem que são divinizados.

"O problema é que, por puro preconceito, não acreditam que a reencarnação envolve a todos. Creem que por serem dominantes o serão sempre. Ainda não toquei nesse assunto com o imperador; o farei quando ele se sentir melhor e tentarei esclarecer o erro. Fico pensando em como reagirá a isso.

"Ele é inteligente, aprende, conversa com dificuldade. Outro dia, comentou que sou a primeira pessoa que o trata como se ele não fosse um castigo — e não é. Entristeço-me ao vê-lo passar tal provação. Sei que a justiça divina não falha, porém não nos cabe julgar e nossa obrigação é ajudar."

— Como ele é e como foi como imperador antes de ficar doente?

— Bem, segundo ele, a doença apareceu dias depois da morte do irmão. Todo aparato do enterro leva quinze dias para ficar pronto. Ele ficou muito triste, pois o amava muito, trancou-se no quarto e confessou-me que chorou. Tinha de fazê-lo escondido, pois não se admite que uma divindade chore.

— Que falta de conhecimento! Todos são seres humanos, e os sentimentos nobres é que nos fazem divinizados.

— Eles não pensam assim; acreditam que um ser divino tem de estar acima do sofrimento alheio, ser indiferente. Espera-se erroneamente que quem detenha poder e conhecimento seja indiferente, e é justamente o contrário. Quanto mais conhecimento, mais devemos ser sensíveis aos nossos semelhantes, mais devemos ter bondade, solidariedade. Só assim demonstramos que somos evoluídos e temos maior entendimento da vida e das coisas que a regem.

"Ele é sensível. Pelo pouco que conversamos, sempre foi. Não fala, e sinto que se sente inferiorizado por isso. Nos dois primeiros dias, olhava-me indiferente, embora eu, desde o primeiro momento, o tratasse com um sorriso. Cuidar dele não é um castigo para mim e não seria mesmo que eu fosse escrava."

— Eles não têm o conhecimento que você tem, Orin.

— Eu sei, mas quem tem mais deve doar, e é o que tenho tentado fazer. O alimento precisa ser dado na boca, pois ele não tem coordenação motora para isso. Duas vezes por dia, dois escravos do sexo masculino lhe dão banho, o colocam em um recipiente cheio de água, com extratos de flores, lavam-no, mas nem sequer lhe dirigem uma palavra. Encaram isso sem bondade nenhuma, como se fosse só castigo. Depois, o vestem.

"O calor é torturante, e há dias em que o imperador sofre de depressão profunda, nos quais seu único pensamento é morrer. Passei a conversar com ele, primeiro a dizer-lhe como estava o dia, se parecia que iria chover, como estava o jardim. Conversas sem assunto, pois eu não sabia sobre o que falar. Não posso ainda falar de mim ou de nós. Quase quatro dias depois, ele sorriu ao me ver. Perguntei-lhe se eu poderia fazer-lhe exercícios para diminuir a atrofia muscular, já que não sei se ela aconteceu antes ou depois da doença.

"Senti desconfiança nele, mas, por fim, o imperador permitiu. Os músculos estão muito flácidos. Quando poderão fazer essa análise para mim?"

— Amanhã. Como poderemos lhe enviar o resultado? — perguntei.

— É verdade... Trinta e um dias é muito tempo para esperar. Se os assessores perceberem qualquer coisa que eles chamam de "fora do normal", me tirarão de lá e, obviamente, me matarão. Não quero sair; quero ajudar. Nesses últimos dias, o imperador já não tem tido tanta depressão. Conversamos, e ele tem me contado sobre sua infância e o convívio com as babás. Ele e os irmãos mal viam a mãe, pois ela sempre estava muito ocupada. Pelo que me contou, era uma mulher muito vaidosa, usava muitas joias, uma ostentação sem sentido. Quando ele fala muito, fica cansado, então, se cala. Fica ofegante como se lhe faltasse o ar.

— Quantos irmãos ele tem?

— Só são considerados para sucessão no trono os irmãos de sexo masculino, então, ele tem apenas um. O irmão que morreu, que, segundo ele, era bem mais velho, foi fruto do primeiro casamento do pai. Ele veio de um terceiro casamento e é quinze anos mais novo que o outro.

— Do que o irmão do imperador morreu?

— Não se sabe, pois não fazem essa análise. A medicina aqui é rudimentar, e o conhecimento de ervas é quase impossível. O lugar é pobre em vegetação. Todo solo fértil é aproveitado para a agricultura.

— Você está engraçadíssima com essas vestimentas. — Brincou Clarion. — Como tem suportado o calor?

— Confesso que tenho saudade da roupa climatizada e a uso às vezes para dormir. É impossível, contudo, colocar o capacete. Tenho que usar a roupa climatizada por baixo dessas e não posso deixar que percebam. Vou descansar. Vamos, Rarun?

Os dois nos cumprimentaram e saíram. Clarion e eu permanecemos no ambiente de reunião, pensando no que ela relatara. Depois, fui até o que chamávamos de ambiente de alimentação e bebi, quieto, um suco alimentar. Senti que estava com vontade de ter um casamento experimental; ainda não tivera nenhum em minha vida.

Percebi que, apesar da tristeza de causar sofrimento a Dorka, me sentia lisonjeado com seu amor. Fiquei pensando nela e em como sua mente era aguçada, esforçada para aprender. Logo, logo ela subiria na escala de evolução. Quem sabe um dia nos encontraríamos e teríamos a chance de tentar? Sentia um carinho especial por Dorka, bem diferente do sentimento que ela nutria por mim.

Peguei o relatório de Orin e comecei a ler mais alguns dados sobre o tal imperador. Pulei o trecho sobre o qual já havíamos conversado e li mais abaixo:

> *Tenho certeza de que, mesmo após sua morte, esconderão o fato do povo durante muito tempo. Não há substitutos diretos, e sinto que há certa disputa pelo poder. Os parentes não sabem que ele está doente e julgam-no uma divindade suprema, pois o imperador não participa de festas nem de comemorações religiosas muito comuns. Mal sabem eles que o imperador sofre de solidão profunda, tendo de viver assim.*
>
> *Já ouvi comentários que, se olharem para ele, as pessoas podem ficar cegas. É incrível a capacidade desses*

indivíduos de se deixarem dominar, anulando completamente o raciocínio lógico. Aceitam coisas absurdas como essa sem analisar a possibilidade de que seja algo inverídico.

Muitos interesses políticos o cercam. Nem a mãe, que deveria lutar para vê-lo, parece importar-se. Não sei se ela sabe que o filho está doente; sei que ela não se preocupa. Correm conversas que a mãe do imperador tem muitos amantes, homens que a satisfazem sexualmente, mas não se trata de um casamento experimental, pois não há essa intenção.

Quando olho para o imperador, agradeço a Deus a divina bondade de, neste estágio, ele não saber o que fez em vidas anteriores. Se já sofre com o aprendizado, sofreria muito mais sabendo a causa.

Vejo através dos olhos dele a tristeza de seus dias confinados e pretendo, aos poucos, contar-lhe que ele se sentirá aliviado no futuro próximo. Tentarei convencê-lo a não sofrer tanto por orgulho, posto que é só uma fase, e a ter esperanças.

Não sei quando poderei fazer isso e se merecerei esse crédito, mas tenho rogado para ser inspirada. O povo repete que um homem que viveu há quase cem anos pregou que Deus enviará um de seus filhos. Chamam isso de profecia.

Espero que esse homem "adivinho" tenha sido um dos inspirados e tentado avisar a esse lado do mundo que um dos Cristos virá para ensinar as verdadeiras lições da vida. Espero que todos estejam prontos para recebê-lo e aceitar essas verdades, embora as previsões digam que ele só nascerá daqui a quase meio milênio — tempo em que essas mesmas pessoas estarão aqui em um nível melhor de experiências de vida.

Senti-me cansado, coloquei o relatório de lado e recolhi-me. Deitado, recordei que registrava em nossa história que, quando um dos Cristos veio, foi recebido com muito prazer e que a vinda dele foi um dos grandes marcos de mudança do comportamento e dos valores sociais no planeta a que pertenço.

Avaliei se, nos próximos quinhentos anos, a sociedade ali descrita estaria preparada para essa grande vinda, mais uma bênção e um socorro de Deus.

Capítulo 9

Trion realmente não dava notícias. Votamos e resolvemos ir até onde ela estava, esperando que não houvesse mudado de lugar. Nossos rastreadores tinham problemas para localizar seres humanos no solo quando estavam na floresta. Havia muita presença de outros seres vivos de peso e calor semelhantes, mas a principal causa era a densidade da atmosfera.

Fomos todos, menos Orin, que estava em seu trabalho com o imperador. Pousamos na praia e começamos a procurar Trion. Levei o filtro para analisar o corpo astral daquele meio.

Os outros adentraram na mata, enquanto eu preferi analisar as plantas com o filtro. Distraído, percebi vários olhos observando-me entre as folhagens. Tirei o filtro, cumprimentei, mas não responderam. Olhei-os sem o filtro, contudo, já haviam desaparecido.

Tornei a colocar o filtro e a olhar, constatando que realmente haviam desaparecido. Deduzi que eram os nativos e entrei na nave, que sempre ficava com as portas abertas, pois não havia risco de a invadirem. Por instinto, os animais a temiam. Era algo diferente da paisagem que conheciam, e seus instintos lhes diziam para não se arriscarem.

Sobre os nativos, o motivo de não entrarem na nave era quase o mesmo. Embora as pessoas da aldeia onde estávamos — principalmente as crianças — entrassem às vezes, elas sentavam-se, ficavam um pouco, riam e saíam correndo. Era uma mistura de tentar dominar o medo e divertir-se com ele.

Outros, contudo, não estavam completamente familiarizados conosco. Os mais idosos eram os mais temerosos, e a única que frequentava a nave à vontade e sem sustos era Dorka e seu irmãozinho que salváramos.

Sempre notávamos neles um misto de carinho e endeusamento porque éramos ligeiramente diferentes deles, nada mais. Mal sabiam eles que ainda estávamos no ciclo reencanatório evolutivo, com um pouco mais de conhecimento, harmonia física e psicológica do que eles. Mal sabiam também que teriam a chance de nos alcançar ou até ultrapassar, dependendo da maneira como dirigíssemos nosso futuro.

Tomei um pouco de suco alimentar e tornei a sair. Volitei e tentei ver, de onde eu estava, a clareira do local aonde nosso grupo havia ido. Não a vi em uma primeira olhada.

Voltei a recolher amostras e fui até perto do mar. Aradie estava lá, abaixado na areia à pouca distância. Admirei-me; ele era sempre o mais preocupado com Trion. Volitei até ele e perguntei:

— Aradie, por que não foi com os outros?

Ele levantou a cabeça, olhou-me e depois voltou ao que estava fazendo. Tive quase certeza de que não iria responder-me, mas me enganei.

— Rarun e Clarion foram. Não precisavam de três ou quatro, não é?

— Sim, mas você é sempre o mais preocupado com ela.

— Trion prefere não me ter por perto; é direito dela.

— O que está pegando na areia?

— Embora seja o mesmo litoral, as formações de solo são completamente diferentes. As vidas em evolução que há neles também o são.

— Perdoe-me, mas estou curioso. O que Trion tem com todos nós? Se não iria ficar feliz, por que veio?

— Já lhe disse, Irione. Ela queria muito esse tipo de trabalho, viajou, mas isso não quer dizer que precise ficar conosco... Tanto que trouxe equipamento para isolar-se.

— Somos uma equipe, cada um tem sua especialidade, mas uma equipe. Ela deveria ter avaliado isso antes.

Ele levantou-se, ficou de pé, olhou para todos os lados e suspirou:

— Mundo novo! Tudo nele parece novo, embora uma coisa seja velha: o ciclo reencarnatório. Às vezes, olho para as pessoas que nos cercam e pergunto quantas vidas tiveram e quantas ainda terão. Quantos arrependimentos as magoarão por muito tempo?

Fiquei calado, pois já havia perguntado várias vezes o que o incomodava e ele preferira o silêncio.

— É nosso ciclo, mas terão chance de corrigir; todos têm.

— Eu sei — respondeu-me secamente, voltando a abaixar-se na areia e a pegar mais amostras.

Fiquei parado ali durante algum tempo e depois me afastei. Voltei à floresta, registrei por imagem várias plantas das quais eu havia recolhido amostras. Olhei para o sol e julguei que Clarion e Rarun estavam demorando. Enquanto isso, Aradie ainda se mantinha afastado.

Trabalhei mais um pouco ao ar livre e depois fui para o laboratório da nave. Quando me dei conta, estava escurecendo. Fui até a sala e encontrei Aradie fazendo os relatórios.

— Será que ficaremos aqui hoje? Onde estarão os outros dois?

— Com Trion, com certeza — respondeu-me interrompendo um pouco o trabalho.

— Vou procurá-los.

— Está escurecendo, Irione. Não enxergamos bem no escuro.

— Mesmo assim, vou tentar. Volito acima das árvores com muito cuidado.

Saí e volitei. Senti cheiro de fumaça e fui nessa direção. Pouco antes de chegar, para não pousar e assustar as pessoas que não tinham aquela capacidade, desci e caminhei poucos metros.

Vi a fogueira e muita gente em volta dela. Não consegui distinguir nenhum dos três, pois provavelmente estavam cercados pelas pessoas. Estavam tão distraídos que não me viram chegar.

Alguém com um sentido mais aguçado virou-se e gritou ao me ver. Lembrei, então, que, ao escurecer, minha roupa tinha uma coloração violácea, mas eu estava sem o capacete.

Transmiti aos meus companheiros que eu estava ali, contudo, não obtive resposta. Tentei várias e várias vezes, mas era como se não estivessem lá. Rapidamente, decorei por meio de alguns deles um pequeno vocabulário do idioma daquele povo. Havia semelhanças com o da aldeia mais ao norte, mas apresentava também muitas diferenças.

Perguntei pelos meus amigos, e um homem de estatura média, muito pintado com resinas vegetais, respondeu-me:

— Eles estão ocupados.

— Fazendo o quê?

— Estão conversando com o homem que fala com espíritos.

— Estou preocupado com uma pessoa que se chama Trion. Ela está morando com vocês?

— Você fala da deusa que mora na mão amarela?

— Mão amarela?

— Sim. Ela vem até aqui, sorri e cura. Diz amar a todos, que veio de outro sol, outro mundo, mas afirma que é nossa irmã. O mundo onde os deuses moram, lá em cima.

Ele apontou para cima e pareceu não notar que eu diferia um pouco dele.

— O que eles estão fazendo com o homem que fala com espíritos?

— Falando com os espíritos.

Olhei para o céu. Em minutos, tudo ficaria completamente escuro, então avisei:

— Vou voltar. Poderia lhes dizer que Irione esteve aqui?

— Digo.

Agradeci, virei para sair, mas alguém correu até a mim e me tocou. Outros também vieram com nítida curiosidade.

— Sou igual a vocês; é só uma vestimenta. Agora preciso ir.

Continuei andando, e alguns ainda me seguiram um pouco. Depois, deixaram-me. Assim que estava à certa distância da nave, volitei até ela, entrei e fui para o laboratório. Independentemente do que estivessem fazendo lá, eu logo saberia. Deduzi que Trion não vivia com a tribo, mas perto dela. Com certeza a "mão amarela" se referia à tenda que ela trouxera, cuja cor e cujo modelo eu desconhecia.

Voltei ao que estava fazendo, e Aradie entrou no laboratório. Sem dizer uma palavra, ele começou a trabalhar.

Quando já era tarde da noite, os outros dois chegaram e, quando estavam a poucos metros da nave, nos comunicaram que estavam se aproximando.

Interrompi o que estava fazendo e fui falar com eles. Com certeza estavam com fome, e, enquanto se alimentassem, conversaríamos.

— Como foi lá? — perguntei curioso.

— Foi nos procurar?

— Sim. Preocupei-me, pois já estava escurecendo. Teremos que ficar por aqui agora.

— Interessante. Há um homem que fala com os espíritos, acredita nisso?

— Nós também. Qual é a diferença, Clarion?

— Não percebe, Irione, o estágio em que eles estão? Ele realmente fala com os espíritos dos que já estão em outra dimensão. Esse homem, contudo, não sabe como desenvolveu a técnica. Rarun e eu deduzimos que é o dom de mediunidade.

— Vocês devem ter razão. Na aldeia mais ao norte não ouvi falar disso.

— Religião. Lá eles não cultivam a memória dos mortos. Acreditam que, quando alguém morre, os espíritos se vão para sempre. Aqui, não. Eles creem que os espíritos vêm morar junto dos seus, os invocam e conseguem. Nós registramos isso, apesar de eles, por ignorância, fazerem muitos rituais que não são necessários. Não têm ainda a capacidade de somente entrar em meditação, então precisam de aparatos.

— No que é chamado de "civilização" também registrei várias pessoas que têm contato consciente, isso quer dizer que eles têm essa capacidade mais desenvolvida do que nós quando estávamos nessa mesma escala — comentou Rarun.

— Nós vimos Trion. Eles acreditam que são abençoados porque uma deusa vive entre eles. Por acaso, a viram volitando e que a tenda em que ela mora brilha. Trion andou fazendo algumas curas por meio da energia humana; ela é bióloga e sabe como fazer isso.

— Está sendo muito útil a essas pessoas e também está lhes ensinando conceitos sobre a reencarnação. Sentimos que ela os ama como se fossem seus filhos.

— Ela tem feito relatórios? — perguntei.

— Não. Disse-nos que não é o momento ainda.

— E o que disseram esses espíritos com os quais falaram?

— São também ignorantes; passam informações errôneas de acordo com o que creem ser verdade. Outros até fazem brincadeiras, inventam rituais. Não estão em níveis de passar conhecimentos e serem úteis ainda; são reflexos da própria civilização corpórea, como você sabe.

— Sei. Só isso?

— O que mais você queria, Irione? Tivemos de esperá-los fazer todo um aparato. Eu queria muito assistir a isso, e Rarun também.

Sorri.

— Vocês têm razão. Trion vai voltar?

— Não ainda.

— Vou recolher-me — disse e saí.

No meu ambiente de dormir, fiquei pensando um pouco. Em nossa civilização, certamente existiram pessoas que também manifestaram precocemente aquela capacidade quando estávamos naquele nível. Isso, contudo, não foi registrado. Também inventamos regras para acreditar em Deus, quando é uma coisa tão pessoal, tão pessoal, que ninguém deveria intrometer-se.

É algo íntimo, que não necessita de lugares, rituais, roupagens, nada. Só precisa de nosso próprio espírito e da vontade de sermos úteis, obtermos conhecimento e amarmos ao próximo.

Acabei dormindo. Quando acordei, estávamos em voo. Fiquei deitado até pousarmos. Da aldeia ao sul até a aldeia ao norte, levamos mais que duas horas no compasso solar para chegar. Para atravessar o oceano, Rarun levava quatro horas. Nesse caso, ele podia voar a uma altitude maior e desenvolver maior velocidade.

Fiquei pensando em como ainda não haviam visto a nave em um lugar tão populoso. É silenciosa, mas brilha muito. Como não chamava a atenção?

Deduzi que, quando ele chega à aldeia, todos provavelmente estão dormindo, mas, na volta, era meio para fim de tarde... Será que nunca olhavam para o alto? Quando o vi, perguntei, e ele sorriu.

— Provavelmente, veem, mas, se o sacerdote da religião deles diz que não veem nada, eles não admitem.

— Como isso é possível?

— Temem tudo que acreditam não poder controlar, então, negam a existência. É só isso, Irione. Já ouvi conversas em que comentavam sobre uma estrela que pousa na areia e chega perto do solo. Mas falam restritamente entre si e temem comentar abertamente com os outros. Bem, vou indo. Há muitos dias não vejo Orin.

— Há quanto tempo vocês estão no casamento experimental?

— Há mais de três anos. Porém, nesse compasso, estamos fora de nossa sociedade e não poderemos ter filhos até voltarmos.

— Vocês os querem?

— Sim e muito. Nós teremos, há tempo ainda. Irione, outro dia o ouvi comentando que você nunca teve um casamento experimental nesta vida.

— É verdade.

— Nenhuma mulher de seu presente ou passado o interessou?

— Não. Creio que me envolvo muito com o trabalho.

— Temos obrigações com tudo. Com o trabalho, a família, os amigos, os parentes etc.

— Eu sei. E agora, afastado, creio que vou demorar ainda mais. Minha mãe desencarnou pouco tempo antes de eu vir para cá.

— Ela estava bem?

— Ótima.

— Ainda bem que se foi o tempo em que as pessoas lastimavam quando a outra mudava de dimensão. É lógico que a saudade fica, mas a tendência de querê-la por perto e segurá-la é um tanto egoísta e demonstra imaturidade emocional.

— Quando Orin virá?

— Na semana que vem. Estou acostumando-me com essa contagem de tempo, tanto que, quando ela se for novamente, sentirei os dias compridos demais. — Brincou ele.

— Aqui estou dorminhoco. Deveria dormir a cada três ou quatro dias, no entanto, tenho dormido todas as noites durante duas horas.

— É a atmosfera, a atração gravitacional. Sinto-me cansado também, e o calor agita muito minhas moléculas. Gasto muita energia e concentração para mantê-las na frequência e estabilizar minha temperatura.

— Vamos, Irione. Já está tarde — chamou-me Clarion.

— Aradie vai com você? — perguntei a Rarun.

— Vai. Está estudando aquele mar que está encerrando seu ciclo de vida.

Desci com Clarion.

— O que vamos fazer hoje? Não estou com vontade de colher amostras. Pretendo ir até a aldeia. Quer ir comigo?

— Sim. Vamos ver como está tudo por lá. Estivemos ausentes ontem.

Fomos andando, e senti que o ar estava mais seco. No meio do caminho, pedi a Clarion para irmos até um rio que cortava aquelas terras. Olhamos o nível de água; sem dúvida, estava bem mais baixo. Quase 50 centímetros mais baixo.

— Será que isso é um ciclo curto ou longo de seca? Se for longo, prejudicará toda a vida existente

— Perguntaremos se eles sabem, embora eu duvide. Não conhecem nenhum modo de registro escrito.

— Vamos ver se o velho mais velho se lembra disso.

Voltamos ao nosso caminho original e seguimos até a aldeia. Fomos recebidos com alegria, e senti o olhar de Dorka sobre mim. Sorri, mas ela manteve-se um pouco distante. O irmãozinho dela aproximou-se e pegou minha mão. As crianças sempre nos cercavam e até haviam se acostumado com Clarion, que elas julgavam feio por causa do traje. Brincavam conosco sem medo e preconceitos.

Pedimos para falar com o velho mais velho, como eles o chamavam. Fomos até a casa dele, que era feita de barro, madeira e folhas desidratadas, e sentamo-nos à moda deles, no chão.

— Velho mais velho, o rio está ficando seco. Pode nos dizer se será um ciclo de muitas luas ou se completarão estações? — perguntei.

O velho mais velho pensou um pouco, e, enquanto ele pensava, coloquei o filtro e o olhei. O corpo astral dele já estava um pouco afastado do corpo denso, mas ainda entrelaçado. Deduzi, então, que ele iria mudar de dimensão em poucos dias.

— Lembro-me de quando parou de chover por todo o verão. Depois, quando era o tempo delas, não vieram nem depois. A floresta começou a secar, houve muita fome, muitos morreram. A caça fugiu para outras terras. O leite de amamentar das mães ficou fraco, os insetos se multiplicaram e comeram o resto da floresta que sobrou. Não havia frutas; só havia poucas raízes para se comer.

— Consegue se lembrar se isso aconteceu aqui, nesta terra, ou na outra, onde vocês viveram antes?

Ele pensou um pouco, ficou nos olhando, e transmiti a Clarion:

"Ele vai mudar de dimensão. Pegue o filtro e veja como o corpo astral dele está expandido. O espírito quase se sente livre novamente."

"Com quantos anos ele deve estar?"

"Uns sessenta ciclos solares, talvez mais. Eles também não têm esse tipo de registro. Nem sequer contam por luas."

"Vou ensinar-lhes a escrita; isso os ajudará muito", afirmou Clarion colocando o filtro. O velho mais velho ficou nos olhando.

— O que é isso? — perguntou-nos, entre temeroso e curioso.

— Um aparelho. Não é nada importante nem faz mal a ninguém. Pode nos responder?

— Sim. Acho que foi nesta terra. Na outra, os deuses haviam colocado a tribo para que todos se entendessem, mas um poderoso quis mandar na vontade alheia e outro poderoso dividiu o povo. Houve guerra e muitas mortes. As mães perderam seus filhos, e as esposas, seus maridos. Começaram a clamar por justiça, e o Deus ficou com muita raiva. Então, enviou muito frio, e tudo ficou branco, gelado. Como os animais não eram culpados da desobediência, ele tirou todos da terra. A guerra acabou, e os homens, poderosos ou não, tinham frio e iriam morrer naquele solo branco. Mandaram todos voltar para casa. Houve três dias de chuva branca, pedaços de nuvens que caíam sem fazer pingos.

— Velho, quando foi isso? Consegue lembrar-se?

— Fui eu o tirano; eu queria ser poderoso. Disseram isso para mim.

Um dos membros da tribo retrucou:

— Velho mais velho, isso nunca aconteceu. É só sua imaginação. Está velho demais.

— Não. Ontem mesmo, eu sonhei com isso. Vi que fui eu o culpado por todo aquele castigo, por aquela chuva branca gelada que levou muita gente. Então, foi a vez dos soldados chorarem, pois não podiam lutar contra aquilo. Não tinham como matar a ordem de Deus. Foi então que os que tinham ficado sentiram a dor que as mães e esposas haviam sentido: a dor da perda.

"Quando aquele castigo cessou, os homens enterraram seus mortos e foram juntos para o centro da terra. Juraram que nunca mais haveria guerra e jogaram suas armas no mar.

"Outra vez, já passado muito tempo, veio um de fora e novamente se tornou tirano. Ele chegou com exércitos, e os homens contaram-lhe sobre o castigo de Deus. Não acreditaram. Os outros preferiram ser escravos do que lutar, pois sabiam que o castigo de Deus viria.

"Tempos depois, muitos jovens, esquecidos do castigo, cansaram-se de ser escravos, fizeram armas e lutaram. Novamente, houve muito sangue. Não acreditaram nos que contavam a história, diziam que era lenda, invenções dos velhos mais velhos."

— O que houve então?

— Não sei. Não me lembro mais. As coisas vêm e vão confusas na minha cabeça. Estou velho; sou o velho mais velho.

Agradecemos a ele e voltamos ao trabalho. Fizemos a medição de umidade, que, mesmo dentro da floresta, também estava caindo.

— Clarion, a floresta já sofre com a falta de chuvas. Algo me diz que será um ciclo longo. Temos de fazer algo. Eles não percebem o que está ocorrendo.

— Vamos trabalhar nisso, Irione. Talvez devamos ensiná-los a guardar água e plantar e não depender somente do que a floresta lhes dá.

— Será a única solução.

— Como guardarão água?

— Não sei, vamos pensar nisso. Amanhã, falaremos com eles. Quem sabe não tenham boas ideias? Afinal, vivem aqui e têm níveis de inteligência.

O restante do dia, mesmo concentrado no trabalho, continuei preocupado. Dependendo do ciclo da chuva, isso poderia trazer muitas doenças, e eu temia que não conseguíssemos controlá-las.

À tarde, quando Rarun chegou, ele contou-nos que havia conseguido falar com Orin na praça do mercado e que ela lhe entregara relatórios. Ele já os havia lido, e eu os peguei para ler:

Hoje é o 45º dia em que eu estou com o imperador. Ele é um ser bondoso. Os exercícios têm o ajudado muito, e a musculatura já não está tão flácida, embora ele mal perceba ainda.

O imperador sofre de uma doença degenerativa dos músculos e ossos, e a falta de sol e exercícios a acentuam muito. Tenho tentado convencê-lo de que ele precisa de sol e sair daquele quarto, que para ele é sempre frio.

Mudei-lhe a alimentação, conversei, pedi-lhe que tomasse mais leite. Aqui, acredita-se que leite é só para crianças pequenas, o que é um erro. O queijo é comum, mas a bebida que tomam é um destilado, fermentado de uma fruta chamada uva. Há outras bebidas também derivadas de frutas, as quais chamam de romã e tâmara. Quase nunca bebem água natural.

Essa fermentação cria um componente chamado álcool, que, além de matar os neurônios cerebrais, deixa as pessoas irresponsáveis, levando-as a cometer atos que não fariam comumente e inibindo-lhes a censura e o bom senso. Não descobri ainda como age esse componente.

Também o convenci a comer outras frutas, que têm vitaminas que fixam o cálcio. Não acredito na cura, dado o estado avançado em que está, mas creio que a doença possa ser controlada.

Não posso ser descoberta. Há aqui um médico oficial, mas ele, além de ser indiferente à saúde do imperador, é extremamente ignorante. Não faz pesquisas e vive de relacionamentos que eles chamam aqui de ocasionais.

Às vezes, ele vem visitar o imperador e está sem o próprio controle por causa dessa bebida destilada. Olha-o sempre como ele se estivesse prestes a morrer em dias.

Tenho conversado muito com o imperador, que me chama de amiga. Ele contou-me que pensou em tirar a própria vida várias vezes e que só não o fez porque não tinha coordenação motora.

Atualmente, ele sente-se melhor e amado. Pergunta-me várias vezes se eu o amo, mesmo estando em uma cama.

Afirmo que sim, pois é verdade. Tenho esperanças de que, um dia, ele consiga levantar-se. Não o convenci ainda de que o sol é importante.

Já lhe disse que ele tem um corpo astral e que o fluido universal que o alimenta vem do sol. Afirmei também que a harmonia deste trará a melhora substancial do corpo denso.

Às vezes, ele sorri e diz que deve estar louco por acreditar em mim. Tem necessidades de que eu o toque e às vezes fica calado, somente segurando minha mão, enquanto permaneço sentada ao lado da cama. Nesses momentos, aproveito para dar-lhe passes diretos. Condenso minha energia através dos chacras e as emito a ele, por isso o imperador não percebeu que minha temperatura é mais baixa e que meu metabolismo é mais lento.

Nos primeiros dias, ele não percebeu essa transmissão, mas, há alguns dias, perguntou-me o que vinha de mim que lhe trazia paz. Tentei explicar-lhe, mas creio que fui complexa para o nível de compreensão dele.

Há todo um contexto político que tem interesse em mantê-lo nesse estado. Um assessor chamado Deron é realmente quem manda em tudo; ele é o imperador de fato. O verdadeiro é só a figura de referência.

Deron assina e usa os símbolos nos acordos e nas leis que não pertencem a ele. O pior de tudo é que o imperador julga que já tem problemas demais para preocupar-se com o povo.

Tenho tentado convencê-lo de que ele precisa querer ficar bom e que as coisas que afetam o povo são, antes de tudo, sua responsabilidade. Tenho afirmado também que essa luta vai fortificá-lo muito em outras vidas.

Ele ainda me sorri e diz que eu o divirto. Que essa é uma das minhas qualidades preferidas dele.

O povo o vê como uma divindade, contudo, não sabem que ele é um ser comum, que enfrenta muitas dores, desconforto, e daria todos os seus títulos e bens para poder caminhar pelas ruas livremente com as próprias pernas.

Já me expressou isso com palavras, e estas foram verdadeiras. Ele não mente para mim. Muda seu estado de ânimo quando me vê e tem me pedido para eu não tirar meu dia de folga, pois isso o faz sentir-se sozinho no mundo.

Às vezes, pergunto-me como, em um mundo habitado por tantos seres, um ser pode sentir-se tão solitário? A solidão vem da alma, da vergonha de relacionar-se com os outros e mostrar as próprias fraquezas.

Ele não sai em público porque sente vergonha. Teme que o vejam tão dependente, pois há um conceito que todos os nobres têm de ser vigorosos e bonitos.

Cabe somente à plebe ser feia e doente, mas tudo atinge a todos independentemente da classe social da qual fazem parte. O povo não esconde seus problemas. Os nobres, além de sofrerem os mesmos problemas, têm a preocupação de tentar esconder dos outros, por isso a solidão é muito maior, e o sofrimento se expande.

Li o relatório e fiquei pensando no que Orin havia escrito. Tentei imaginar aquela sociedade. Parecia que minha sociedade havia pulado ou não registrado a parte sobre vícios.

— Acabou de ler? Posso pegar? — pediu-me Clarion.

Entreguei-lhe os registros e permaneci sentado, pensando na solidão. Lembrei-me das vidas em que sofri dela e da vez em que fugi de todos. Meus pais daquela época não se entendiam e tinham muitos resgates e muitas diferenças.

Aos quatorze anos, fugi de casa. Olhava o mundo com otimismo, como um desafio. Saí com parcas condições financeiras e mudei de Estado. Procurei um emprego e trabalhei como auxiliar de algo que não me lembrava mais.

Aluguei um pequeno quarto e vivi lá sozinho. Tinha vergonha de ser pobre, não fazia amigos, não me relacionava com meus pais, nem sequer mandava notícias de meu paradeiro.

Pouco tempo depois, fui promovido, aluguei uma casa maior, mas continuei sozinho. Com um pouco mais de recursos, comecei a sair mais.

Mesmo assim, não falava de meu passado nem da minha família e dos meus problemas; continuava solitário, mesmo rodeado de muitas pessoas.

Clarion terminou de ler e olhou-me.

— O que achou, Irione?

— Que ela está certa. Se ele quisesse lutar contra a doença, não teria chegado a esse ponto em tão pouco tempo.

— Talvez ele acredite que mereça. Provavelmente, isso traz de alguma forma ativa em seus pensamentos a vaga lembrança do que fez. Pode ter sido terrível.

— Talvez. Tomara que ela o convença de que a doença, sem dúvida, é consequência, mas que existem várias formas de lidar com ela. Uma delas é sendo útil e aprendendo. Não é castigo; é aprendizado.

— Eles têm conceitos diferentes.

— Ele tem a ela. Já pensou que talvez nós não tenhamos vindo, mas, sim, sido enviados?

Clarion sorriu-me.

— Está otimista demais, parceiro. Vou dormir; sinto-me cansado. Vou pedir a Orin que me dê amostras do que eles chamam de álcool. Quero descobrir qual é a reação exata no corpo denso.

— Será interessante. O povo da aldeia parou de se drogar. Eles nem sabiam que estavam fazendo isso.

— Para sorte deles, o que ingeriam era pouco viciante, embora os cegasse com o tempo.

Capítulo 10

Os dias passavam, e todos nós estávamos envolvidos demais em nosso trabalho. Até Aradie deixara de preocupar-se com Trion, e, pensando nisso, uma vaga lembrança veio à minha mente.

Já ia tentar aprofundar-me mais, inclusive parando o que estava fazendo, quando vi Dorka ao meu lado. Olhei-a e sorri.

— Você está bem? — perguntei.

Ela respondeu-me balançando a cabeça e sinalizando um sim.

— O que foi? Você não me parece bem.

Dorka caminhou até uma pedra, verificou se havia cobras por perto e sentou-se. Fui até ela e sentei-me ao seu lado.

— Conte-me, o que ocorre?

— Foi Chrospu. Ele disse que vocês são o mal, que quem for amigo de vocês não terá lugar no céu com o grande deus.

Sorri.

— Todos sabem que Chrospu tem problemas, não se lembra? Ele vive dizendo que quer ir conosco, que é do meu planeta.

— Afirmou que se enganou, que vocês não são quem ele pensava que eram.

— Dorka, por isso você ficou triste? Não há motivo. Veja, Chrospu tem problemas, é só isso.

Ela olhou-me intensamente e, tocando meu rosto com as mãos, observou:

— Frio, frio como um cadáver na morte. Chrospu diz que vocês são a morte e que é por isso que a vegetação está secando. Disse que todos nós vamos morrer de fome.

— É um ciclo sem chuvas, que logo deverá passar. Estamos estudando isso. Vocês não têm passado fome, a floresta é abundante. Há nela frutas e animais para que se alimentem. Pensando bem, talvez fosse melhor vocês plantarem.

— Não sabemos fazer isso. O velho muito velho nos disse que, antes da terra nova, vivíamos de peixe, trigo e mel. Contou-me que seus avós, antes dos seus avós, lhe diziam isso.

— Ele deve ter razão, mas só isso é pouco para o que precisam. Aqui, veja quantas frutas vocês podem ingerir. Já catalogamos mais de cem espécies, por isso há tantas aves e tantos insetos neste local.

— Chrospu avisou a todos para temerem vocês. Fiquei triste. O velho mais velho não pode ser mais conselheiro; ele não consegue falar mais.

— Eu sei. Ele vai morrer em poucos dias, mas não se preocupe. Ele ficará bem, e tenho certeza de que irá para o que vocês chamam de céu. Acredita em mim?

— O outro não gosta de vocês, pois tiraram o poder dele. E, sem os conselhos do velho mais velho, que logo morrerá, o outro dominará.

— Você fala de Cás, não é? Não se preocupe; existem outros mais velhos.

— Outros mais velhos não têm a certeza do velho mais velho, que morrerá.

Aquela sociedade era interessante de uma forma sábia, pois aceitavam o conselho dos mais velhos e suas experiências. Realmente, o velho mais velho, ao qual ela se referia, era alguém inteligente e com níveis de sabedoria, o que era raro naquela fase evolutiva. Continuei:

— Se eu lhe dissesse que tenho mais que a idade do velho mais velho, somadas em duas vidas e mais um pouco, o que você me diria?

— Diria que você está mentindo. Você não pode ser mais velho que o mais velho. Não tem a pele cansada nem as ideias confusas.

— É verdade, não sou assim, mas haverá um dia em que vocês, mesmo sendo bem mais velhos que todos os velhos da tribo juntos, não terão mais essa aparência.

Ela olhou-me e sorriu:

— Então, não serei mais velha? Se não houver mais velhos, quem dará conselhos?

Eu não podia dizer que alguns anos não eram nada em relação à eternidade do espírito e que a consciência disso também era questão de tempo. Então, disse somente:

— Não se preocupe com isso nem com o velho mais velho. Acreditaria em mim se eu lhe dissesse que ele renascerá? Olhe para a floresta. Tudo renasce.

— Não temos raízes. Se formos mortos, não brotaremos — observou sorrindo.

— Temos, sim, Dorka, mas são diferentes dessas. Algo sempre brota em nós.

Ela tornou a sorrir.

— Está falando como Chrospu, dizendo coisas loucas.

Sorri de volta e não disse mais nada. Fiquei ao lado dela em silêncio. Não se pode querer que as pessoas compreendam questões sem estarem amadurecidas para entender. Em cada vida, há um pouco mais de aprendizado, um pouco mais do todo, até que consigam entendê-lo por completo. E eles ainda precisavam de vidas e vidas para alcançar isso. Eu não podia exigir, apenas compreender.

— Quer ajudar-me? Não se preocupe com o que Chrospu diz — pedi novamente. — Aprendi mais sobre as ervas e vou ensinar-lhe.

Voltei ao trabalho, e Dorka ainda ficou parada olhando-me recolher as amostras, sem dizer palavra. Se continuasse a aprender, ela se tornaria especialista. Lembrei-me de que Clarion e eu havíamos conversado sobre lhes ensinar uma escrita simples, que todos pudessem aprender facilmente.

Refletindo, chegamos à outra conclusão: era preciso registrar as imagens das plantas, pois um engano poderia matar alguém.

Observei na aldeia quem tinha talento para desenho. Um jovem chamado Karron tinha o costume de desenhar nas pedras. Nós, inclusive, havíamos o abastecido com extratos vegetais que davam uma ótima tinta.

Mais um problema para ser resolvido. O extrato, sendo utilizado como tinta, precisava ter perenidade para que as chuvas não o apagassem. Precisava também durar muito. Onde registrariam isso? Nosso material de registro não suportaria a umidade e variação de temperatura do planeta. Além disso, como se abasteceriam no futuro sem nós?

Recebi uma transmissão de Clarion, que havia ido até o alto de uma montanha.

— Irione, estou fazendo registros da temperatura e do clima e cheguei à conclusão de que haverá uma grande seca. O que faremos para ajudar essa gente?

— Pensei em ensiná-los a cultivar.

— Concluí também pela análise do solo que depois haverá um grande ciclo de chuva. O rio que fica mais abaixo subirá muitos metros.

— Como sabe disso?

— Estou aqui a dez metros de altura, fazendo registros de materiais do rio, resíduos de peixes, não fósseis, mas de há uns 250 ciclos solares completos. Concluí que um ciclo novo está se fechando. Pode ser nessa contagem de tempo

— Se primeiro ocorre a seca e depois a enchente, fazendo a água chegar até essa altura, então, todos eles morrerão. Nem o velho mais velho sabe disso. O bom é que podemos concluir que estão aqui há não mais que esse período. Quanto durará a seca?

— Não sei, mas, se vamos ajudar, teremos de fazer algo já. Precisarão plantar acima disso, e devemos ajudá-los a desenvolver a técnica.

— Pensaremos em um modo à noite.

— Temos de ajudá-los a inventar uma escrita. Está se tornando urgente.

— Isso é o mais fácil, mas onde eles registrarão essa escrita? Imagine se tivéssemos os registros aqui nas pedras, como os desenhos de Karron. Eles seriam apagados, e de nada valeriam para as próximas gerações. Não são utilizadas tintas perenes para as pinturas nas pedras.

— Vamos pensar. Eles são inteligentes e poderão desenvolver o que os aconselharmos a fazer.

Clarion saiu da minha frequência, e eu abaixei-me. Peguei componentes do solo, mas tive de cavar um pouco. A camada de folhas secas tinha quase vinte centímetros.

Com um pequeno recipiente, recolhi vários níveis de terra. Precisávamos prever ou ao menos ter uma ideia de quanto tempo duraria a seca.

Na vegetação, havíamos encontrado árvores que, sem dúvida, tinham mais de 250 ciclos completos. Provavelmente, haviam resistido à última seca e à enchente que veio depois. O problema era fazer o povo acreditar em nós, e sabíamos que Chrospu iria jogar com a ignorância que trazia à tona a superstição da aldeia.

À noite, conversamos longamente sobre o problema. No dia seguinte, todos nós fizemos uma reunião com a aldeia toda. O velho mais velho estava em suas últimas horas. Fui conversar com ele para dizer-lhe que voltaria, pois, naquele momento, era comum que as pessoas tivessem, intuitivamente, relances de consciência de outras vidas.

O velho mais velho não falava mais. Olhei com o filtro e notei que o corpo astral dele já estava quase totalmente desacoplado do físico, que funcionava de forma precária. Praticamente só o coração pulsava ainda. Medi a pulsação; estava completamente fora do que deveria ser e a cada momento se mostrava mais devagar.

Chamei Clarion, e ficamos com o velho mais velho. A aldeia tinha o costume de ter medo da morte, pois o povo acreditava que ela era uma feiticeira e que levaria outros que a apetecesse. Crenças contraditórias.

Dorka e o homem que se tornaria o velho mais velho juntaram-se a nós. Ele, contudo, não tinha nada de sabedoria, aliás, estava em níveis altos de senilidade e em nada ajudaria a tribo.

Pouco tempo depois, o velho mais velho deu seu último suspiro. Alguns da tribo olhavam de longe, e só o mágico da tribo chegou perto. Acreditavam que ele poderia se proteger da morte.

O mágico da tribo usava amuletos contra a morte, coisas como dentes de animais pendurados por cipós ao pescoço. Isso também era uma forma de status, embora na arte da cura eles já estivessem se acostumando a pensar que era conhecimento. Diziam também que Dorka era a protegida dos deuses, que acreditavam sermos nós.

Conversávamos, mas era difícil fazê-los perceber claramente o que era e como era, por isso tínhamos muita paciência. A última coisa que o velho mais velho fez foi sorrir-nos. O plano espiritual, naquela escala, estava fora de nossa visão, sendo assim, não conseguíamos manter contato, embora no nosso plano isso fosse comum pelo alto nível de mediunidade e conhecimento de ambos os lados.

Saímos da casa em que o velho mais velho morava e vimos que Chrospu estava a poucos metros dali. Ele começou a gritar, acusando-nos.

— O velho mais velho não vai para o céu! Eles roubaram a alma dele!

— Chrospu, isso não é verdade, e você sabe disso.

— Os enviados do céu avisaram-me que vocês vão roubar a alma de todos.

— A aldeia não pode acreditar nisso. Nós curamos vocês e os ensinamos a curar. Dorka tem a capacidade de fazer e já está ensinando a Chrorum, que ensinará a outros e outros. São as ervas, não nós, que curam. Por que não aprende, Chrospu?

— Não quero nada de vocês e vou afastá-los de nossa gente. Como vocês me expulsaram de lá, vou vingar-me! Ou, então, me levem.

– Chrospu, você está confuso. Viemos aqui para dizer que haverá uma grande seca e depois uma grande chuva. Precisamos fazer algo, plantar nas terras altas.

— Não! Eu vivi na montanha, e lá há os espíritos maus. Se formos para lá, a morte levará a todos. Não deixarei que façam isso com minha gente. Sou o líder e vou mandar!

— Chrospu, você não pode estar falando sério. Olhe à sua volta; a mata está secando. Precisamos plantar urgentemente e o faremos de uma forma que a chuva não carregue tudo. Serão dias e dias de chuva após a seca. Vamos ajudá-los e ensiná-los a guardar alimento. Precisamos pensar nisso juntos.

— Não acredito em vocês. Não acredito e não deixarei que acreditem!

— O que ganharíamos com isso? Diga-nos.

— Eu acredito — disse o pai de Dorka. — Eles salvaram meu filho mais jovem, livraram-no da morte, foram mais fortes do que ela.

— Você será considerado traidor, e eu jogarei uma praga para que o menino morra — ameaçou Chrospu.

— Está confessando que é amigo da morte, então, se ela o ouvir é porque são amigos — rebateu o pai de Dorka.

— Provarei que eles não são deuses e que não podem mandar em nós. Quero ser o novo líder e provarei que posso.

Por sentir que muitos estavam em dúvida, pedi:

— Chrospu, pense melhor. Qual é a diferença de viver aqui ou na montanha? Pensem vocês também.

— A montanha é maldita. Vivi nela e me lembro disso.

Saímos, e Chrospu ficou falando à aldeia. Tive certeza de que ele estava com problemas mentais, talvez obsidiado, mas não podíamos auxiliá-lo, se ele não queria ser ajudado.

Quando fomos para a nave, pensamos no que poderia ser plantado e como poderia ser estocado. Não tínhamos mais essa técnica, e eu me lembrava vagamente de como era o processo. Recolheríamos amostras e as secaríamos ao sol. Depois, mediríamos seu valor nutritivo, o nível de toxidade etc.

Orin chegou, e a abraçamos. Estávamos com saudade dela, e notei no olhar de Rarun o quanto ele sentia falta de Orin. Notei também certa diferença nela, talvez cansaço. Perguntamos como estava o imperador:

— Consegui convencê-lo a sair ao sol. Acreditam que mandaram construir um pátio fechado só para isso? Os muros são tão altos que os raios solares só o iluminam por pouco tempo, e depois a sombra toma conta de tudo. Acredito que foi feito de propósito, para que ele não se curasse ou melhorasse substancialmente. Os dois conselheiros são o poder e não querem que nada disso mude, principalmente Deron.

O imperador ainda tem muito problema de depressão em alguns dias. Tive dificuldades de sair hoje. Ontem, o avisei de que iria ver minha família. Primeiro, ele deu ordens para que eu não fosse, mas insisti argumentando que, se éramos amigos, ele tinha de respeitar meus sentimentos e minhas necessidades. O imperador, então, quis que minha família fosse até lá, contudo, o convenci dizendo que não poderiam. Só depois disso tudo ele autorizou. Queria, contudo, que eu viesse com soldados para que nada me acontecesse.

— Como você fez para sair sem os soldados?

— Convenci o imperador de que era somente uma serva, sendo assim, por que me fariam mal? Existiam muitas outras, e eu não tenho dinheiro para ser roubada nem vestes que valham a pena. Ele sorriu-me e afirmou que iria pagar-me mais e cobrir-me de ouro.

— O que você fará se isso acontecer? As coisas que eles usam penduradas iriam pesar e cansá-la mais nessa atmosfera tão densa — observou Rarun com certo ar divertido.

— Convenci-o de que não queria dizendo que não apreciava, mesmo assim, ele deu-me muitas moedas. Gostei. Mal saí do palácio, fui até o beco dos pobres e as distribuí por lá. A cada vez que saio do palácio e passo por esse local, preciso ir com o rosto coberto para não ser reconhecida. Do contrário, como poderei explicar-lhes que não tenho as mesmas necessidades que os demais?

— Aliás, ouvi um boato de que uma deusa vestida de escrava e com o rosto coberto tem ido ao beco dos pobres e os alimentado com a próprias mãos — comentou Rarun.

— O que é o beco dos pobres? — perguntei curioso.

— Um local onde os que não têm bens ou base de troca vivem. São os marginalizados da sociedade. Aliás, vou precisar de vocês, pois muitos estão doentes e não podem trabalhar ou não têm recursos para procurar ajuda — disse ela referindo-se a mim e a Clarion.

— Você precisa tomar cuidado, Orin. Se os que realmente governam perceberem que o imperador está melhorando, você será retirada da presença dele — observou Rarun preocupado.

— Eu sei, mas ele vive tão abandonado que quase ninguém o visita. Além do mais, depois que passei a cuidar do imperador sem ficar reclamando, eles se sentem aliviados. Nem o médico tem ido mais vê-lo; só os dois escravos que o banham continuam a fazê-lo de má vontade.

"Outro dia, o imperador conseguiu comer sozinho, os exercícios têm enrijecido mais a musculatura. É um trabalho demorado, e sei que às vezes dói muito. O fracasso o deprime. Quando tentou levantar-se sozinho e não conseguiu, entregou-se à depressão de tal modo que deixou de fazer o que já fazia. Não queria que eu o exercitasse mais e parou de exigir do corpo denso. Foram necessários muitos dias de convencimento para que retornássemos às atividades físicas. Curiosamente, depois que conseguiu comer sozinho, com a coordenação motora quase precisa, sentiu-se tão feliz que fiquei com a impressão de que no outro dia iria andar. Não aconteceu, pois o impedimento é físico. Não sei se o fará novamente, mas lhe dará muita confiança. Não minto a ele, mas lhe digo que tenho esperanças e realmente tenho. Sou sincera."

— Quem o substituirá em caso de morte, já que ele não tem herdeiros?

— Mudará de dinastia, por isso os sucessores o querem vivo. Até lhe protegem a vida, desde que se mantenha afastado do governo. Eles sabem que, em uma nova dinastia, perderão o cargo e talvez até seus corpos. Outra coisa, não durmo mais no quarto das escravas; durmo agora em um cômodo contíguo ao do imperador. Há uma porta para o corredor e para os aposentos dele. Sou obrigada a mantê-la entreaberta, por isso preciso dormir sem o traje aclimatado. Fiquei sem intimidade e tenho passado muito calor. Preciso também ficar deitada por horas.

O imperador sofre de insônia e me manda para cama. Sou obrigada a ficar lá nas horas previstas que teria de dormir.

"Quando ele dorme, levanto-me, mas não posso sair. Guardas ficam de plantão no fim do corredor, e não posso levar nossa literatura. Pessoas limpam e asseiam o quarto, sem, no entanto, verem o imperador. Sofro de tédio."

Rarun sorriu e comentou:

— E eu de saudades. Vamos nos recolher.

— Vamos.

Eles nos cumprimentaram e saíram. Olhei para Clarion e depois para Aradie. Algo em seus olhos me fez deduzir que ele estava pensando em Trion. Sugeri:

— Poderíamos ir visitar Trion. Ela não gosta muito, mas somos seus amigos. O que acha, Aradie?

— Não sei. Vou ao laboratório; tenho análises a fazer.

Aradie retirou-se, e deduzi que ele amava Trion, mas ela não o amava na mesma proporção.

Na manhã do dia seguinte, falei com Rarun. Naquele dia, não poderíamos ir, pois Rarun precisava levar Orin para o trabalho.

No outro dia, fomos procurar Trion. Desta vez, decidi acompanhá-los, mas Aradie preferiu ficar perto da praia. Fomos nós três. Volitamos um pouco e, logo depois, fomos obrigados a caminhar. Clarion repetia brincando:

— Pezinho atrás de pezinho, pezinho atrás de pezinho, como isso cansa!

— Você está fora de forma. Vamos voltar aos nossos primórdios — respondi.

— Estou temendo por Trion — comentou Rarun preocupado.

— Nada pode ter acontecido a Trion que ela mesma não tenha permitido — observei.

Não andamos muito mais que isso, e logo homens armados com longas hastes pontiagudas barraram nossa passagem.

— Queremos falar com Trion; ela é nossa amiga e está com vocês. Já estivemos aqui, lembram-se? Não faz muito tempo — falou Clarion.

— Ela nos disse que vocês voltariam e que a incomodam.

Nós não acreditamos nisso e pedimos:

— Levem-nos até Trion, por favor. É importante que falemos com ela. Vocês devem ter entendido mal.

— Não! Ela nos disse da própria boca: "Quando os homens que brilham e o homem com cabeça de esfera vierem, não os deixe chegar perto".

Transmiti:

"Trion não se referiria a nós assim, não é possível. Ela também sabe que essas armas não nos atingem. Há algo muito errado aqui."

"Não consigo comunicar-me com ela. Sinto Trion perto, mas ela está bloqueada", transmitiu-nos Clarion.

"O que vamos fazer?"

"Ir", transmitimos quase ao mesmo tempo.

Volitamos acima da cabeça deles, mas os homens não se assustaram, ao contrário. Tentaram nos ferir com as armas, jogando-as com a parte pontiaguda voltada para nós. Desviamo-nos facilmente e volitamos até a aldeia, que não estava longe dali. Pousamos cansados pelo esforço bem em frente a uma das moradias, a maior delas.

Todos nos olhavam. Rastreamos Trion e novamente a sentimos por perto. Conseguíamos sentir que algo estava errado, muito errado. De repente, fomos cercados por homens fortes, que, como os outros, carregavam aquelas hastes pontiagudas, as armas. Deduzi que elas poderiam ser bem úteis para caçadas, principalmente de animais que atacavam, pois os mantinham a uma distância segura se fossem atacados de volta.

— Queremos falar com Trion. Ela é nossa amiga e terá prazer em nos receber — repetimos bem alto.

Ninguém respondeu nada. Ficamos como estávamos para perceberem que não iríamos sair dali sem vê-la. Um homem alto, forte, de musculatura exuberante, saiu da moradia grande, aproximou-se de nós, e senti que ele era, provavelmente, um dos líderes ou o único. Não sabíamos que tipo de sociedade era aquela, já que não havíamos lido nenhum relatório de Trion. Ela não nos tinha enviado nenhum.

— Você é o líder? — perguntou Clarion.

— Sou! Mando em tudo por ordem dos deuses.

— Viemos para ver nossa amiga. Poderia permitir que a víssemos? — pediu Clarion educadamente.

— Não! Ela não quer vê-los.

— Ela está aqui com vocês ou está em outra parte?

— Aqui, comigo. Na minha casa.

Transmiti: "Não é possível que Trion esteja a poucos passos de nós e não queira nos ver. Há algo fora do controle dela. Trion nos é um tanto hostil, mas duvido que fizesse algo assim".

"Sem dúvida", respondeu Rarun.

Clarion transmitiu:

"Acredito que esteja drogada de alguma forma. Sinto que está pedindo socorro."

No mesmo instante, nós três demos um passo à frente. Os homens armados tentaram nos segurar, mas passamos por eles. Também não ficaram assustados, pois estavam preparados para nós — e muito bem preparados.

— Não vão entrar! — gritou o líder.

— Desculpe, mas precisamos ver nossa amiga. Se nos impedir, teremos de ir contra o que acreditamos: influir em seu livre-arbítrio.

Entramos, mas eles continuaram a tentar nos impedir. Trion estava deitada em um local feito de capim seco, com flores em volta, semiconsciente.

"Como eles conseguiram fazer isso?", transmiti intrigado.

— Vamos levá-la daqui, agora — afirmou Clarion ao líder.

— Não vão! Não quero e não permito!

— Desculpe, mas não pode nos impedir. Se não a levarmos, o ciclo de vida dela pode ser interrompido.

— Ela não vai! Deusas não morrem!

— Ela não é deusa e poderá, sim, sofrer o que vocês chamam de morte. Poderá também ficar perdida fora de seu mundo natural — aleguei.

Rarun pegou-a nos braços, mas tínhamos um problema: não conseguiríamos volitar carregando-a, não naquela atmosfera. Teríamos de andar, e eles tentavam impedir nossa passagem. Não poderíamos feri-los de forma alguma, então, um conflito instalou-se: o que faríamos?

Pedir para Aradie trazer a nave? Não havia espaço para pousar entre as moradias, pois isso poderia ferir alguém. Falei ao líder:

— Fico no lugar dela.

— Não! Quero ela!

— Sou cientista e posso ensinar-lhe curas com ervas.

— Que tipo de ervas? Aquelas que podem me dar magia e poder?

— Não. Aquelas que podem curar, trazer alívio e lhe dar o poder de cura.

Ele ficou me olhando, olhando, enquanto Rarun mantinha Trion nos braços.

— Está bem. Não sei se estão falando a verdade; ela também afirma não ser uma deusa. Não quero que ela vá ao mundo dos mortos.

— O que deram a ela?

— Bebida de dia de festa — disse ele com certo ar de superioridade.

— Cuidaremos dela. Nas amostras de sangue, deduziremos — comentou Clarion realmente preocupado.

"Deveríamos ter trazido um especialista em medicina. Vão! Vou ficar, mas venham visitar-me", transmiti.

"Lógico", transmitiu Clarion divertido.

Eles saíram, e os homens ficaram segurando-me. Enquanto me seguravam, não podiam preocupar-se com Rarun carregando Trion. Sentíamos que o líder está em dúvida e poderia mudar de ideia a qualquer momento.

— Sente-se, agora! — gritou o líder.

Sentei-me no lugar onde Trion estivera deitada havia poucos minutos e lembrei-me de que não trouxera o suco alimentar. Não sabia também onde estava o estoque de Trion, então, transmiti a Clarion que levasse um carregamento para mim assim que pudesse. Ele confirmou que recebera a transmissão e que providenciaria no dia seguinte.

O líder ficou olhando-me, tocou-me sem medo, enquanto eu tentava avaliar o que Trion havia feito. Eles realmente tinham se acostumado conosco sem sustos, e nós ainda não havíamos conseguido isso plenamente na aldeia ao norte. Conversavam conosco, relacionavam-se, mas sempre registrávamos um pouco de medo na maioria deles, principalmente entre os idosos.

— O que deram a ela para que ficasse naquele estado?

— Você é nosso prisioneiro, e eu sou o líder. Não falo o que não quero.

— Você não nos teme. O que ela lhes disse?

— Que vieram de outro mundo. Sei que existe outro mundo. Foi de lá que viemos também, como já diziam os primeiros da tribo, no tempo de antigamente, antes do nascimento do mais velho dos velhos da tribo que a originou.

— Poderia contar-me? Queria saber.

Ele sentou-se, e roguei-lhe que me relatasse, mas o líder da aldeia ficou em silêncio; parecia agitado e ansioso. Depois, levantou-se e saiu. Fiquei sentado na cama, rodeado por vários homens armados. Tentei sondá-los, mas nenhum falou.

Fui até a entrada e fiquei observando o movimento das mulheres e das crianças que corriam pelo pátio. Olharam para mim sem curiosidade e perguntei-me: “Será que vieram de outro planeta também? Mas, se vieram, teriam uma cultura maior para poderem viajar pelo universo”.

Não. Com certeza, ele falara de outro continente. A palavra “mundo” para eles provavelmente se referia somente ao que eles conheciam ou estimavam existir.

Sentei-me na entrada, e os homens armados mantiveram-se ao meu lado. Percebi que eram muito disciplinados, pois havia momentos que pareciam estátuas.

O dia foi passando, a tarde chegando, a noite se fazendo presente, e eu experimentando o que Orin havia chamado de tédio, o não fazer nada. Eles podiam não perceber, mas para nós isso era puro castigo.

Capítulo 11

No dia seguinte, logo pela manhã, os outros três vieram à nave e trouxeram-me alimento. Já estava com um pouco de fome, apesar de termos o costume de comer somente pela manhã e à noite, que, naquele planeta, consistia em um ciclo de doze horas.

Perguntei a Clarion o que tinham detectado em Trion, e ele me respondeu que ela havia bebido ou sido obrigada a beber algum extrato de planta que lhe causara um tipo de intoxicação, mas em dois ou três dias estaria bem.

— E o que querem com você? — Clarion perguntou-me um tanto preocupado.

— Não sei. Fico na moradia, posso caminhar até a abertura, afastar-me um pouco e nada mais. Não falam comigo nem me olham. Teve dificuldades para chegar e falar comigo?

— Não. Dificuldade, não, mas tive de pedir ao chefe. Avisei-o de que você poderia ficar tão doente como Trion, e ele, por fim, permitiu.

— Ela já está consciente?

— Sim, mas um tanto tonta, desconexa. Precisamos esperar que o próprio organismo se livre da toxina.

— Ela ao menos está mais simpática? — Brinquei.

— Não sei. Quase não nos falamos. Ela nem sabe que você está aqui. Estou indo, Irione. Bom divertimento.

— Engraçadinho! Obrigado.

Clarion saiu, e fiquei olhando em direção à praia. Vi quando a nave subiu pelos reflexos coloridos e pensei: "Estou com saudades de casa. Como minha mãe estará?".

— Entre, quero falar com você. — O chefe da aldeia dirigiu-se a mim em tom de ordem.

Entrei em silêncio, sentei-me e logo depois ele também se sentou. Olhou-me longamente, e senti-o preocupado.

— Como está a mulher que brilha? Ela vai morrer? — perguntou.

— Não. Temos um certo nível de resistência, mas ela ainda está semiconsciente. Poderia me dizer o que aconteceu? Isso iria ajudá-la e a nós também.

O chefe da aldeia ficou olhando-me, quieto, e tornei a pedir. Ele olhou para os homens armados dentro da moradia e ordenou que saíssem. Esperou, e eu tive certeza de que ele queria segredo, pois abaixou o tom de voz.

— Sou o grande chefe de todos os homens, e toda essa terra é minha. Somos os homens que a herdaram. Foi ensinado a mim que um grande chefe não pode ter covardia. Sou corajoso e tenho a obrigação de proteger minha gente.

— Consigo entender, mas o que Trion tem a ver com isso? Ela não lhe disse que é de outro lugar bem distante? Que não quer roubar-lhe nada e que estamos aqui só para estudar?

— Disse, mas não entendi.

Sorri. Provavelmente, eu estava cometendo o mesmo erro quc Trion: querer que eles entendessem necessidades que eram nossas, não deles.

— Como ela ingeriu o que lhe fez mal?

— Eu dei a ela.

— Ela deve ter lhe dito que não podia beber seja lá o que for.

— Todos bebem. Faz bem, nos deixa fortes e com olhos aguçados e reflexos rápidos. Não acreditei, mas não queria matá-la. Só mato animal e inimigo. Ela não é animal nem inimigo.

— Entendo, mas ainda me pergunto por que ela bebeu isso — perguntei mais a mim mesmo do que a ele, que voltou a ficar em silêncio.

O chefe da aldeia levantou-se, deu uma volta pela moradia, foi até a porta e olhou o terreno à frente. Algo estava incomodando-o muito. Esperei, e ele voltou a falar:

— Quando estava caçando, vi um brilho na floresta. Como sou o chefe, fui na frente, pois nada pode existir sem que eu saiba o que é. Sou o protetor e líder dos guerreiros. Não posso ter medo — repetiu quase para si mesmo. — Com minha arma em punho, caminhei. Vi aquele brilho na floresta, como se uma estrela tivesse caído. Cheguei perto, vi cabelos e corpo. Gritei com a coisa brilhante: "Quem é você e o que faz em minha propriedade?".

Ele fez uma ligeira pausa e continuou:

— O vulto cresceu, olhou-me e sorriu. Estranhei. O que podia ser aquilo? Ele, então, me disse: "Sou uma estudiosa, vim de longe e não vou fazer-lhes mal". Perguntei onde morava, e ela novamente sorriu. Outros guerreiros aproximaram-se, senti medo neles e pedi que não sentissem. Eu mesmo não a temia mais. Ela disse: "Fiz meu acampamento logo ali em cima. Não quero intrometer-me em sua sociedade, mas também não quero que tenham medo de mim. Não vou feri-los e nem posso, entendem?".

"Fiquei olhando para aquele ser. Não sabia se era homem, mulher ou bicho. Procurei chifres, garras, e pedi para ver-lhe as mãos. Ela esticou as duas, e eu as toquei. Estavam frias. Perguntei:

"— Sente frio?

"— Não. É minha temperatura, e não sou brilhante. Brilhante é a minha roupa, que é feita de um tecido que reage aos reflexos desse sol.

"— Não acredito. Tire-a, então — ordenei.

"Os guerreiros estavam ao meu lado, e questionei: 'Que Deus poderia criar tal ilusão para se divertir?'. No entanto, eu a toquei, e ilusão não tem corpo. Tornei a ordenar que ela tirasse o traje para eu ter certeza de que era gente."

— Ela tirou? — perguntei só por curiosidade e para romper o silêncio em que ele mergulhara novamente, pois eles mesmos andavam quase nus, e eu tinha certeza de que Trion o fizera.

— Sim. Ela abriu a frente da roupa e tinha corpo... corpo de mulher, a mais linda que já vi. Pele branca, quase rosa... fiquei estarrecido. Ela me pediu permissão para fechar o traje novamente, e permiti. Arrependi-me de ter lhe pedido para se despir na frente dos outros. Era uma deusa; não precisava ter me obedecido.

— Vocês andam quase sem vestimenta, então, por que ficou embaraçado?

— Fui arrogante, e ela, humilde. Além disso, os outros guerreiros a olhavam, e vi neles o que eu mesmo sentia: o prazer de ver a extrema beleza em uma mulher, que deveria ser proibida aos nossos olhos. Desejei-a e soube naquele momento que os outros também a desejavam.

— Não somos deuses; somos diferentes, só isso — afirmei.

— Eu a trouxe para cá, e ela veio obediente. Todos a olhavam, homens, mulheres e crianças. Ela sorria, e alguns começaram a chamá-la de Orichana, "mulher que brilha". Perguntei várias vezes se ela era deusa, e várias vezes negou.

"Ela ficou aqui e sempre foi gentil com todos. Ninguém tem medo dela. Contou-nos histórias de um outro mundo, longe daqui, de onde ela veio. Disse-nos que alguns parecidos com ela viriam visitá-la e, um dia, buscá-la. Os guerreiros ficaram felizes, pois adorariam ter esposas que brilham. Ela sorriu, disse-lhes que os outros eram homens e não queriam ser desposados. Todos riram.

"Pressenti que haveria disputa por ela, que lhes pediu que nao brigassem e conversou comigo. Mulher não tem juízo bom, mas ela tem. É inteligente e ensina-me coisas. Quero casar-me com Orichana. Pedi, mas me respondeu que não poderia.

"Quis tirá-la de seu juízo e que ela dividisse a noite comigo, pois, sendo minha, teria de se tornar minha esposa. Eu ordenaria na frente de todos que me obedecesse."

— Chefe, você me disse que a bebida não fazia mal e que os deixava dispostos... — questionei.

— Nunca fiz isso. Nunca dei a ela a bebida que lhe tiraria o juízo; foi só um desejo. Não àquela mulher. Eu disse que quis, mas não fiz nem faria. Desejava que ela viesse a mim com sorriso, como faz com todos. Todos a amam: mulheres, crianças, velhos. Dizem que ela tem mãos milagrosas, que tiram a dor das pessoas e aliviam a dor nos ossos dos velhos. Não chora, não grita, não tem medo.

— Chefe, você ainda não me disse como ela tomou essa bebida.

— Eu lhe dei a bebida e pedi que, pelo menos uma vez, ela fosse como nós. Era dia de festa.

Tornei a pensar. Trion não tomaria a bebida, pois lhe seria tóxica. No entanto, ele parecia-me sincero. Discretamente e um tanto embaraçado, contou-me que a amava.

— Chefe, por que está me mantendo preso?

— Eu a quero de volta, não vou deixá-la partir. Ela não voltará ao mundo dela. Veja! Todos aqui a amam! Sei que será feliz conosco. Eu a farei feliz, trarei tudo o que ela quiser. Sou o chefe e posso.

Fiquei quieto, pois isso não existe. Ninguém pode ser tão poderoso para dar tudo o que alguém precisar. Coisas materiais talvez, mas só isso não supre ninguém.

Voltamos a ficar em silêncio. O chefe foi novamente até a abertura e ficou olhando o pátio. Eu podia ouvir as crianças correndo e brincando, e ele voltou a falar:

— Meu coração dói quando olho para cá e não a vejo. Ela me disse que não é casada. Não sei por que, então, alega não poder ficar conosco. Ela está neste mundo agora, pertence a ele. Um dia, meu avô, um homem sábio, me disse: "Neto, quando você crescer e seu coração doer por alguma mulher, é porque ela é sua. Os deuses determinaram assim". Ela veio para mim, eu a achei na floresta. Só o deixarei ir quando Orichana voltar.

— E se ela não voltar?

— Voltará, senão você nunca mais irá para casa. Meu coração dói, e o seu também doerá.

— O dela também doerá se ficar aqui, pois ela não pertence a este lugar.

— Suprirei essa dor, lhe darei filhos. Os filhos suprem todas as dores das mulheres. Se não é deusa, está ao meu alcance.

Só os deuses fogem ao alcance dos homens — completou ele saindo.

Logo depois, os homens armados voltaram. Novamente, preocupei-me com Trion. Como ela entrara em tal enrosco? O chefe a amava e muito. Eu podia sentir que ele não queria fazer-nos mal, mas lutava para que Trion voltasse ou que minha presença ali pelo menos mantivesse essa esperança.

Levantei-me e fui até a abertura. Sentei-me e fiquei observando o movimento da tribo. Mal sabiam eles que uma parte, provavelmente de mesma origem, morava mais ao norte. Perguntei a um dos que me guardavam:

— Como vocês vieram parar aqui? Há alguma lenda sobre isso?

Nenhum deles respondeu, então me calei. Uma criança de tranças longas aproximou-se, tocou-me e saiu correndo. Sorri-lhe.

Outras vieram, tocaram-me e também saíram correndo. Talvez brincassem com o medo. Chamei-as para conversar, e algumas sentaram-se a alguma distância. Outros acomodaram-se bem ao meu lado e perguntaram-me:

— Homem que brilha, você é casado com Orichana?

— Não, somos cientistas. Isso quer dizer que estudamos as coisas.

— Um guerreiro também estuda as coisas, pois tem de ser esperto. Quando eu crescer, serei um grande guerreiro. Matarei inimigos, caçarei grandes animais — disse um garotinho com ares de corajoso.

— Vocês têm inimigos aqui? Não tenho registros de nenhum.

— Meu pai diz que precisamos estar preparados, pois, um dia, um povo virá de longe para nos combater.

— Você sabe que povo é esse e de onde virá?

— Sei. Não será o povo que brilha, o chefe disse isso quando queriam caçá-los. Orichana é boa; fez o dente de meu avô parar de doer. Ele, que gemia de dor, lhe deu um presente de tão aliviado. Você também pode fazer a magia de fazer a dor desaparecer? É uma grande magia.

— Sim, se for necessário. O que mais vocês aprendem aqui?

— Aprendemos a olhar para o céu e ver o que ele nos diz, para não nos perdermos nas noites escuras. Ir às águas do grande rio sem sermos arrastados.

— Vocês são espertos — afirmei sinceramente, e, pouco depois, muitos deles estavam reunidos ao meu lado e completamente à vontade.

— Poderia nos contar histórias de seu mundo? Orichana nos conta. Ela vai voltar?

— Não sei. Ela está doente. O que ela lhes conta?

— Outro dia, ela nos contou — e eu me lembro bem disso — que há muitas estrelas onde pessoas moram e mencionou que, muito antigamente, ela foi uma mulher muito malvada, que acreditava ter importância. Hoje, no entanto, ela não é mais assim. Disse-nos que está crescida e que ninguém é mais importante do que ninguém. Contou-nos também que o espírito não morre e que nasceremos novamente, cada dia melhores. Falou-nos que o espírito se afasta do corpo quando este está velho e cansado e renasce em um corpo novo, forte. É assim que o espírito que nunca morre realiza conquistas e aprende os segredos do mundo e a curar.

— Eu serei um grande guerreiro e, quando o povo do outro mundo vier, matarei todos eles. Jurei ao meu avô que faria isso — retrucou um garoto mais crescidinho, com não mais que nove ciclos não completos.

Sorri; ele não tinha alcance para pensar por si mesmo. Percebi que as crianças eram bem recebidas e tinham prioridade sobre todos, passo muito acertado para a evolução.

— O que mais ela lhes contou?

— Contou que tudo o que podemos ver e que não vemos é formado de pequenos pedaços, tão pequenos que não são visíveis aos olhos, mas, juntos, ficam grandes. E que esses pedaços têm composições — por isso a variedade das coisas — e há plantas de cores e formas diferentes como nós. Que algumas podem matar e outras curar. É verdade?

— Sim. São partes pequenas que se unem de diferentes formas. Ela lhes disse o nome?

— Não, não disse.

— Disse, sim. Eu me lembro — retrucou um outro.

— O nome não tem importância, pois é só denominação. O importante é que vocês saibam disso — falei para apaziguar os ânimos, pois começaram a discutir entre si.

Conversando com eles, percebi que eu queria ter filhos, que eles me traziam prazer. Prazer pela convivência, por nos dar a chance de redimir imperfeições e fortalecer laços. Lembrei-me de uma vez em que perdi um filho, da dor que senti, como se parte de mim tivesse sido extraída sem anestesia. Lembrei-me também do tempo que levei para recuperar-me e que a causa principal de toda aquela dor tinha sido a falta de fé de que a vida continuava e era como uma viagem, nada mais.

— Homem que brilha, você parece triste — comentou de repente uma jovem, que se juntara a nós e não deveria ter mais de quinze ciclos.

— Impressão. E não me chamem assim. Meu nome é Irione.

As crianças caíram na gargalhada, pois acharam meu nome muito engraçado. Deixei-os se divertirem, enquanto repetiam meu nome brincando. Pouco tempo depois, um deles me perguntou o que significava.

— Não sei. É só uma combinação de letras que soa bem em minha língua.

— Sem significado?

— Sim.

— Que coisa esquisita. Nossos nomes têm significado.

— O que significa o seu? — perguntei curioso.

— Olhos brilhantes. Minha mãe me contou que, quando eu era pequena, meus olhos brilhavam como os de uma onça.

— O meu é Flecha Rápida. Serei um guerreiro e matarei muitos — repetiu aquele que queria ser guerreiro. Ouvindo-o, pensei: "Somente uma criança em todos os sentidos. Só uma criança é capaz de pensar que interromper o ciclo de alguém lhe trará lucro".

Novamente, começaram a discutir entre si, e fiquei em silêncio. O chefe aproximou-se, e todos eles saíram correndo.

— Crianças falam demais e às vezes aborrecem — comentou.

— Não, se você puder entender o significado delas e sua importância.

— Sei da importância delas, mas não vim aqui para discutir isso. Quero saber se pode trazer Orichana de volta.

— O nome dela é Trion, e você sabe disso.

— Não gosto do nome dela. Parece de alguém distante, e eu a quero perto de mim — respondeu.

— Estou longe, por isso não consigo contato. Hoje de manhã, quando meu amigo veio, ela ainda estava doente.

— Não quero que ela morra — falou o chefe autoritariamente.

Percebi que essa postura era pose, pois exigia-se dele que fosse o mais forte e corajoso. Notei, contudo, que ele era um ser gentil e amoroso e pensei em como se sentiria se realmente precisasse lutar e matar alguém. Eu tinha certeza de que ele estava acima desse nível evolutivo.

— Grande chefe, como seu povo veio parar aqui?

Ele olhou-me em silêncio. Sempre ficava de pé e manteve-se assim. Colocou as mãos para trás, as pernas ligeiramente abertas, as costas e a cabeça totalmente retas. Depois de alguns instantes, começou a narrar:

— Conta-se que, antes dos avós de meus avós e de essas florestas nascerem, houve um povo de longe que não queria mais que se cometessem erros, contudo, havia os que insistiam neles. Então, um grande conselho formou-se e decidiu que aqueles que queriam permanecer no erro iriam para um mundo em que todos ainda erravam.

"Nesse mundo ainda havia gente para nascer e coisas que se tornariam humanos. O povo que errava foi feliz para lá, pois poderia errar sem ter de lidar com a reprovação dos outros.

"Foram distribuídos em muitos locais da grande terra, e, depois que vieram, alguns perderam a felicidade de antes. Perceberam que estavam errados e queriam parar de errar para voltarem às suas origens. Era, contudo, tarde demais, pois aqueles que os haviam deixado nesse mundo já tinham partido, e assim, eles, sem solução, tiveram de ficar.

"Meu povo veio junto. Meus antepassados foram aqueles que erraram e tiveram de mudar."

Olhei-o surpreso. Isso, com certeza, era correto, mas eu não tinha como calcular se vieram do meu planeta nem a que sistema pertenciam. O universo é infinito, e as viagens e a comunicação entre planetas são tão antigas quanto eles.

Quando uma sociedade avança, é comum que aqueles que não queiram se regenerar sejam levados a mundos em que possam aprender e alavancar, dependendo sempre de suas próprias escolhas e de seu livre-arbítrio.

— Não sei se entendo isso. Orichana me explicou. Se ela estiver certa, arrependo-me de não ter evoluído como os outros que ficaram, e isso me deixa muito triste. Talvez eu não estivesse no nível dela.

Percebendo que falara demais, ele, embaraçado, retirou-se rapidamente.

Fiquei quase três dias com eles. Muitos guerreiros — como eram chamados na aldeia — seguiam-me para onde quer que eu fosse. Eu conversava com as crianças, com alguns adultos, mas não podia afastar-me muito daquela moradia. Os guerreiros tinham ordens de não falar, mas às crianças era tudo permitido.

Percebi por intermédio delas que Trion partilhava, de forma que entendessem, muitos conceitos científicos e sobre nosso estilo de vida e evolução.

No quarto dia de manhã, ouvi um alvoroço de vozes. Muitos corriam, principalmente as crianças, sempre com muito mais energia para isso.

Fui até a abertura e olhei. Trion vinha sorrindo, brilhando com seu traje — criando um contraste com a pele morena e os cabelos negros das pessoas da tribo — e os abraçava.

Senti que era como se ela estivesse voltando para casa, pois refletia felicidade. As crianças e algumas mulheres repetiam felizes: “Orichana voltou!”.

Não vi Clarion, Rarun ou Aradie e imaginei que estivessem na nave. Um tanto longe da cena, o chefe olhava para Trion, e senti emoção nele. Sem dúvida, estava apaixonado por ela, e tive certeza de que ele queria correr para abraçá-la, como os outros estavam fazendo. Ela veio até a mim e disse:

— Pode voltar. Estarei bem entre minha gente.

— Você não pertence a este lugar. Por que diz isso?

— É problema meu, Irione. Você deve ter sido muito bem tratado, não foi?

— Fui.

Ela olhou para o chefe, e a expressão de amor dele aumentou. Tive certeza de que ele não iria resistir a abraçá-la, mas não o fez; manteve as mãos entrelaçadas às costas. Olhei-a e não consegui observar nada, só o prazer de estar de volta. Ela voltou-se para mim e disse:

— A nave o espera; está na praia.

— Trion, não os iluda. Eles não merecem, e não podemos fazer isso.

— Não estou fazendo isso. No momento, prefiro ficar com eles. Qual é o problema?

— Nenhum.

Fui até o chefe falar-lhe. Mesmo sentindo que eu estava me aproximando, ele não parava de olhá-la intensamente.

— Chefe, ela está de volta como queria.

— É castigo dos deuses colocar um sol como gente. Ele dá o prazer do brilho, nos aquece e nos queima, nos causando dor — comentou ele.

— Chefe, tudo tem uma explicação lógica. Não há maldade nos deuses. O objetivo é o crescimento.

— Você fala como ela. Que segredos têm que eu não sei?

— Saberá. Não se preocupe. Quando estiver pronto para entender, saberá. Foi um prazer ter ficado com vocês.

— Como pode ter sido um prazer ficar conosco, se era prisioneiro?

— Não fui, pois não me senti assim.

Ele sorriu-me em desconforto e foi em direção a Trion, que continuava cercada por muitas pessoas. Durante aqueles dias, calculei que havia na aldeia cerca de duas mil e quinhentas pessoas e cheguei à conclusão que viviam ali há muito mais tempo que o povo da aldeia ao norte. Pareciam mais adaptados, tinham mais utensílios e trabalhavam o barro.

Dei adeus a eles e saí. Muitas crianças me acompanharam por um bom trecho da floresta e depois voltaram, como se soubessem até onde poderiam ir sozinhos sem se perderem.

Não volitei; fui andando até chegar à nave. O primeiro que vi foi Rarun.

— Seja bem-vindo — cumprimentou-me.

— E Clarion, Aradie?

— Ficou. Outra vez, está havendo um surto de febre entre o povo do norte, então, montaram um laboratório provisório em uma das moradias.

— Mal faz três dias que saí de lá.

— Nove pessoas estão doentes e apresentando os mesmos sintomas. Podemos ir?

— Claro, mas me conte por que Trion bebeu algo que sabia que não poderia ingerir.

— Ela não disse. Aliás, não disse nada e não está totalmente recuperada. Clarion fez uma análise celular e concluiu que Trion ainda apresenta níveis de toxidade, que estão sendo controlados pelo próprio organismo.

— Rarun, você acredita que ela deseja viver com eles definitivamente?

— Não, espero que não. Não há regressão. Como ela explicaria que seu ciclo de vida é mais longo que o deles? O chefe está apaixonado por ela.

— Lamento por ele — comentou Rarun, enquanto fechava a porta e levantávamos voo.

— E Orin?

— Está com problemas. Corre um boato entre o povo de que uma feiticeira veio de longe para cuidar do imperador.

— O povo não sabe que ele está doente.

— Pensam que é para torná-lo mais forte, insuperável, imortal. Mal sabe o povo como ele luta para ter o mínimo de mobilidade. Creio que esses boatos tenham sido criados pelos próprios conselheiros para afastar a ideia de um imperador fraco, doente, e aumentar o medo e o domínio sobre o povo.

Assim que pousamos, segui direto para a aldeia e também fui recebido com carinho. Senti, contudo, que entre alguns ainda havia desconfiança. Procurei Clarion e o encontrei em uma moradia que certamente tinha sido construída às pressas. Ele sorriu e transmitiu-me:

"Como vai nosso prisioneiro?"

"Ótimo. Vejo que você está tendo problemas."

"Sim, há um surto de febre. Já isolei o micro-organismo que o provoca, mas não sei qual é a origem dele. Não existe no ar ou nas poucas vestimentas que usam. Capturei alguns insetos voadores e estou analisando-os. Verifiquei que muitos deles têm hospedeiros."

"Essas pessoas tomam banho nos rios todos os dias. Será que esses micro-organismos não vêm da água?"

"Não, ele não existe no aparelho digestivo; esta foi a primeira coisa que analisei. Começou com um caso isolado e, no outro dia, já eram três. Agora já são nove."

"Conversou com os doentes para verificar se existem pontos comuns de comportamento?"

"Não encontrei. Tenho controlado a febre. Irione, como Dorka é inteligente, ela quase o substituiu", brincou ele.

"Sou um excelente mestre", respondi no mesmo tom.

Decidi ir ao local onde, por prevenção, Clarion isolara os pacientes e novamente lamentei não ter requisitado um médico para a expedição.

Entrei, e Dorka estava lá com Chrorum, um jovem de nível alto de inteligência e um espírito adiantado em relação aos outros da aldeia.

Ao me ver, Dorka aproximou-se sorrindo, abraçou-me, e eu a abracei de volta. Percebi, então, que havia sentido saudades deles.

— Você está bem? Clarion disse que estava trabalhando ao sul.

— É verdade, mas voltei. Vou ajudá-los. Como estão os níveis de febre?

— Clarion me deu isso aqui. Pediu-me que colocasse na testa de cada um e, quando mudasse de cor, o chamasse.

Olhei para o objeto a que ela se referia. Clarion havia recriado um termômetro do tipo ultrapassado em nossa civilização, mas que ali teria uma utilidade ímpar. A febre estava sendo controlada por meio de sumos de plantas e as dores no corpo com plantas que tinham efeito analgésico. Era, contudo, necessário tomar cuidado com a quantidade ministrada, pois poderia matar alguém. Só confiávamos essa responsabilidade àqueles dois.

Tentei conversar com os doentes, mas não consegui. Estavam sonolentos devido às poções. Em uma rápida olhada, percebi que o número de enfermos passara de nove para dez, e não tínhamos ideia do quanto isso poderia se alastrar.

Pensei em conversar com o recém-chegado, mas ele, embora estivesse medicado, ainda ardia de febre. Certamente, não dera tempo de os componentes serem metabolizados.

Sentei-me e fiquei olhando-os. Por acaso, notei que Dorka, visivelmente incomodada, levava a mão à cabeça. Perguntei preocupado:

— O que foi, Dorka?

— Acho que estou com piolhos.

— O que é isso?

— Não sei. São bichinhos que aparecem no cabelo.

— Venha cá. Deixe-me ver.

Ela aproximou-se, e eu olhei. A cabeça dela estava infestada. "Será que isso é a causa?", questionei-me.

— Você sempre tem isso?

— Não. Acho que é porque não a lavei. Tenho ficado no socorro.

— Chrorum, voltaremos já — avisei. — Venha ao laboratório comigo, Dorka.

Chegando lá, comentei com Clarion:

— Ela está com parasitas na cabeça. Você observou se os doentes também os têm?

— Não. Nem sei o que é isso. Venha cá, Dorka. Sente-se. — Senti que ela estava temerosa.

Detectamos ovas em níveis altíssimos e notamos que havia vários parasitas já em forma adulta acoplados à pele de Dorka e sugando-lhe o sangue. Recolhemos muitos e os separamos.

— Pode ir, Dorka. Vamos dar um jeito de eliminá-los.

Ela saiu visivelmente triste, enquanto eu colocava um deles vivo na lente de alta graduação. Parecia com alguns parasitas que já havíamos analisado nas folhas.

— Uma mutação, sem dúvida. Se não forem eles ou os parasitas deles os responsáveis por causar a febre, é no mínimo desconfortável tê-los sugando o couro cabeludo — comentei dirigindo-me a Clarion.

Começamos a fazer a análise, mas, como não é nossa especialidade, precisamos de Aradie.

— Onde ele está? Necessitamos do conhecimento dele.

— Vamos procurá-lo. Está nessa região, mas não sei onde.

— Vou pedir à tribo para mentalizá-lo, como fizemos com Rarun aquele dia — avisei.

Chamei algumas pessoas da tribo que estavam por ali e lhes pedi que pensassem em Aradie. Precisávamos alcançá-lo onde estivesse.

Ficamos nessa mentalização durante algum tempo, e depois, julgando que já era o bastante, agradeci e voltei ao laboratório. Pouco tempo depois, Aradie entrou.

— O que há? Senti uma urgência.

— Aradie, você é biólogo, nos ajude. Como conhece o ciclo dos animais, acredito que possa fazer esse trabalho muito mais rápido para nós. Ainda não sabemos se é ele que está transmitindo a febre.

— Claro!

Ele olhou no microscópio e foi dizendo:

— É um parasita de alto nível de reprodução, que tem a capacidade de transmitir micro-organismos, pular a uma grande distância e causa infecção. Como as picadas incomodam, as pessoas se coçam, esfolando a pele e dando abertura a outros micro-organismos. É mais comum em animais de pelos longos ou espessos.

— Vamos tentar descobrir qual parasita ele carrega ou se é ele mesmo que está causando a febre — comentou Clarion.

Naquele dia, trabalhamos só nisso, mas não progredimos muito. Conseguimos apenas catalogar o ciclo daquele parasita e fazer outras análises. Quando já estava quase escurecendo, Chrorum nos comunicou que já chegara a quinze o número de doentes naquele momento e que Dorka não se sentia bem. Percebi, então, que eu temia por ela.

A nave chegou e com ela nosso laboratório, que, com mais recursos, tornou nosso trabalho mais eficiente. Nenhum de nós dormiu aquela noite, mas conseguimos descobrir um modo de eliminar o parasita da cabeça das pessoas por meio de um tipo de sabão.

Fabricamos uma quantidade e, na manhã do dia seguinte, começamos a distribuí-la entre os doentes. Fazia muita espuma e deveria ser mantido por algum tempo na cabeça, contudo, descobrimos que a capa das ovas era muito resistente e quase impenetrável.

Decidimos colocar uma parte da aldeia para recolher mais vegetais daquela espécie e inventamos uma forma de eles mesmos fabricarem o sabão, o que foi mais difícil. Aradie foi o principal criador de tudo.

À tarde, estávamos tão cansados que quase não conseguíamos ficar de pé. A nave não havia partido, e nós fomos dormir enquanto o povo da aldeia combinava os vegetais e os transformava. Precisariam lavar a cabeça todos os dias com o produto, e os doentes teriam de usar um desinfetante mais potente.

Deitei-me e liguei o oxigênio para recuperar-me rapidamente. Pensei em Aradie e na distância que ele mantinha em relação a nós, mas, ao longo daquela tarde e noite, esse distanciamento parecia ter se esvaído.

Tivemos de conversar muito, trocar ideias, nos conhecer melhor, e, antes de tudo, ser muito solidários uns com os outros se quiséssemos salvar aquela sociedade que já era tão diminuta.

Pensei: solidariedade sempre nos enriquece e desfaz distâncias pessoais e físicas. Talvez aquele fosse o primeiro passo para sermos amigos, como Clarion, eu e os outros éramos, menos Trion, infelizmente.

Capítulo 12

Não apareceram mais casos nos dias seguintes. Aradie realmente conseguira descobrir qual era o micro-organismo causador da doença; ele vinha daquele parasita. Depois de quase quatro luas e de muitas lavagens de cabeça, conseguimos eliminá-lo. Descobrimos também que ele era oriundo dos macacos, que as crianças tinham como bichinhos de estimação. Era uma amizade muito curiosa.

Esses bichinhos eram livres, viviam perambulando pela aldeia e os que mais frequentavam o local também passaram a tomar banho. As crianças começaram a banhar os animais com o sabão que criáramos para exterminar o agente causador da doença.

A cada dia, a seca tornava-se mais presente, e passamos a medir a umidade do ar. Finalmente, concluímos que o período de estiagem seria longo e teríamos de convencer as pessoas da tribo sobre a necessidade de se mudarem dali.

A princípio, não queriam sair daquele local, então, Clarion e eu expusemos a situação da forma mais clara e precisa que podíamos. Eles tinham amor ao lugar, às suas casas, que, a cada cinco ciclos solares completos, tinham de ser reconstruídas.

Percebemos que muitos não queriam ir embora por simples teimosia e não prestavam atenção ao que tentávamos ensinar, como se não nos ouvissem.

Precisavam começar a plantar urgentemente, do contrário, no ciclo seguinte das estações, morreriam de fome ou ficariam seriamente subnutridos.

Depois de quase seis luas, conseguimos convencê-los. Curiosamente, eu acreditava que todos gostavam de nós, contudo, descobri naquele momento que não. Muitos traziam a maldade e a inveja tão arraigados em si que ficaram surdos aos nossos apelos.

Uma grande parte concordou conosco, mas ficamos tristes pelos outros, pois a seca mataria de fome aqueles que decidiram ficar. Havia também a possibilidade de, mais tarde, eles tentarem roubar os que se mudavam, e, assim, viriam as disputas, os assassinatos, que poderiam facilmente ser evitados com o bom senso.

Decidimos que, pelo nível de umidade, uma montanha seria o lugar mais adequado, mas havia uma mata cerrada. Era preciso removê-la e criar um espaço para a construção das moradias. Clarion, eu e Aradie os ajudamos.

Para compensar a perda da floresta, guardamos muitas sementes da mata original que seria cortada e, com os recursos da nave, aplainamos partes da montanha como uma escadaria com largos degraus. Essa seria a única forma de evitar que a chuva, quando viesse, carregasse tudo e causasse erosão no solo.

O povo da aldeia ficou responsável pelas construções. Inicialmente, não seria possível plantar na montanha em seu formato original, mas, com o aplainamento, os degraus viabilizaram o plantio.

Replantamos várias sementes no local que deixaram para trás, pois deduzimos que estas brotariam assim que a seca terminasse.

Os que ficaram na antiga aldeia, não mais que cinquenta pessoas, eram praticamente da mesma família. Organizavam-se em uma sociedade patriarcal, e, quando o velho mais velho daquela família dizia não, todos o obedeciam.

Discutimos isso longamente entre nós e com os velhos mais velhos das outras famílias, mas não conseguimos convencer o que queria que a família ficasse a deixar o local. Avisei aos que se mudavam que plantassem um tanto a mais, porque aqueles que não queriam ir não teriam o que comer em pouco tempo.

O uso da água que ficava abaixo era muito cansativo para eles, e, quando as enchentes viessem, o povo não conseguiria buscá-la no rio.

Descobri em conversas e no planejamento da nova aldeia que alguns espíritos tinham vindo preparados para a ocasião e eram ótimos engenheiros naturais. Cavaram poços, encontraram uma nascente de água, e, para diminuir o trabalho, os ajudamos a irrigar a terra com troncos ocos.

A seca acentuava-se a cada dia, e a floresta refletia isso. As árvores começaram a secar, e o calor tornou-se insuportável para nós. Fui obrigado a voltar a usar o traje aclimatado, embora tenha relutado muito.

Sentia um grande desconforto emocional dentro dele, pois isso fazia as pessoas parecerem distantes e eu, um alienígena. E realmente era, mas não gostava de sentir-me assim. Tinha amigos verdadeiros entre aqueles espíritos em início de evolução.

Quando entrei na aldeia com o traje, muitos me olharam, estranhando completamente. Mesmo sabendo que era eu, evitavam chegar perto de mim e até as crianças, que costumavam pegar em minhas mãos, mantiveram-se um pouco afastadas.

Tirei o capacete, conversei novamente com eles sobre a necessidade de usá-lo, e Dorka comentou com sinceridade:

— Não gosto. Parece que você não é gente.

Sorri. Provavelmente era assim que me viam com aquele traje, mas, enquanto durasse aquela seca de altas temperaturas e baixa umidade, eu deveria usá-lo para meu maior conforto e minha harmonia. Observei que eles se relacionavam mais comigo do que com Clarion, que nunca o tirava ao ar livre.

Eu precisava e queria ser amado por eles, pois eram meus amigos. E, mesmo aqueles que não eram meus amigos, eu já tinha a capacidade de amar.

Enquanto nos revezávamos durante o dia usando os recursos da nave para o aplainamento da montanha, à noite analisávamos qual era o melhor tipo de grão para alimentar o povo da aldeia e ser estocado com facilidade.

O primeiro selecionado foi o milho, que eles chamavam de grão dourado. Tinha um ciclo curto entre o plantio, a germinação e a colheita, podia ser facilmente desidratado ao sol e possuía alta resistência a fungos. Apresentando 21,5% de farelo, 60% de amido, 3,5% de óleo e 15% de água, era composto por três estruturas básicas — a casca, o amido e o germe — e possuía várias vitaminas.

Depois, selecionamos outro grão de ciclo curto (feijão), que tinha várias espécies e era também facilmente desidratado ao sol e estocado. Com alto valor proteico, apresentava várias vitaminas e quatro aminoácidos essenciais, que, além de ajudarem no crescimento das crianças, eram substanciais para construir ou refazer os tecidos do corpo.

Selecionamos também algumas raízes e árvores frutíferas, as quais replantamos já adultas em um local planejado, tudo isso para que o povo tivesse um perfeito equilíbrio alimentar.

O ar continuava insuportável para ser respirado. Estávamos tão envolvidos com o trabalho de mudança e adaptação do povo da aldeia à montanha que ficávamos até tarde discutindo meios ou trabalhando com eles, o que fez nosso trabalho original ficar parado.

Percebi que também amávamos Cordissanal. Ver a floresta secar nos dava tristeza. Árvores de milhares de anos na contagem do ciclo solar também estavam secando.

Pedíamos e guardávamos sementes. Notamos que as aves se tornavam raras ali e voavam para longe da seca.

Desenvolvemos técnicas com os recursos que eles tinham e sempre teriam à mão para armazenar os grãos e as raízes. Muitos até melhoravam essas técnicas, que, embora fossem um tanto rústicas, eram funcionais.

Queríamos, antes de tudo, que eles não dependessem de nossa tecnologia, pois não tinham a mínima ideia de como usá-la. Desejávamos que pensassem por si e que, quando fôssemos embora, já fossem autossuficientes. Não queríamos dar-lhes as coisas em vez de ensiná-los a obtê-las; queríamos que eles crescessem em todos os sentidos.

Usei o traje durante três dias seguidos, mas depois preferi o desconforto físico ao emocional. Quando apareci sem o traje novamente, sorriram para mim com felicidade. Creio que preferiam acreditar que eu era um deles — e eu queria ser.

Certo dia, vi no meio deles Karron pintando algo em uma pedra. Ele estava nos retratando com o traje, como se nosso corpo fosse daquele jeito. Sentei-me ao lado dele e lhe pedi que pensasse em símbolos que representassem palavras.

Ajudei-o sugerindo-lhe alguns símbolos. Teria de ser algo simples, cujo significado todos deduzissem facilmente e cuja leitura fosse praticamente nata. Karron era criativo, desenhava e desenvolvia técnicas sozinho e era o único na aldeia com talento para as artes.

Naquele momento, ele estava nos desenhando com os trajes no meio das pessoas da tribo e a nave acima de nossas cabeças. Sorri. Preferia ser pintado como se fosse um deles, pois me sentia assim, mas o sentimento e a expressão eram de Karron, não meus.

A vegetação estava secando mais rapidamente depois de um certo ponto, e as árvores, antes floridas, reduziam-se a galhos secos. As pessoas da aldeia olhavam lá de cima e ficavam tristes. Fizemos análises e descobrimos que muitas teriam possibilidade de brotar novamente; seus ciclos vitais estavam apenas suspensos.

Havíamos feito uma previsão de quanto tempo duraria a seca: cinco ciclos solares completos. A fome, provavelmente, já estava rondando a família que permanecera na antiga aldeia.

Na nova aldeia, estava se tornando cada vez mais comum os caçadores irem caçar e não trazerem nada, mas estes ainda não passariam fome. Teriam seu nível de proteína animal reduzido pela falta de caça, mas não seriam prejudicados com a subnutrição. As crianças estavam fortes e elas são sempre as primeiras atingidas pela falta de nutrição, pois não têm reservas como os adultos. As poucas reservas que possuem são gastas em seu desenvolvimento, por isso têm necessidades bem maiores de uma perfeita combinação alimentar.

Quando entendemos que tudo estava andando bem sem nós e que o povo da aldeia já havia se adaptado à nova condição, Clarion, Aradie e eu, finalmente, respiramos com mais tranquilidade.

Teríamos de mudar o ponto de pouso da nave assim que a chuva chegasse e as enchentes começassem.

Enquanto conversávamos na sala, perguntei a Rarun sobre Orin. Já fazia vários ciclos lunares que ela não voltava à nave.

— Quase não a tenho visto, e, inclusive, está difícil andar ileso pelas ruas. O castelo em que o imperador vive está mais guardado do que nunca.

— Será que ele morreu e estão evitando que o povo descubra? — perguntei.

— Não sei, mas ela dará um jeito de sair. Tenho tentado transmitir através daquelas paredes, mas é impossível.

— Precisamos fazer algo. Que tal se todos nós fôssemos com você amanhã e tentássemos alcançá-la através das densas paredes? — sugeriu Clarion.

— Já tinha pensado nisso, mas vocês andavam muito ocupados com o povo da aldeia. Este ciclo deles depende dessa iniciativa.

— Estamos acertados, então! Iremos amanhã — afirmou Clarion.

A cada dia, Rarun descia com a nave em um ponto bem diferente para evitar chamar a atenção.

Seria preciso volitar por muito tempo. Percebi que Rarun vestia umas roupas feitas do que eles chamavam de algodão.

— Tem para nós também? — perguntei.

— Tenho outras trocas. Essas pegam pó e cheiro, se decompõem e precisam ser esterilizadas. Estão aqui.

— Vou ter de ir sem o traje de aclimatação?! — reclamou Clarion.

— Sim, engraçadinho! Ou pensa que ninguém reparará em você com esse capacete — questionei. — Aqui são hostis.

— O que não fazemos por um amigo?! Aliás, como pude aceitar seu convite, Irione? Da próxima vez, perguntarei se o planeta tem ar-condicionado. — Brincou ele enquanto se trocava.

Depois, observou: — Já perceberam que estamos sem as duas únicas mulheres da expedição?

Rarun olhou-nos triste e respondeu:

— Claro, estou com saudade das duas.

Mas sabíamos que ele certamente estava com saudade de Orin especificamente.

Para piorar nossa situação, começou a chover torrencialmente, e não conseguiríamos volitar sem ficarmos logo exaustos. O peso do deslocamento naquela chuva seria grande. Ficamos na nave, pois não iríamos conseguir fazer o que queríamos.

Fizemos uma previsão de que a chuva logo cessaria, mas erramos. Permanecemos na nave o dia todo, entre análises e discussões sobre a mudança do clima, já que ali aquele tipo de chuva não era comum.

O dia passou, e a chuva não parou. As cidades ali não estavam preparadas para tanta água, e até no grande deserto havia chovido — não com a mesma duração, mas registramos que choveu.

No dia seguinte, o sol apareceu novamente, cáustico, e a água que evaporava do solo tornava a atmosfera mais densa, dificultando nossa capacidade de volitar ou andar.

Quando chegamos à cidade, a primeira coisa que notei era que ela fedia. As pessoas não tinham hábitos de higiene como o povo da aldeia e deixavam seus excrementos em qualquer lugar. Imaginei como era normalmente quando não chovia e a sujeira se acumulava, pois parecia que ninguém limpava ou ligava para o problema.

— É sempre assim, Rarun? — perguntei incomodado

— Não. Em dia do que eles chamam de feira é pior. O número de animais que usam é bem maior, e frutas e alimentos ficam largados nas ruas. Os insetos se proliferam rapidamente com o alimento farto e o calor, e o cheiro de putrefação é terrível.

Andamos por ruas estreitas, e o mau cheiro estava sempre presente. Senti falta da floresta, do povo da aldeia e do sabão que havíamos criado. Ele tinha cheiro agradável, era biodegradável, matava os piolhos e era desinfetante.

— Pensei que se fôssemos do tempo da indústria ainda, ficaríamos ricos — comentei, e os outros riram divertidos.

— Vou abandonar este ciclo mais cedo do que espero nesse calor e pezinho atrás de pezinho — reclamou Clarion. — Está muito longe ainda, Rarun?

— Não, estamos quase chegando.

— Como faremos para não chamar a atenção com nossa aparência tão branca?

— Eles não reparam. Esses tecidos que trazemos sobre a cabeça escondem nossos rostos. Além disso, muitos estrangeiros circulam aqui. Sentaremos na praça com muitos outros. De vez em quando, jogam moedas perto de nós. É só não pegar, pois muitos outros pegam.

Fomos até a praça que ficava quase em frente ao chamado castelo do imperador. Olhei as paredes e tive certeza de que ali dentro era fétido. "Pobre Orin", pensei.

Concentramo-nos para entrar em contato com ela e nem reparamos no que se passava à nossa volta. Repetíamos mentalmente: "Orin, estamos aqui na praça da frente. Pode vir? Orin, estamos aqui na praça da frente. Pode vir?".

Continuamos a fazer isso durante algum tempo e julgamos que a tínhamos alcançado, mas estávamos fora da resposta dela. Sozinha, Orin não conseguiria transmitir através daquelas paredes.

Ficamos sentados ali, e não havia uma sombra sequer. A cidade estava quase despida de vegetação, e as árvores eram muito raras no local.

"O motivo da desertificação é justamente o desmatamento", transmitiu Rarun.

"Pelo que vejo, o solo perdeu seus nutrientes há muito tempo. Só vejo microcascalhos", observou Aradie.

"Você tem razão, Aradie. Tem tido notícias de Trion?"

"Não. Não fomos mais vê-la."

"Precisamos fazer isso", comentou Rarun.

Esperamos muito tempo naquela praça. Muita gente circulava à nossa volta, mas passamos despercebidos com aquele tecido preso à cabeça. Uma senhora acima do peso ideal chegou à praça como se estivesse procurando algo. Pedia a todos os que ali estavam que levantassem a cabeça e olhassem diretamente para ela.

"Creio que esteja procurando alguém", observei.

"Talvez esteja nos procurando. Vou até ela", comentou Rarun, levantando-se e indo ao encontro dela.

— Senhora, está procurando alguém? Talvez eu possa ajudá-la.

— Sim, um homem claro, de pele branca e olhos azuis-claros.

— Repare, eu os tenho assim — disse ele, levantando a cabeça e afastando um pouco o tecido do rosto. — Que recado me traz?

Ela ficou olhando para Rarun durante algum tempo como se não acreditasse nele.

— Conhece alguém chamada Orin?

— Sim, sou amigo dela.

— Ela lhe mandou isso. Pensei que ela estivesse devaneando quando me disse como você era. Vim mais por curiosidade. Acostumei-me com a aparência dela e nem reparo mais. Tome.

A mulher tirou da larga manga da vestimenta algo enrolado e entregou a ele. Depois, como se temesse algo, saiu correndo sem dar mais explicações ou voltar a olhá-lo.

Rarun guardou o embrulho na manga e comentei com Clarion e Aradie:

— Ele nem parece que é de fora.

— E não é para parecer mesmo — comentou Clarion.

Levantamos e saímos discretamente do lugar, que parecia estar mais apinhado de gente. Depois de andarmos durante muito tempo, finalmente pudemos volitar. Como eu estava sem a roupa protetora, meus pés doíam e estavam um pouco esfolados devido ao atrito com o calçado. Os outros, exceto Rarun, também estavam assim.

Chegamos à nave, e eu me senti confortável. Clarion jogou-se no assento, e tiramos o que chamavam de sandálias. Quase ao mesmo tempo, lavamos nossos pés com cicatrizantes.

Rarun abriu o embrulho que a mulher lhe entregara, e sentimos que ele estava preocupado. Ele leu a mensagem e a passou para mim:

Amigos, recebi a transmissão de vocês. Sei que estou em falta, mas não tenho condições de sair daqui. Estou sendo vigiada em todas as horas do dia e da noite não só pelos guardas dos assessores como também por ordens expressas do imperador.

Ele está bem melhor. Já tem controle quase perfeito dos braços e consegue caminhar em lugares retos, embora com muita dificuldade e ajuda.

A vontade de o imperador andar é tão grande que ele se exercita até o limite da exaustão. O que eu fiz foi dar-lhe uma semente de esperança em meio ao desânimo total que o envolvia.

Ele me quer por perto e proibiu-me de sair daqui, mesmo para ver minha família. Embora tenha dado permissão para virem visitar-me e serem recebidos a qualquer momento, eu não tinha como procurá-lo, Rarun. Por essa razão, disse que minha família estava viajando e que eu não tinha o endereço.

Quando vier, diga somente que é meu parente e logo terá acesso a mim. Assim, poderemos conversar.

Segue anexo o relatório que tenho feito. A pessoa que vai levá-lo não é de muita confiança, mas lhe prometi uma das joias com as quais o imperador tem me presenteado e que para mim não têm utilidade. Como quase todos aqui, ela não sabe ler, e, em nossa simbologia, é impossível. Tenho saudades de todos.

Orin

Virei a página para ler os relatórios.

A sociedade aqui é totalmente falsa, e a política é a do poder e da mentira. Os escravizados, gente que trabalha sem pagamento e chance de progredir, são usados como se fossem seres sem alma e uma subespécie da humanidade.

Ensinaram ao imperador que ele era superior a tudo e a todos, e ele sempre acreditou nisso. Quando ficou doente, descobriu, contudo, que é só um homem como outro qualquer e está sujeito a tudo, inclusive a doenças comuns e graves. Isso o fez sentir-se inferior, e, envergonhado, o imperador percebeu que é só mais um filho da criação. Tenho tentado explicar-lhe o quanto o mundo em que ele vive é grande e que o conhecimento não se resume ao que eles sabem.

Tenho falado sobre a existência do espírito em todas as pessoas, inclusive nos escravizados, e que é um erro tratá-los da forma como são tratados. Todos merecem uma chance de progredir e crescer.

Mas eu sou apenas uma. Há aqui várias pessoas que se dizem sábias e que o têm visitado agora que o imperador está melhor. A compreensão dessas questões, então, tornou-se difícil para ele. Confundem-no, e, como dizem aqui: "Eu sou apenas uma mulher", coisa que ele repete às vezes.

A mulher tem papel inferior nesta sociedade, mas percebo que elas são as que mais manipulam a política por meio de seus maridos e amantes.

O maior erro que testemunho nesta sociedade é a crueldade. A violência aqui é ímpar. Em nossa sociedade — nunca li nem me lembro — houve tal nível. Provavelmente por essa razão ainda estejam nesse nível evolutivo e nós tenhamos progredido mais.

O imperador ainda não aparece em público. Eu quase o convenci de que não importava o fato de andar com dificuldade ou com ajuda, mas a mente dele é ele e é suprema sobre todo o corpo, que é temporário. Por interesse, os assessores, que ostentam o título de vizir, convenceram-no de que a imagem do poder dele ficaria muito danificada, então, o imperador recuou novamente. Ele não tem nenhuma imagem real de poder perante o povo nem sabe o que ocorre com o estado. Na verdade, nem se importa com isso.

Foi construída aqui uma nova ala, onde ele tem tanques de banho exclusivos, acesso ao sol e mais algumas escravas que nunca o veem de pé. Elas trazem-lhe coisas, mas não podem se aproximar dele. É proibido. Só eu e os dois escravos que o banham têm permissão de ajudá-lo quando ele não consegue andar.

Descobri por que esses escravos nunca falam. Cruelmente, foi-lhes cortada a língua para que não espalhassem a notícia de que o imperador está doente. Descobri que iriam fazer o mesmo comigo e só não o fizeram porque o imperador me quer ao lado dele e gosta de ter alguém com quem conversar.

Fazem inimigos como grãos de areia, e isso me deixa terrivelmente triste. Nos períodos de tédio, enquanto eles dormem e eu sou obrigada a ficar deitada, penso nisso e lastimo muito não poder ter mais influência e lhes passar mais conhecimento, evitando erros.

Sou a protegida do imperador e, caso ele morra, terei de sair daqui rapidamente, pois tenho certeza de que vão esconder o fato do povo por anos, para que os que manipulam a política continuem governando sob o nome do imperador.

Os vizires não percebem o que fazem da própria vida. O poder é única visão deles. Dormem e acordam com guardas ao seu lado, mesmo nos momentos mais íntimos. Os dois principais vizires, que manipulam quase tudo por aqui, não são felizes e estão desajustados. Tenho certeza de que logo se matarão por esse mesmo poder ilusório.

Trabalham juntos, são amantes, mas pagam vigias para espionarem um ao outro em total falta de confiança. Brigam constantemente e agridem-se verbalmente.

Noto que o imperador tem um nível de amor por mim, como se eu fosse uma mulher da sociedade dele. A doença o impede de relacionar-se intimamente com mulheres. Eu o deixo feliz e faço-o rir quando lhe conto sobre nosso planeta e nossa sociedade. Ele acredita que invento tudo, mas não me importo. O importante é que ele guarde a informação na memória. Quando mudar de dimensão e tiver uma visão mais ampla das existências, as informações lhe serão úteis.

Quem sabe um dia, ao despertar em alguma vida, se torne um grande estudioso do assunto? Quando me sento perto dele ao sol, sinto o desconforto dos raios. São muito quentes. Há dias em que a vestimenta que sou obrigada a usar não me permite colocar o traje climatizado.

Procuro sempre ficar à sombra. Outro dia, ele reparou que minha pele é muito branca e não escurece como a deles quando exposta ao sol. Não menti. Contei-lhe sobre a composição de minha pele e que nela não havia melanina.

Ele riu muito, dizendo que sou uma grande contadora de histórias e que não conseguia entender como eu, com tal imaginação, entendesse tanto de exercícios e o estivesse curando.

Sorri. Ele não pensa com lucidez e lógica. Se refletisse, perceberia que isso é conhecimento, não magia. Acredita também que essa "magia" venha das plantas, embora muitos no castelo saibam exatamente o componente de muitas delas e o que fazer com isso.

Não dividem o conhecimento, pois, para eles, manter o segredo é uma forma de exercer o poder. Não querem as pessoas independentes, ao contrário; as querem dependentes para poder manipulá-las.

Mal sabem eles que, algum dia, poderão precisar de ajuda e que essas pessoas talvez não lhes deem exatamente o que precisam, pois não lhes foi partilhado esse conhecimento.

Nunca pensam em um futuro maior, sempre no imediato, por isso cometem tantos erros. Muitas vezes, o imperador olha-me por longos momentos, e eu fico calada quando isso acontece. É como se ele quisesse guardar minha imagem na memória, mas tivesse dificuldade de fazê-lo. Talvez, de algum modo subconsciente, acredite que não pertenço a este mundo e irei embora.

Faz-me repetir várias vezes que ficarei com ele para sempre, mas lhe digo que não posso, que todos temos um caminho único e próprio a seguir. Ele tem o dele, e eu, o meu.

Então, me diz que é o imperador e dono do destino de todos, inclusive do dele. Lastimo e me calo. Sabemos que ele é dono do próprio destino, mas que não tem a capacidade de ser dos outros. E, se pudesse realmente, não o quereria, pois sentiria o peso da responsabilidade e o quanto isso poderia custar em níveis de sua própria consciência e evolução. Hoje, ele é imperador, mas amanhã poderá ser um mendigo em seu próprio mundo.

Por enquanto é só. Espero um novo contato. Rarun, eu o amo e tenho saudades imensas.

Fechei o relatório, entreguei-o a Clarion, que esperava para lê-lo, e novamente pensei em Amaran. Parecia que a distância que me separava dela acentuava o que eu pensava não existir.

Talvez influências das vezes em que lutei em vão para tê-la. Saí e fui ao meu ambiente deitar-me. Sentia-me cansado e logo peguei no sono.

Acordei no meio da madrugada e fui ao laboratório trabalhar. Sentia-me calmo e descansado. No dia seguinte, logo pela manhã, iríamos levantar voo e voltar para a aldeia. Os outros dormiam.

Capítulo 13

Rarun nos levaria e depois voltaria. Ao descermos da nave, vimos o povo da aldeia nos cumprimentando com as mãos e, assim que ela se abriu, muitos deles vieram até nós.

Notamos que se sentiam felizes com nosso retorno. Todos queriam contar muita coisa e falavam ao mesmo tempo. Sorri, pois pareciam crianças animadas. Sentia-me ligado a eles como se fosse um irmão mais velho. Talvez até seja.

Fomos caminhando até a nova vila acompanhados por eles. Um dia fora não fazia muita diferença em termos de agricultura ou no clima, mas muitos queriam nos mostrar suas novas realizações, que quase não apresentavam diferença.

Deduzi que, na verdade, somente queriam nos dizer que tinham sentido saudade e nossa falta. Percebi que eu era muito agradecido por isso e podia sentir as frequências de amor que vinham deles e eram direcionadas a nós. Senti-me de certa forma emocionado.

Olhei e vi Chrospu. Estava um tanto afastado e parecia muito irritado. Pedi licença aos que estavam à minha volta e fui até lá. Como sempre, ele intrigava-nos.

— O que houve, Chrospu?

— Soube que, se vocês não tivessem vindo para cá, eu seria o líder.

— Quem lhe disse isso? Você vivia afastado da família e da aldeia e ainda não é o velho mais velho.

— Nasci para ser líder outra vez. Tenho certeza disso.

— Chrospu, você está confundindo as coisas. Os mais velhos são os líderes, você sabe disso. Não é culpa nossa. Há muito tempo esse é o costume. Já era assim antes e será depois de nós.

— Não, não é. Fui o líder e serei de novo. Lembro-me de quando me disseram isso: "Você fará ao povo tudo o que ele necessitar. Fará o povo progredir. Fui rei, mandei em todos, ganhei batalhas, conquistei terras".

Tive certeza de que ele estava tendo *flashes* de outras vidas, então, pedi-lhe que me contasse tudo novamente em detalhes. Sentei-me perto e fiquei atento às suas emoções. Caso fosse pura invenção, eu saberia, mas não era isso o que eu estava sentindo.

— Fui um grande líder, e meu pai me disse: "Filho, você liderará todas essas terras. Quero que conquiste. Um líder tem que conquistar, ser grande e respeitado. Cresça depressa, pois estou ficando velho".

"Então, cresci. Não me lembro se foi depressa ou se foi rápido. Sei que me lembro do dia em que fizeram festa. Eu estava me tornando o líder. Havia enfeites em minha cabeça. Lembro-me de que sabia manejar muito bem os espinhos. De atirá-los nos alvos sem errar."

— Espinhos? Como assim, Chrospu? Como era essa arma? Era uma arma, não era?

— Era um cano longo, no qual colocavam espinhos com veneno. Soprávamos e atirávamos de preferência no pescoço do inimigo. Era mortal, matava rapidamente. Mal dava tempo de gritar.

— Você se lembra do que era composto esse veneno? — perguntei um tanto assustado. Chrospu não tinha controle de si, então, se ele se lembrasse, seria um perigo para toda a aldeia.

— Já tentei, mas não consigo. Andei pela floresta procurando. Tinha um líquido viscoso, grudento.

— E você foi esse líder conquistador?

— Fui. Também decretei para meu prazer que toda mulher que eu desejasse fosse primeiramente minha. Farei o mesmo aqui quando for líder.

— Sabe que isso é errado. Você não é mais o que foi; é outro.

— Não! Eu vejo meu futuro, e este será meu porvir. Aqui não há o que havia lá: casas de pedra, grandes cadeiras brilhantes para que eu me sente, gente diferente para me servir.

— Chrospu, você só está se lembrando de algum passado distante, não é seu futuro. O que mais você fazia?

— Todos os dias à tarde, muitas jovens vinham até mim. Eu escolhia, e elas se sentiam honradas com isso. Eu era o grande líder, e, quando elas tinham filhos meus, eles iam para a lista.

— Que lista? E como você sabia que eram realmente seus?

— Nenhuma mulher se atreveria a mentir para mim.

Sorri. Quantas vezes ele provavelmente fora enganado em seu convencimento de grande líder e procriador?

— E depois que iam para a lista, o que era feito? Tinham terras, riquezas, algum privilégio?

— Não! Eram muitos! Se eu começasse a dividir, ficaria pobre.

— Para que a lista, então?

Ele olhou-me em silêncio, e senti um branco em sua mente, como se, de repente, tudo tivesse se apagado. Esperei.

— Não me lembro. Esqueci.

— Não tem importância, Chrospu. Caso se lembre de mais alguma coisa, me conte.

— Irione, irei com vocês. Não se atrevam a partir sem mim!

— Já lhe disse que isso é impossível.

— Vocês só vieram aqui para me buscar.

— Não, Chrospu. Viemos aqui para estudar o planeta. Você está confundindo as coisas novamente.

— Eu quero ir e irei! Voltarei a ser líder e decretarei que todas as mulheres sejam minhas primeiro. Sei que gostava muito disso. Lembrei-me de que muitas sentiam medo e, quando eu sentia isso nelas, meu prazer se tornava maior.

— Você errava, Chrospu, quando tinha esse tipo de ação. Talvez por isso tenha sido expulso.

— Não! Era a inveja que tinham de mim! Vocês mudaram de ideia. Sei que ordenaram que viessem me buscar. Direi que vocês demoraram muito, que temiam, e não terei piedade de vocês quando for líder novamente.

Passei a mão pela cabeça de Chrospu. Ele estava completamente confuso, misturando tudo. Deus! Que aprendizado difícil. Tive certeza de que parte do que ele falara era verdade, embora não estivesse muito claro.

À noite, fiz um resumo do que ele relatara e comentei com os outros. Rarun olhou-me com seriedade.

— Irione, houve um líder assim bem nos primórdios de nossa história.

— Será que é comum esse tipo de ocorrência nas sociedades primárias? — perguntou Clarion desperto pela curiosidade.

— Esperem. Tenho certeza de que trouxe um livro com esse relato para comparar os fatos comuns das eras.

Rarun saiu, e eu tentei lembrar-me de mais detalhes do relato de Chrospu. Reli meu relatório, mas não me lembrei de mais nada para acrescentar. Rarun voltou com um livro na mão.

— Achei. Leia esse trecho, Irione.

— Passe a mim também — pediu Clarion.

Mantive minha frequência de pensamento acoplado ao dele e comecei a ler:

Ano 2750 antes da vinda do messias, cidadela Quartzo.

[...] seguindo a trajetória dessa dinastia, um dos seus líderes foi o mais cruel em termos de preconceito contra os mais fracos. Seu nome era Giskan Kul, oitava geração da família Kul.

Herdou o trono aos dezenove anos, era totalmente imaturo e tinha taras sexuais. Seu primeiro decreto foi que as mulheres, ao entrarem em idade fértil, cedessem primeiramente aos seus caprichos.

Não foi um grande líder, pois vivia intensamente envolvido com as mulheres. Quem governava era um tio de nome Araquio Kul, homem frio, calculista, irmão mais novo do pai de Giskan.

Esse homem era o primeiro a estimular os excessos do sobrinho, pois, enquanto Giskan se distraía com essas atrocidades, Araquio governava à vontade.

Araquio foi um conquistador de terras e tinha todos os exércitos às suas ordens. Giskan possuía muitos inimigos, pois quase não havia famílias nas quais ele não tivesse subjugado pelo menos uma mulher.

As jovens que entravam em idade fértil eram colocadas diante do palácio logo cedo de manhã e ficavam esperando — às vezes quase o dia todo — a vontade do imperador. Giskan, então, escolhia pessoalmente duas, três ou até mais jovens. Há registros de que ele teve centenas de filhos e havia uma lista com seus nomes, mas isso não lhes dava nenhum tipo de regalia.

Os registros eram só uma forma de conferir status a Giskan. Essa lista era contada constantemente para estimular sua vaidade, nada mais.

Giskan morreu aos vinte e seis anos assassinado por uma jovem que estava determinada a não ser seduzida por ele. Entre as muitas que estavam à disposição do imperador, ela não teve a sorte de escapar. Consta que tinha ódio mortal do líder, embora nunca o houvesse visto pessoalmente.

Antes de serem possuídas por Giskan, as mulheres eram lavadas e perfumadas, vestidas com boas roupas, que depois eram devolvidas. Nesse processo, ficavam nuas e não tinham como esconder armas. Antes de mais nada, o imperador era um ser extremamente egoísta, que tinha pavor de dividir qualquer coisa.

Assim que a jovem e mais duas moças foram levadas ao quarto de Giskan para servi-lo, há registros de que ela se ofereceu e até insistiu para ser a primeira.

A jovem mantinha uma pequena bolsa com veneno escondida na boca, e, assim que ele a beijou, ela a estourou com os dentes, espalhando o líquido na boca de Giskan. Quase imediatamente, a moça sofreu convulsões e morreu.

O imperador ainda tentou cuspir o líquido, mas somente uma pequena parte do veneno foi suficiente para deixá-lo em coma por muitos dias, com dores atrozes.

Mesmo em pequena quantidade, o veneno dissolvia as células do organismo, e, ao final de um período de dois ciclos lunares, causou a morte de Giskan.

Por ordem de Araquio, os pais da jovem foram executados como cúmplices, mas há suspeitas de que o veneno tenha sido dado à jovem pelo próprio tio do imperador. Apenas a família real tinha acesso à formulação de venenos, que eram usados em guerras. As pontas das pequenas flechas eram untadas com a substância e depois sopradas por um longo e fino tronco oco. Araquio era um dos especialistas na produção desses venenos e os manipulava com maestria.

Muitos que se opuseram a Araquio — pois ele não era o herdeiro direto, mas tio de Giskan em segundo ou terceiro nível — foram mortos por uma peste que não afetou o povo, só membros das famílias oponentes.

Há registros de que Araquio foi um bom governante para o povo. Uma facção defende a teoria de que a jovem sabia o que levava e outra afirma que não, pois, de uma forma ou outra, o suicídio era inevitável.

— É incrível, eu não me lembrava mais disso — comentei.

— Instigante. Será que esse Chrospu é realmente do nosso planeta? Precisamos saber se de onde ele veio houve um líder parecido com Giskan. Ele foi o único em nossa história primária que teve esse comportamento. Antes de mais nada, tinha um apetite sexual voraz. Consta em alguns livros que, quando não queria possuí-las, as entregava a outros homens que o cercavam e ficava assistindo — completou Aradie.

— Não creio que Chrospu tenha vindo de lá. Distorções de personalidade são comuns a todos os meios primários, embora saibamos que seres renitentes em erros sejam transferidos a planetas que estejam em ciclos inferiores — comentou Clarion.

— Desde que chegamos aqui, ele afirma que viemos buscá-lo — observei.

— Pode ser, quem sabe? Não temos acesso completo às informações. Com mais detalhes, poderíamos concluir com precisão.

— Vou ficar atento — afirmei.

Mudamos de assunto e começamos a conversar a respeito da seca já presente e que se acentuava. Havíamos feito uma análise do solo e constatamos que muitas sementes se mostravam em estado de dormência, por isso tivemos certeza de que o ciclo da seca era esperado pela vegetação. Chegamos à conclusão de que muitas árvores, que pareciam completamente mortas, apenas apresentavam um nível de vitalidade reduzido. A seiva ainda circulava por seus galhos, que, devido à ausência de folhas, tinha uma menor necessidade de alimento.

Passamos praticamente o dia recolhendo amostras de plantas e do solo para tentar descobrir o ciclo da seca, informação muito importante para o povo que vivia ali.

Recolhi-me para dormir e tentei lembrar-me se eu estava encarnado naquela época de Giskan, mas essa possibilidade era muito remota. Não consegui lembrar-me de nada, então, deduzi que não.

Vi quando Clarion chegou e se sentou no ambiente dele. Parecia preocupado.

— O que foi, Clarion? Parece preocupado — comentei. Ele olhou-me por pouco tempo e depois abaixou o olhar. Voltei a sentar-me.

— Fale se quiser. Estou pronto para ouvi-lo.

— Eu estive lá.

— Lá onde?

— Naquela época. Enquanto você lia e nos transmitia, eu revi esses fatos em paralelo. Foram marcantes para mim, embora muito remotos.

— O que você era? Da nobreza?

— Não. Eu era do povo, mas me lembro do ódio que as pessoas sentiam de Giskan. Era contra nossa religião violentar mulheres, pois elas eram sagradas. Acreditava-se que a gravidez acontecia por magia, sendo assim, quando um homem ia casar-se, ele passava por um ritual de limpeza física e espiritual.

— Todo o povo era assim?

— Não. Eu vivia em uma comunidade mais ao sul, quase isolado do que acontecia no restante do continente, onde a casta dos líderes vivia. Não ficamos sabendo da lei promulgada por Giskan e tínhamos a nossa própria. Nela, o homem passava pelo ritual de limpeza para se casar e, mesmo quando estava longe de casa, não se relacionava com nenhuma outra mulher. Era uma regra de honra e era muito respeitada.

"Se quando jovem ele quisesse se relacionar antes de casar-se, tinha de ir a outras vilas para encontrar mulheres disponíveis.

"Em nossa sociedade, as mulheres não viviam escondidas; eram livres e muito respeitadas até com misticismo. Pois você acredita que esse tal de Giskan mandou guardas procurarem as jovens dois anos depois que ele mesmo decretou essa lei?

"Fomos pegos de surpresa. O poder e as leis do líder governamental eram remotas para nós. Formávamos uma pequena vila e nem sequer lutamos, pois não entendíamos como tal absurdo poderia existir. Até pareceu castigo!

"Pelo menos uma vez a cada quatro ciclos solares, Giskan mandava seus soldados irem até lá escolher jovens. As que não eram escolhidas voltavam felizes pela sorte; as que eram, voltavam derrotadas, sentindo como que se houvessem perdido a magia da maternidade.

"Todos acreditavam nisso, então elas não eram mais escolhidas para o casamento e acabavam se isolando."

— Como era essa limpeza para o casamento? — perguntei curioso.

— Algo muito sábio, mas não me lembro quem inventou. Isso evitava que os homens contaminassem suas futuras esposas e seus filhos com doenças venéreas, embora, na época, não soubéssemos com precisão que era esse o objetivo. Não conhecíamos essas doenças tecnicamente.

"Quando um homem se candidatava a um casamento, ficava isolado por dez ciclos lunares. Ele trabalhava quase em isolamento, em um local frequentado pelos mais sábios. No primeiro dia, ele era examinado nu; depois, tomava um composto de ervas diariamente, antes da primeira refeição.

"Há umas quatro encarnações, fiz por curiosidade uma análise desse composto e descobri que era um potente antibiótico e anti-inflamatório.

"Três dias antes de completar o tempo de isolamento, ele era novamente examinado e, daquele dia em diante, só poderia se relacionar com a esposa. Todo um trabalho de educação e responsabilidade era feito.

"Quando a primeira jovem violentada pelo imperador chegou, ela foi isolada pelos sábios. Lembro-me de que a moça chorava dia e noite por causa do isolamento — mais até do que pela dor de ter sido violentada.

"Não que ela fosse colocada de lado em um lugar isolado, nada disso. A jovem continuava a viver com a família, mas era proibido casar-se. Acreditavam que, depois de ser possuída pelo imperador, perdia a magia de ser mãe.

"Naquela época, lembro-me de que, muitas vezes, pensei que aquilo fosse injusto — e era. Os sábios, contudo, estavam certos, pois as moças poderiam transmitir doenças venéreas e desconhecidas aos seus maridos e futuros filhos, contaminando toda a sociedade.

"Outra coisa que me intrigava era que elas nunca ficavam grávidas do líder. Naquele ciclo de vida, eu consolava-me pensando que, se o líder impuro as tocava sem passar pelo ritual de limpeza, era lógico que as jovens perdiam a magia da gravidez.

"Estupidez! Nossos sábios eram mais sábios do que eu julgava. Além de lhes dar assistência espiritual para que se conformassem com seus destinos, eles também lhes davam anticoncepcionais, que deveriam ser ingeridos durante o trajeto até a capital. Não éramos hostis com elas, contudo, essas jovens perdiam a reverência com a qual tratávamos as outras mulheres."

— Nunca pensaram em lutar contra Giskan?

— Como? Não éramos um povo guerreiro e estávamos em menor número. Se somássemos todos os guardas do palácio, eles já seriam em número maior do que os homens de nossa sociedade. Os sábios nunca usariam seus conhecimentos a favor da morte de quem quer que fosse. Já naquela época, nosso povo vivia muito mais que os demais do continente.

"Éramos conhecidos como um povo covarde, e nossos homens nunca eram convocados para serem soldados. E o último líder governamental que tentou nos usar para isso teve muitos problemas.

"Nossos homens falaram aos demais sobre o tipo de vida que tínhamos, da longevidade de nossos idosos, que chegavam a quase o dobro da idade comum de morte. Isso quase dividiu o exército. Esses homens pregavam a importância da vida e do desperdício de abandoná-la cedo por guerras ou outro motivo qualquer.

"O preconceito vem do desconhecimento e do medo. O líder da época, então, não se atreveu a mandar nos exterminar, pois temiam a maldição de nossos sábios — mesmo depois de mortos. Os sábios tinham também o dom de curar."

— Conhecimento de ervas e de como manipulá-las — afirmei.

Ele sorriu.

— Lógico, mas passei tempos difíceis. Meu pai e eu escondíamos minhas irmãs. Eram três ao todo. A mais velha estava em vias de entrar em idade fértil, quando os guardas vieram pela primeira vez à nossa casa. Alegamos que ela era uma criança ainda. Como não tinha seios e era pouco desenvolvida, ainda foi possível enganá-los. Toda a comunidade fazia isso.

"No ano seguinte, ela se tornou uma bela mulher e, mesmo enfaixando os seios, não conseguiu esconder que estava em idade fértil. Levaram-na, e ela foi uma das escolhidas. Lembro-me de como minha irmã voltou. Os soldados não as traziam de volta; nós íamos buscá-las. Ela veio quieta por todo o caminho, em total silêncio, e não chorava. Apiedei-me dela e comecei a pensar em muitas formas de vingança contra o líder. Mas como o faria, se nem chegar perto dele era possível? Eu pensava que, se todo o povo do país se unisse, o imperador não faria mais isso às nossas parentes."

— Se em todas as sociedades o povo tivesse nível para perceber que, unido, nada nem ninguém o obrigaria a fazer o que não quisesse, quanta barbaridade poderia ter sido evitada, Clarion?

— Sim, mas o povo não percebe isso nem tem espírito de liderança até alcançar um certo nível de conhecimento. Só quando isso acontece, as pessoas entendem que são donas de si mesmas e não precisam de líderes para suas ações em conjunto ou não.

"Após o retorno de minha irmã, eu a levei direto para os sábios. Estava muito preocupado com ela, mas tinha confiança neles e em sua magia.

"Ela fora escolhida pelo líder, mas ele não a possuiu. Foi um dos homens do imperador que a violentou. Minha irmã nos contou que Giskan ficou olhando, rindo, sentindo prazer, enquanto ela era humilhada. Para nós, o sexo sempre foi algo sagrado e de muito respeito, por isso a degradação dela foi muito maior. Havia também a impossibilidade de se casar. Eu acreditava que isso era uma crueldade. Duas vezes violentada! Tinha certeza de que os sábios estavam errados sobre isso.

"Quando me casei e tive filhos, fazia de tudo para que minha irmã convivesse com eles. Era como se repartisse com ela o que eu podia ter e ela não. A cada vez que minha esposa ficava grávida, eu sentia um misto de prazer e remorso. Por pouco, muito pouco, minha esposa foi salva. Só de pensar na possibilidade do risco, quis matar Giskan.

"Durante muitos ciclos solares, os soldados de Giskan não vieram buscar as jovens, e começamos a nos sentir aliviados. Quase vinte e quatro ciclos lunares depois da morte dele, soubemos que ele havia sido assassinado.

"Senti uma alegria imensa, pois minha irmã mais nova estava se desenvolvendo muito. Embora fosse praticamente uma criança, era muito bonita e parecia ser mais velha, o que, sem dúvida, a faria ser escolhida pelos soldados e levada a Giskan.

"Muitas vezes, eles levavam até dez jovens — todas elas virgens — para o palácio. Uma para o imperador e as outras para os nobres que o cercavam.

"Quando soube que ele havia sido assassinado, pensei em organizar uma festa, pois o sucessor, embora fosse um usurpador, não cometia esse tipo de violência. Era um homem de meia-idade, que de certa forma foi bom para o povo em geral. Para a nossa sociedade, foi indiferente."

— E por que não fizeram a festa?

— Os sábios nos proibiram. Tivemos que fazer orações em agradecimento pelo fim daquele mal.

— Eles estavam certos. Tarefa cumprida — afirmei.

Clarion dirigiu-me um sorriso um tanto triste.

— Na época que tudo aconteceu, minha irmã mais velha amava um homem, e eles já estavam em recolhimento para o processo de limpeza. Foi duro para os dois se manterem afastados. Lembro que, quando soube que ela fora escolhida pelos soldados, ele chorou muito de revolta e impotência.

"Quando, quase dois ciclos solares depois, ele se casou com outra jovem, foi a vez de ela se desesperar. Foi terrível. Eu sentia como se o sofrimento dela fosse meu. Foi nessa época que a trouxe para morar comigo, alegando que meus filhos davam muito trabalho à minha esposa e que precisávamos da ajuda dela. Tentei dividir com minha irmã minha família e a felicidade de tê-la."

— Você foi nobre estando naquele nível de evolução, Clarion.

— Não fui, não. Sempre que eu pensava em Giskan, emitia frequências tão violentas de ódio que certamente o atingiam em cheio. Creio que nunca odiei alguém com tanta força e não acreditava quando os sábios apregoavam que o esquecêssemos. Aquele mal acabara. Tínhamos que agradecer o fim dele e seguir nosso caminho. Eu, contudo, achava que aquilo era passividade e indiferença. Naquela época, mal sabia eu que esse ser, Giskan, pagaria o preço mais alto que poderia existir: o exílio em um planeta de níveis evolucionais bem inferiores.

— Talvez ele esteja aqui, na pessoa de Chrospu.

— Torturado até hoje pelo próprio remorso.

— Pobre espírito! Insano de pensar que sairia impune! — comentei mais para mim mesmo.

Voltei a deitar-me, estiquei-me todo, e Clarion fez o mesmo.

— Irione, o que podemos fazer por ele?

— Nem sabemos se é realmente ele. Vamos ter calma. Vou tentar descobrir.

— Mesmo que não seja, foi alguém que cometeu o mesmo tipo de atrocidade e traz os mesmos remorsos.

— É verdade. Chrospu, homem abandonado. — Recordei-me do significado do nome. — Abandonado principalmente por si mesmo — completei.

Ainda estava completamente escuro quando me levantei. Clarion e os outros ainda dormiam. Saí um pouco da nave e fiquei ouvindo os animais da noite. Um grilo aqui, outro sapo ali; já havia me acostumado com os termos dos habitantes. Até em meus relatórios usava essas denominações como referência, pois muitos deles não existiam em nosso idioma.

Sorri. No meu planeta esse tipo de vida já havia completado seu ciclo evolutivo e não existia mais. Quanto tempo, Deus? Há quanto tempo? Será que fui um deles? Especulei mentalmente.

Um animal unicelular, que, aos poucos, foi aglutinando células e funções. E depois, já na condição de ser racional, quantas vezes me comportei irracionalmente? Confuso. Disfuncional.

"Ainda o é", transmitiu Clarion, brincando lá de dentro da nave.

Só então percebi que minha frequência de transmissão estava aberta.

Sentei-me na borda da abertura e lá fiquei. Olhei para a abóbada celeste e senti-me pequeno. Vistas dali, as mesmas estrelas que circulávamos e eram enormes pareciam pequenas e fora de alcance.

A saudade de meu planeta acentuou-se, e senti vontade de ir para casa. Avaliei que minha mãe já deveria estar preparando-se para reencarnar outra vez. Como ela viria?

Notei um movimento na vegetação ressequida que ficava diante da abertura da nave e foquei minha atenção nisso. Parecia um animal grande. Esperei. Estava sem a máquina que registrava imagens.

Logo depois, pressenti a presença de alguém, o que não era natural. Era perigoso para eles andar pela floresta àquela hora.

— Venha! Aproxime-se! — pedi.

Tive certeza de que o ser estava se escondendo, o que não era um comportamento natural para os membros da aldeia que nos tinham como amigos.

Esperei e chamei novamente.

— Está com problemas? Quer que eu vá até você? — perguntei preocupado. Alguém poderia estar ferido.

Dizendo isso, levantei-me e fui na direção da vegetação ressequida. Quando já tinha volitado uns dois metros, ouvi um grito como se fosse uma ordem:

— Não precisa vir. Não corro perigo.

— Chrospu! — reconheci a voz. — Venha. Pode ser perigoso para seu bem-estar físico ficar aí. Existem muitos animais camuflados que estão fora de sua frequência visual e poderão feri-lo.

— Não! Não a mim!

Chrospu era perturbado, mas não estava obsidiado. Já havíamos verificado isso.

— Venha, sente-se aqui comigo. Todos ainda estão dormindo.

— Você não? Por quê?

— Dormi cedo ontem e só preciso de uns poucos momentos de sono na noite deste lado do planeta. Venha — insisti.

Chrospu saiu de trás da vegetação onde se escondia, e senti rancor nele. Tentei identificar o que o afligia; ele era totalmente instável, mas sempre demonstrava ter certa ira.

— Aproxime-se. Não vá me dizer que nos teme agora. Por que não está dormindo como todos os outros? Vocês precisam disso.

Ele aproximou-se e sentou-se ao meu lado.

— O que estava fazendo? — perguntou Chrospu.

— Nada. Acordei, saí um pouco e sentei-me aqui.

— Isso eu vi.

— Então, por que perguntou? O que fazia ali?

— Vigiava. Vocês não vão viajar sem mim. Quero ir para casa.

— Chrospu, mesmo que nosso planeta tenha sido sua casa, ele não é mais — repeti.

— É e sempre será.

— Chrospu, não vou mentir para você; não posso fazer isso.

— Eu quero voltar. Vocês não entendem. Vou matá-los, pegar a nave e voltar para casa.

— Não pode fazer isso. Olhe para as estrelas, saberia se guiar? Saberia navegar?

— Não — respondeu ele baixando os olhos e sentindo-se humilhado.

— Não fique assim. Você voltará para casa, mas não agora. Não conosco. Todos sempre voltam para casa.

Ele ficou em um silêncio profundo, e, sentindo-me triste por ele, pensei: "Quantos pesos a carregar! Quantos remorsos profundos!".

Clarion aproximou-se, olhou-nos e sorriu. Por reflexo, acariciou a cabeça de Chrospu, que não se mexeu.

— Chrospu, Chrospu, nós gostamos de você. Sabe disso, não?

— Não! Eu não acredito! Vocês não querem me levar para casa. Vocês são meus inimigos, e vou matá-los! Conspiraram para que eu fosse expulso.

— Sabe que isso não é verdade. Nós gostamos de todos vocês e fazemos tudo para ajudar as pessoas da aldeia. Veja Dorka e Chrorum! Os dois têm aprendido muito. Ela já é uma ótima curandeira, conhece as ervas. Você não quis aprender, mas ainda é tempo. Karron ensina a todos que querem ler e escrever.

— Não quero saber de cura! Eu já soube!

— O conhecimento não é esquecido. Se já soube, sabe ainda. Você poderia ser útil, ajudar as pessoas e a si mesmo. Sempre que fazemos algo bom aos outros, nós também nos ajudamos.

Ele olhou-me como se quisesse dizer algo a mim e a Clarion, mas não conseguia se lembrar. De repente, saiu correndo.

Continuei sentado ali, e Clarion, suspirando, entrou na nave. "Chrospu, nosso enigma", pensei. Levantei-me e também entrei.

"Crê que ele possa fazer algo contra nós?", transmitiu-me Clarion com certa preocupação

"Não, ele está perturbado. O espírito de Chrospu está em conflito."

"E se fizéssemos algo por ele? Tentei harmonizá-lo, mas, mesmo sem saber, Chrospu recusou por reflexo. É como se quisesse se manter em sofrimento. Ele não sabe que poderia sair desse estado sendo útil."

"Não podemos fazer nada, Irione. Medi o nível de umidade ontem; está metade do que costumava ser. Além disso, faz quarenta e dois ciclos lunares que não chove e não há vestígios de que vá chover."

"Medi o nível dos rios e lagos; realmente estão muito rasos. A plantação da aldeia, contudo, está em ordem. O sistema de vasos comunicantes com os troncos ocos é extremamente primário, mas é eficiente."

Clarion sorriu.

"Quem disse que Deus não dá ao homem soluções para seus problemas? É só uma questão de pensar, planejar e querer fazer o trabalho."

"Preocupo-me com a família que não quis ir."

"Convenci as pessoas da aldeia a alimentá-los. Estão fazendo isso, alguns com boa vontade, outros com má vontade. Precisamos ficar alerta, pois, quando as chuvas vierem, haverá muita precipitação e precisaremos tirá-los de lá. Do contrário, a cheia dos rios poderá interromper o ciclo reencarnatório dessas pessoas."

"Por que é tão difícil convencê-los? Gostam de nós, sabem que falamos a verdade, mas teimam."

"Talvez creiam, inconscientemente, que merecem o castigo. Não há mais caça, pois os animais deslocaram-se para onde a seca não está tão acentuada. Em compensação, não lhes faltam peixes."

"Quando amanhecer, vamos visitar Trion, mesmo que ela não queira."

"Faltam poucos minutos. Vamos nos alimentar."

Pouco tempo depois, levantamos voo. Aradie ia quieto, calado, e, quando tentei conversar com ele, só me respondeu com monossílabos.

Pousamos na área da praia, e ele nos comunicou que preferia ir sozinho — e foi.

Clarion e eu começamos a recolher amostras de vegetação, enquanto Rarun procurava vestígios de esqueletos humanos na areia. Queríamos estimar o tempo que aquela aldeia existia ali.

O tempo passava, e Aradie não voltava. Mal pensei nisso, e nos vimos cercados de homens armados e pintados com resíduos vegetais.

— Orichana mandou buscá-los.

Olhei para Rarun, que estava trabalhando com um aparelho de análise montado na areia e não percebeu quando o cercaram.

— Vamos. Ela os quer agora!

— Para quê? — perguntou Clarion divertindo-se.

Eles não responderam, então, decidimos segui-los. Volitamos um pouco, mas tentaram nos acertar com armas que voavam — artefatos que não existiam na aldeia ao norte — e das quais poderíamos nos desviar facilmente. Como não queríamos confronto, voltamos a caminhar.

— O que está acontecendo? — perguntou Clarion mais para si mesmo, com um tanto de inconformismo.

Chegamos e logo atrás vimos Rarun. Aradie estava sentado, e Trion, a alguma distância dele, estava de pé. Afastada uns seis metros de nós, ela nos sorriu:

"Demoraram dessa vez", transmitiu-nos ela.

"Não gostei da recepção; foi hostil", comentou Clarion.

"Não quis ser gentil. Não preciso."

Senti o olhar de reprovação de Rarun a ela.

"Trion, você está com problemas? Esse comportamento não é normal em seu nível", transmitiu Rarun tão espantado quanto nós.

"Foi só um convite convincente. Quero que deixem aqui alguns equipamentos."

"Precisava pedir assim? É de todos nós. Poderíamos ajudá-la em suas pesquisas o quanto quiser."

Tive certeza de que Trion estava em estado de perturbação; algo no comportamento dela parecia alterado. Não transmitimos essa informação entre nós, pois ela também a receberia.

— O que quer? — perguntou Aradie. — Fale logo. Eles já estão aqui.

— Quero parte do equipamento de laboratório da nave desmontado e remontado aqui.

— Isso é impossível, você sabe disso — afirmou Rarun surpreso.

— Somos inteligentes; seremos capazes de usar.

— Trion, não vamos fazer isso — afirmou Clarion visivelmente preocupado com ela.

— Vão. Precisamos deles aqui.

— Para quê? Eles ainda não têm nível para aprender tudo isso; nem sequer têm símbolos de escrita.

— Eu os ensinei. Farei esse povo evoluir em uma reencarnação o que levaria cem. São inteligentes, excepcionalmente inteligentes.

— Trion, isso não é possível, e você sabe disso. E não vamos fazer.

— Por favor, preciso muito, muito mesmo — implorou no dialeto deles.

"O que há?", transmiti em nosso idioma.

"Façam. Só façam", pediu quase em súplica, mudando de atitude repentinamente.

Tirei o filtro que tinha no bolso e olhei para o corpo astral dela. Estava com várias manchas, registrava alguma doença e transmiti em nosso idioma:

"O que há? Não sairemos daqui sem saber."

"Estou com algo e deduzi que é contaminante. Temo contaminá-los. Não sei como peguei, não faz mal a eles."

"Ficarei para ajudá-la", afirmou Clarion.

"Não, não quero. Não trouxemos nenhum especialista médico.

"Foi um erro", comentei com certo remorso. "O que está sentindo?"

"Às vezes dores, sensação de sufocamento, variação de humor."

"Será que não foi causado pelo que você ingeriu alguns ciclos atrás?"

"Talvez resquícios disso, no entanto, não há mais moléculas do que ingeri. Analisei. Ou tenha deixado algum tipo de alteração em meu corpo físico, que não é resistente ao composto."

"Por que deduziu que é contaminante?"

"Porque não sei o que é."

"O que faremos?", perguntei e olhei para Aradie. Seu olhar era de total tristeza; sabíamos que ele amava Trion. Por ele, os dois estariam em um casamento experimental há muito tempo.

"Vou ficar", afirmou ele.

"Aradie, agradeço", respondeu ela gentilmente. "Mas você é especialista em biologia aquática e não poderá ajudar-me. Preciso que montem alguns equipamentos do laboratório."

Trion não ordenava mais; suplicava. Sentimos muito, mas não podíamos fazer aquilo. O equipamento corria o risco de perder a precisão. Além disso, ela não queria ir de modo algum. Estava muito perturbada, do contrário, não teria tentado impor o que sabia não ser correto. Talvez isso fosse reflexo da própria disfunção.

— Vamos até a nave, Trion. Discutiremos e voltaremos com uma solução — comentou Aradie. — Não quer vir?

— Não. Ao ar livre, é quase impossível ocorrer as contaminações, mas podem ser perigosas em lugares fechados.

— Você poderia ficar na cabine de oxigenação. É melhor vir conosco — insistiu ele.

— Não me perdoaria se, por um descuido meu, os contaminasse.

— Espere. Vou ceder-lhe meu traje de aclimatação — afirmou Clarion tirando-o. Era o único que estava usando o traje.

Trion acompanhava com o olhar, e o chefe da tribo aproximou-se. De repente, segurou-a pelo braço.

— Você não vai! É minha mulher!

Trion sorriu, acariciou-lhe o rosto e respondeu:

— Vou, mas volto, prometo. Confie em mim.

O desconforto de Aradie ficou estampado no rosto, e eu, assim como os outros deveriam estar, fiquei surpreso. Trion ainda beijou o chefe de leve nos lábios, vestiu-se com o traje e saiu.

— Pode volitar? — perguntou Clarion.

— Não. Sinto também um tipo de fraqueza que me incomoda muito.

— Quer nos contar o que se passa entre você e o chefe da tribo? — perguntou Rarun.

— Estamos casados.

Nossa surpresa foi tanta que ficamos em silêncio. Trion havia contrariado a lei dos afins. Depois, corrigi meu erro, meu preconceito. Eu amava os seres da aldeia como se fossem meus filhos, meus alunos. Sentia ternura por eles, em especial por Dorka. Ela era muito inteligente para seu nível, dedicada e esforçada.

Trion não fez mais nenhum comentário, e ficamos calados. Não tínhamos o direito de inquirir.

Quando chegamos à nave, ela tirou o traje, foi sozinha até o ambiente que lhe fora reservado e fechou-o oxigenando-o. Nós nunca o fechávamos; só o fazíamos em voo, por segurança.

Eu e os outros sentamo-nos na sala e fizemos uma reunião para traçar um plano. Primeiro, a nave não poderia ficar indo e vindo, pelo menos não por aqueles dias. Segundo, tiraríamos amostras de sangue para análise. Não conhecíamos e não existia literatura sobre todos os tipos de micro-organismos que existiam ali. Talvez não fôssemos tão imunes a alguns como deduzíramos.

Discutimos muito sobre o que cada um de nós poderia fazer de acordo com sua especialização. No final, chegamos à conclusão de que, se não existia um trabalho sobre micro-organismos ali, nós, por força da necessidade, iríamos fazê-lo.

Aradie quase não falava, parecia absorto. Sabíamos também que o nível de hostilidade de Trion e o resquício de raiva que ela guardava haviam cooperado para o desequilíbrio, dando chance para a contaminação.

Mas não estávamos ali para julgá-la e, sim, para ajudá-la. Provavelmente, esse seria um modo de criar laços melhores com ela.

A primeira coisa que fizemos foi tirar amostras de sangue de Trion e de todos nós. Queríamos comparar nossas amostras com as dela. Certamente, havíamos adquirido pelo ar muitos micro-organismos que existiam na atmosfera, mas que não nos faziam mal, pois estávamos em perfeito equilíbrio emocional e químico.

Sem parar as medições de umidade do ar e saindo de vez em quando para visitar a aldeia, ficamos envolvidos nesse trabalho.

Dois dias após a chegada de Trion, ela teve uma crise e as dores acentuaram-se. Demos a ela um analgésico, mas não tínhamos como entrar em contato com nosso planeta para pedir ajuda. Era muito longe e a velocidade de transmissão era lenta, por isso nem sequer havíamos tentado.

Trion mantinha-se trancada e só abria o ambiente para alimentar-se. Aradie estava cada dia mais triste. Ajudava-nos com afinco, mas percebi que evitava aproximar-se dela.

Em um daqueles dias, levei o alimento a Trion, sentei-me perto dela e fiquei observando-a alimentar-se.

— Como vão as pesquisas? — perguntou-me ela.

— Ainda estamos um tanto cegos. Começamos comparando as que conhecemos do nosso planeta, assim será mais fácil separar as que são oportunistas das que não são.

— Sei que tem razão. Dei oportunidade a contaminarem-me, mas existem coisas que são difíceis de dominar. Chegarei lá — comentou ela sorrindo levemente.

— Trion, perdoe-me a intromissão, mas você se casou com um homem deste planeta... Crê que isso seja justo com ele? Até nossos ciclos de vida são diferentes. Não poderá acompanhá-lo quando desencarnar e não cruzará com ele nos planos espirituais.

— Tenho certeza de que ele é um ser abnegado. Está aqui por opção, é gentil, tem conhecimento intrínseco e passa isso aos habitantes da tribo.

Trion ficou um pouco em silêncio, acabou de beber o suco alimentar e deitou-se. Pensei que fosse fechar o ambiente, mas não o fez. Ela continuou:

— Irione, às vezes penso nisso, mas, quando o vi, foi um prazer enorme. Tenho certeza de que já fomos amigos em outra época, em outras vestimentas corpóreas.

— Sabe que não poderá ficar aqui. Aliás, poderemos ir até mesmo antes de ele desencarnar.

Ela sorriu sem me olhar.

— Não há copulação entre nós, se é isso que o preocupa. Não quero frustrá-lo e causar-lhe um grande sofrimento levando um filho dele ou tendo que deixar um meu. Foi um acordo, mas somos marido e mulher na alma; temos um carinho imenso um pelo outro. Mesmo agora, relutei em deixá-lo. Avaliei se não seria melhor continuar a sentir essas dores, tentando dominá-las, do que abandoná-lo. Sei que ele está inseguro, embora eu tenha lhe dito que sempre haverá uma oportunidade de nos encontrarmos no futuro e que esse relacionamento não se perderá.

"Aliás, é isso que quero garantir, mas evitar sofrer por deixá-lo é impossível. É como uma semente que plantamos, Irione. Sabemos que ela brotará e poderá ser uma linda árvore com muitos frutos, mas quando? Isso pertence a Deus, e eu confio Nele e em Sua sabedoria. Não poderia deixar passar essa oportunidade de estreitamento de laços."

— Aradie a ama, e você sabe disso, Trion. Ele está muito triste.

— Lamento, Irione, mas a semente que ele plantou ainda não brotou. Tenho refletido que sempre fui um tanto hostil com vocês. Não era com vocês propriamente; era com ele. Já tivemos relacionamentos no passado que não foram bons, mas já nos perdoei. Há muito nos perdoei. Somos amigos, contudo, não estou pronta a dar outra chance da forma que ele deseja.

"E agora isso. O nome do chefe da tribo é Kariram. Temos tudo em comum, embora estejamos em níveis diferentes. Contei a ele que era de outro planeta, que vinha das estrelas. Na primeira vez que o fiz, ele sorriu e disse que acreditava em mim, pois os deuses moram nas estrelas e eu era um deles.

"Levei dias para explicar-lhe em seus termos que eu não era uma deusa ou coisa parecida; era só mais uma habitante de um planeta longínquo, como eles eram deste.

"Kariram foi o único que conseguiu entender totalmente, embora não consiga passar isso em palavras. É um entendimento calado, que não está no corpo denso e, sim, no espírito."

— Você deve estar certa — afirmei.

— Tenho certeza. Estou pronta para Kariram, mas ele não está para mim. E, infelizmente, não estou pronta para Aradie. Tenho também pensado que não somos apenas especialistas em um trabalho de pesquisa; temos coisas a resgatar neste planeta. Entendi isso quando vi Kariram. Agora vá. Não quero contaminá-lo.

Sorri-lhe pensando: "Se Trion tinha que aprender algo, está aprendendo depressa. Nunca a vi tão gentil e receptiva e entendi plenamente seus conflitos".

Saí da nave com aparelhos de medição de umidade. Fazia sessenta ciclos lunares que não chovia, e quase não se via mais nada verde. Nem sequer havia peixes nos rios.

Nossa análise da fonte que irrigava a aldeia no alto estava completamente certa, embora houvéssemos ensinado as pessoas da aldeia a economizarem água.

Fui até a família que ficara e receberam-me com indiferença. O velho mais velho deles temia que eu os convencesse de que estavam errados e deveriam se juntar aos outros, por isso espalhava coisas erradas sobre nós, em franca hostilidade.

Nossas previsões haviam sido mais do que comprovadas, e meu maior medo era do que aconteceria quando as chuvas chegassem. Os rios daquela região, que agora estavam secos, seriam inundados para uma nova distribuição de peixes.

Já havíamos aplanado um morro alto para o pouso da nave e para isso tivemos de cortar a vegetação do topo, mas tivemos o cuidado de guardar sementes de todas as espécies para replantá-las antes de voltarmos para casa.

Senti-me um tanto entristecido e desolado diante do que antes estava completamente verde e pulsante de vida. A vida ainda estava lá, mas não mais na abundância anterior.

O velho mais velho veio receber-me sem sorrisos.

— Como está, velho mais velho? — perguntei, utilizando o título que lhes dava certo destaque social.

— Estamos bem e não sofremos de fome como disseram que sofreríamos.

— Por que está dizendo isso? O senhor sabe que os que se foram lhes enviam comida. Não há mais caça. Por favor, deixe de ser teimoso. Até agora conseguimos resolver em bom termo, mas, quando as chuvas vierem, não poderemos fazer nada. Há um local para vocês; serão bem recebidos.

— A chuva a que vocês se referem não virá. Nunca houve algo assim. Nunca vi.

— Também nunca tinha visto uma seca como essa, não?

Ele virou as costas a mim e saiu. Estava um tanto esclerosado, mas a autoridade era dele. As crianças vieram para perto de mim e, como sempre, passaram as mãos curiosas sobre meu corpo envolvido com a vestimenta brilhante.

Sentei-me e comecei a pensar no que fazer. Indefesas e inocentes, elas seriam as maiores vítimas do perigo que se aproximava. Eu entendia a necessidade do aprendizado, da pressão evolutiva, que, às vezes, causa sofrimento, mas um bom exemplo é sempre um atalho. E, naquele momento, nosso conhecimento era o atalho.

— Crianças, vamos fazer um planejamento? Vocês estão vendo como tudo está seco? Pois bem, vou fincar um pedaço de madeira a poucos passos daqui e quero que alguns de vocês sejam meus ajudantes. Assim que a água chegar até ele, avisem seus pais e lhes peçam para ir à montanha transformada. Quem será meu ajudante?

Todos queriam ser, mas muitos eram muitos pequenos. Escolhi, então, quatro dos mais velhos.

— Meu avô disse que não choverá mais, que é nosso destino morrer aqui — afirmou um deles.

— Não. O destino predeterminado não existe. Vejam que já poderiam ter morrido, mas o povo que mudou lhes manda comida. Vejam. Não estão fortes? Agora, caberá a vocês não morrerem afogados. Venham, vou colocar a marca, e ninguém deve tirá-la. Quando começar a chover, todo dia um precisará vir olhar de manhã e à tarde, mesmo que a chuva esteja forte.

Nove crianças de várias idades seguiram-me. Enfiei um pedaço de tronco bem firme no solo duro e ressequido, temendo que, envolvidos em nosso trabalho dentro da nave ou estando em viagem, não percebêssemos quando a água subisse ao ponto de colocá-los em perigo. Não conhecíamos com precisão o fluxo de água que viria, já que seria muito variável, podendo levar mais ou menos tempo.

— Vou confiar em vocês para avisar seus pais e a nós — afirmei para lhes dar mais responsabilidade. Agradeci, me retirei e voltei para a nave.

Capítulo 14

Nosso trabalho de análise de micro-organismos caminhava lento, e nenhum de nós era especialista microbiológico.

Rarun estava preocupado com Orin, e resolvemos ir até lá sem interromper o trabalho no laboratório. Antes, contudo, fomos avisar à aldeia que voltaríamos. Chrospu não estava lá, e fazia dias que não o víamos.

Levantamos voo. Chegamos ao lado oriental, pousamos a nave, e Aradie comunicou-nos que ele e Clarion ficariam no laboratório.

Rarun e eu nos vestimos como seres locais, volitamos alguns quilômetros e, quando nos aproximamos das habitações, começamos a andar. O calor estava sufocante.

Fomos até o palácio, pedimos para visitar Orin e nos identificamos dizendo que éramos da família dela.

Logo depois, um homem alto pediu que tirássemos os capuzes para que pudessem nos ver melhor.

Tiramos, e ele nos olhou detalhadamente.

— Seus olhos são como os dela: tão claros que parecem cegos. Sem dúvida, são parentes. Entrem e sigam-me.

Nós o seguimos e percebemos que as paredes, além de densas, tinham aberturas insuficientes para a troca de ar mais saudável e um nível de umidade alto, o que era doentio para eles. Fomos caminhando por corredores longos e estreitos até uma ala grande, com muitas ornamentações.

— Esperem aqui — ordenou o homem sem nenhuma gentileza. Esperamos.

— Esses corredores foram feitos para dificultar a entrada de invasores — observou Rarun.

"Não pressinto Orin por perto", transmiti a ele.

"Ela não está nesta ala. Talvez o imperador curioso queira nos ver antes."

"É provável."

Uma porta abriu-se, e um outro homem estava sentado em uma cadeira ornamentada de pedras brilhantes em um grande salão. Com certeza não era o imperador, embora estivesse sentado na cadeira dele, um símbolo de status.

— Entrem! — ordenou em voz alta, e obedecemos. — Revistе-os.

Não entendi o significado da palavra até que dois homens, entre os muitos que estavam presentes na sala, vieram nos revistar. Sentiram certa diferença na densidade de nosso corpo, mas não comentaram nada sobre isso.

— Eles não têm armas, mas são parentes dela. Olhem seus olhos. São iguais aos dela. Também parecem cegos — comentou o mesmo homem que nos recebera e nos levara até lá.

— Gostaríamos de ver Orin — pediu Rarun.

— Verão, mas antes quero conhecê-los. Meu nome é Deron.

Assim que ele disse o nome, identifiquei-o. Era o assessor, ou melhor, o vizir do imperador — corrigi mentalmente. Na verdade, era ele quem imperava.

— O que quer saber? — perguntou Rarun encarando-o.

— Que tipo de gente são vocês? De onde vêm?

— Somos um tanto diferentes, senhor, é só isso. Vivemos em um local muito distante que foge ao seu conhecimento — respondeu Rarun. — Viemos até aqui para ver Orin, já que ela não pode mais ir visitar-nos.

— O imperador não quer que ela saia, nem eu. Ela tem cuidado dele, e isso é importante para nós.

"Para ele principalmente! Para imperar onde não tem direito algum", transmiti a Rarun, que sorriu levemente.

O vizir nos olhava de alto a baixo, em um misto de curiosidade e certa aversão.

— O que fazem para viver?

— Somos pesquisadores — respondeu Rarun.

Ele riu muito.

— O que é isso? Pesquisam o quê? Nossos exércitos? Vão descobrir que ele é inexpugnável.

— Senhor, pedimos humildemente que nos deixe ver nossa parente. Faz muito tempo que não a vemos; estamos preocupados.

— Guarda, leve-os! Parecem covardes! Ninguém dessa cor tão branca pode ser corajoso. Devem ser quase cegos — afirmou ele com desprezo.

Saímos da sala e seguimos pelo mesmo corredor, que parecia muito longo.

"Ele se julga muito corajoso, no entanto, trai. Só covardes traem", transmitiu-me Rarun.

Viramos outro corredor também cheio de ornamentos. De um lado, havia perto da parede uma escultura feita de pedra que me deixou extasiado. Era um ser como nós, vestido com o traje de aclimatação e não parecia recente pela oxidação dos minérios ferrosos que existiam na pedra.

Rarun e eu paramos no mesmo instante para observá-la melhor.

— Quem fez isso? — perguntei ao soldado que nos escoltava.

— Como vou saber? Dizem que foi um maluco, antepassado da família da outra dinastia. — O soldado sorriu, olhou com desdém para a escultura e disse: — Maluco mesmo.

— Vão. Daqui não posso passar. Hei, vocês! Leve-os até a tal de Orin.

O soldado chamou dois homens que, quietos, estavam sentados no chão a alguma distância. Provavelmente eram os homens que banhavam o imperador, cujas línguas haviam sido cortadas cruelmente.

Levantaram-se e ficaram nos esperando. Depois, seguiram na frente guiando-nos.

"Para que algo tão grande para morar? Veja quantos espaços vazios! Deveriam ceder as pedras para aqueles que têm casas de madeira. Muitas delas são muito apertadas", transmiti, e Rarun sorriu.

"Ostentação, Irione. Já passamos por isso também, mas por um período bem mais curto."

Seguimos por mais um corredor. Fiquei inseguro se conseguiria fazer o mesmo caminho de volta, pois outros corredores cruzavam com aqueles, em um verdadeiro labirinto.

Finalmente, saímos em uma espécie de jardim. Orin estava lá; sem dúvida, havia nos pressentido. Ao ver Rarun, transmitiu-nos:

"Que vontade de abraçá-los! Rarun, eu pude sair. Rastreei você lá fora, mas não consegui encontrá-lo."

"Trion não está bem. Fiquei dois ciclos lunares sem vir."

"Ela está bem agora?"

"Não. Está contaminada por algum micro-organismo."

"Lastimo", disse.

"Aqui é onde o imperador toma sol."

"Onde ele está agora?"

"Chegará em alguns minutos. Avisei-lhe que vocês viriam e os pressenti assim que chegaram à porta de entrada. Para ele, é pouco tempo para arrumar-se. Brigou comigo por isso."

"Por que se arrumar? Como ele está?"

"Melhor. Ainda não caminha sem ajuda, mas isso é irreversível e lhe traz um complexo de inferioridade muito grande. Os movimentos dos braços estão quase perfeitos", transmitiu Orin, e lembrei-me da proibição de se falar no assunto.

"Conhecemos o tal de Deron. Estava sentado em uma cadeira que deve ser do imperador", transmiti de volta.

Orin sorriu.

"Sim, todos sabem aqui dentro, menos o povo e o imperador. Deron só não recebe os parentes do imperador assim. Mas isso é fácil de fazer, ninguém vem visitá-lo."

Conversamos — às vezes falando, às vezes transmitindo — sobre a seca no outro continente, as providências que tomamos, detalhes sobre a doença de Trion etc. Tivemos certeza de que nos espionavam, embora o espião acreditasse estar bem escondido.

Fomos chamados à sala onde o imperador nos esperava sentado. Estava muito ornamentado, com roupas bordadas com metais, que eles classificavam de preciosos, e olhou-nos avaliando-nos. Depois, olhou para Orin e sentimos que ele a amava. Rarun também sentiu isso e percebi nele um desconforto ante a situação.

— Então, são parentes de Orin — disse ele com arrogância.

— Sim, senhor. Gostaríamos de vir visitá-la sempre, já que ela não pode mais sair para nos visitar — pediu Rarun.

— Sim, eu sei. Foi por ordem minha. Ela é minha serva preferida, e nas ruas há sempre muitos bandidos. Ela corre perigo.

Percebemos que o imperador dizia a verdade, mas, quando falava em bandidos, se referia na verdade às traições. Ele realmente temia perdê-la.

— O que querem como pagamento por deixá-la aqui?

— Não precisamos de pagamento, pois um dia ela terá de partir — afirmou Rarun.

O imperador fingiu não ouvir a última frase.

— Vocês são diferentes, e não fisicamente. Ela não usa as joias que lhe dou, embora sejam as mais caras que existem. Não percebo nela nem o regozijo em tê-las, e vocês, diante de mim, o homem mais rico que há, o dono do império, me dizem que não querem pagamento. Que espécie de gente vocês são?

Ele não gritava, mas havia indignação em seu tom de voz, como se nosso comportamento fosse impossível. Rarun respondeu-lhe com tranquilidade:

— Nosso objetivo é fazer os outros felizes. Fazê-los aprender a sabedoria da vida, e uma delas é saber que tudo que não alimenta, aquece ou é ferramenta são apenas alegorias sem valor.

O imperador riu muito, divertido e incrédulo.

— Não consigo acreditar. São por acaso saltimbancos e vieram aqui para me fazerem rir?

— Não, senhor. Teríamos uma alegria imensa se aprendesse essa grande verdade.

— Como eu poderia ser um grande imperador, se não fosse o mais rico, o mais importante?

— Poderia ser o mais importante sem ser o mais rico. Poderia ser o mais importante sendo o mais justo e bondoso com seu povo. Andei pelas ruas de sua cidade e notei que muitos têm fome, os impostos são altos. Senhor, já pensou que seria eternizado na história se libertasse os escravizados?

O imperador arregalou os olhos e fez silêncio, como se houvesse ouvido uma ofensa pessoal. Rarun olhava diretamente para ele, e notava-se que Orin tinha vontade de rir pela reação do imperador. Ele realmente parecia uma criança inocente, que crê que suas pequenas vontades se impõem como únicas e são as coisas mais importantes no universo.

— Quem construiria no império? — perguntou finalmente.

— Homens livres, sendo pagos por isso. Homens que poderiam progredir, aprender e pensar no imperador como um grande homem. Lembranças de algo muito grande que o senhor poderia ter realizado. Mudado a história talvez, acelerado a evolução.

— Depois de minha morte, que lembranças eu teria?

— Todas, já que a vida continua e suas lembranças jamais se apagarão de sua memória. Lamentará o que podia ter feito e não fez.

Ele olhou para Orin e perguntou:

— Por acaso são filósofos ou sacerdotes? De que seita?

— Sem seita ou religião, senhor; é ciência. As pessoas confundem ciência com religião, assim como no seu império. A religião que cultivam é envolta em misticismo e preceitos que não se justificam, e só à luz da verdade isso se esclarecerá.

— Esclareça-me agora!

— Lastimo, mas o senhor ainda não tem conhecimento para isso.

— Ensine, eu aprendo! Sempre fui bom aluno. Você mesma me diz isso.

— Se quiser mesmo, aceite o que Orin lhe diz sobre a vida após a morte e a responsabilidade sobre nossos atos para sempre, estando deste lado ou do outro.

Fez-se silêncio novamente, e senti a respiração do espião atrás da porta acelerar-se. O imperador não percebia que estávamos sendo vigiados, e Orin transmitiu-me:

"Não o denuncie, não olhe em direção à porta, pois ele pagará com a vida e muitos outros serão obrigados a correr esse risco. É um escravo de Deron e não tem valor algum."

"Isso precisa acabar", transmitiu Rarun de volta.

O imperador prosseguiu:

— Como podem querer que eu acredite em tal bobagem? Vi os corpos de meus parentes mortos; estavam inertes, fediam, não tinham vida. Vi os dos meus inimigos serem devorados por insetos sem gritos de dor, como, então, podiam estar vivos?

— Seus corpos, sim, mas seus espíritos são eternos.

— Sacerdote, sua religião é confusa para mim. Diz-me que terei lembranças de meus atos depois da morte e que responderei por eles, mas quem se atreverá a julgar-me? Um deus? Qual deus?

— Nenhum deus, mas o senhor mesmo. Ao ver que errou, vai querer corrigir esse erro. Por acaso, alguém que sabe que erra vai querer persistir no erro?

— Não, pois seria estúpido. Mas antes precisarei concluir que errei, e não vejo erros nos meus atos. Um imperador jamais erra.

— Porque não conhece o objetivo da vida, que é o conhecimento e a sabedoria. Sabedoria de reconhecer o valor do amor e da humildade, o crescer da consciência.

— Meu pai sempre me disse que o amor só é válido se dado a uma mulher. Eu amo uma, então, já sei o que é o amor. Sou sábio.

— Infelizmente não, senhor. Temos que nos educar para dar amor indiscriminadamente a todos, amigos e inimigos, pois esses, por meio desse amor, se tornarão nossos amigos no futuro.

— Orin, você já me disse isso antes. Não quero crer que você me traía. Não a mulher que aliviou meu sofrimento.

O imperador disse isso a ela com tal ternura, quase como um apelo, sem entender bem o que Rarun falava.

— Faria por qualquer ser que precisasse de minha ajuda — respondeu ela sorrindo-lhe gentilmente.

— Faria por seus inimigos? — questionou ele duvidando.

— Faria se os tivesse.

Ele riu com certo desprezo.

— Pobre inocente, acabou de ganhar muitos a partir do momento que me ajudou a me recuperar. Meu antigo médico é um deles. Você sabia disso, Orin?

— Sim, eu sabia.

— No entanto, não parece preocupada. Sabe que tentarão matá-la quando minha vida não tiver mais valor para eles? Sabe disso?

— Sei. Eles me consideram inimiga deles, no entanto, não os considero assim. O importante é o que sinto em relação a eles.

— Como pode afirmar isso com essa calma sem vir até aqui implorar aos meus pés que eu os elimine? Não tem amor à sua vida? Não teme a morte?

— Não. Sei que, mesmo tendo meu ciclo, quero dizer, minha vida interrompida, renascerei.

— Se eu matasse um dos seus parentes agora, você não sentiria dor?

— Sentiria, senhor, por ver desperdiçada essa vida dele e pela dor do arrependimento que lhe acometeria mais tarde.

— Eu não os conheço, não tenho laços com eles, então, seria indiferente para mim. Não me importo com suas vidas.

— Deveria se importar, pois as vidas deles, de todos nós, estão entrelaçadas e sempre importam.

— Eu não faria, Orin. Gostaria de acreditar que teria uma nova vida, na qual pudesse fazer de você minha esposa — completou ele com muito carinho. — Vou deixá-los a sós. Devem ter assunto de família para conversarem. Saiam, por favor — disse-nos tirando totalmente da voz o tom de autoridade e arrogância anteriores.

Saímos e pude senti-lo acompanhando-a com o olhar. Voltamos para o local fechado e ajardinado, e notamos que o espião correra para lá. Sentamo-nos no banco do jardim e não falávamos; decidimos apenas transmitir as mensagens uns aos outros.

"Orin, vi no corredor uma escultura que parece um ser com vestimentas iguais ao nosso traje de aclimatação."

"Sim. Um dia, durante uma conversa amena, perguntei ao imperador quem a tinha feito. Ele contou-me que, há muito tempo, um filho de outra dinastia teve um problema grave de loucura."

"Que tipo de problema?"

"Desde pequeno, ele desenhava e esculpia figuras estranhas em tudo o que via e cresceu sem se preocupar com as coisas do governo — embora não fosse o herdeiro direto, pois tinha dois irmãos mais velhos, esperavam que ele se inteirasse dos assuntos. Aqui, o mais velho herda o trono e, no caso da morte deste, o segundo assume e assim por diante.

'Surravam-no para que ele comparecesse aos treinos de luta, mas, mesmo assim, fugia. Acredita-se que por causa dessas surras ele enlouqueceu. Aos dezessete anos, ele sumiu e viveu anos como mendigo. Os pais acreditavam que ele tivesse sido assassinado.

'Quase dez anos depois, ele reapareceu. Estava insano, e não houve o que o trouxesse à razão. Diziam que ele pedia para voltar e afirmava que não era deste mundo. Adquirira uma fixação por esse tipo de imagem, a pintava nas paredes do seu quarto e fazia pequenas e grandes esculturas dela.

'Pintava também círculos e outros menores em volta e teimava que tinha vindo de lá. Desprezava todas as pessoas, inclusive os pais e os irmãos, e nunca se casou. Aos poucos, a família começou a sentir vergonha da loucura dele e o isolou. Ele, contudo, era inteligente e fugia. Certo dia, colocou fogo no quarto — ou colocaram, ninguém soube com precisão —, queimando suas relíquias, só essa sobrou por que estava no jardim.'"

"Um exilado."

"Sem dúvida, mas de qual planeta não temos como saber."

"Há alguém que também jura que veio de nosso planeta: Chrospu. Ele é um enigma para nós. Estamos estudando-o. Ele confunde as informações e épocas", comentei.

"Orin, o imperador a ama. O que fará sobre isso?", questionou Rarun.

"Corri esse risco, Rarun. É uma forma de ele se sentir agradecido; o preconceito é muito grande. Sou uma serva, e ele crê que tem sangue nobre, com diferente composição química em relação aos demais. É também impotente e não pode se relacionar com ninguém, o que é uma de suas maiores frustrações. A doença degenerativa estacionou. Viu como ele movimenta os braços e as mãos sem quase percebermos que tem problemas?

As pernas, contudo, estão bambas. Continuo a exercitá-las para que não atrofiem ainda mais. É o máximo que posso fazer.

'Ele ainda tem períodos de depressão. Aqui dentro, consigo ver bem como funciona a política, as decisões e os interesses. Outro dia, também curei um dos escravizados. Deron veio pessoalmente contar-lhe. Quando me recebeu, o imperador gritou de indignação por eu ter perdido meu tempo. Depois conversei com ele, que se arrependeu do que fizera. Senti isso, e o convenci a me dar licença para fazê-lo sempre.

'Desperto emoções diferentes nas pessoas. Alguns dizem que sou filha de deusas; outras, que sou filha de bruxos. Uns me temem; outros me adoram. Alguns não deixam que eu me aproxime; outros querem tocar-me.'"

Rarun e Orin ficaram olhando-se, e julguei que seria discreto de minha parte sair.

— Posso andar por aí? — perguntei falando para que o espião ouvisse.

— Sim, mas tome cuidado.

Saí em direção ao corredor onde havia a escultura, parei diante dela e fiquei observando-a. O encaixe do capacete era do tempo antigo, que precisava de grampos magnéticos para manter-se fixo.

Um segurança no fim do corredor ficou observando-me. Virei a estátua, olhei a parte de trás, recoloquei-a no lugar e dirigi-me até ele.

Por acaso você sabe alguma história sobre quem a esculpiu? — perguntei. Talvez existisse outra versão.

— Não. Só sei o que todos sabem: que estava no jardim e foi feita por um maluco de outra dinastia que tinha essa mania. Dizem que, mesmo sendo rico, ele viveu como miserável. Muitos acreditam que o lugar é maldito. Ninguém põe os pés lá, pois tem símbolos de maldição. Talvez fosse um bruxo. Às vezes, fazia coisas boas, saía por aí pedindo perdão a quem passava. Todos riam dele. Dizia que, por culpa dele, por ter lhes ensinado errado, muitos estavam ali. Era completamente maluco!

— E onde é esse lugar que tem símbolos?

— Não sei com precisão; só sei que é na direção do portão norte. Dizem que ele viveu mais de dez anos lá até que resolveu voltar. Contam também que fez curas, mas não acredito. Afirmava que umas coisas vindas do céu o viriam buscar. As histórias são confusas, como as de todos os malucos.

— Obrigado.

Sem ter o que fazer, sentei-me no corredor e fiquei esperando por Rarun. Avaliei que era difícil para ele deixar Orin. Não tínhamos mais a emoção do ciúme, mas o sentimento de saudade ainda era acentuado.

Voltei a pensar que, quando voltasse para meu planeta, tentaria um relacionamento mais íntimo com alguma mulher. Pensei em Carli quando era Amaram, em uma vida que se perdera no tempo. Eu a amava como uma irmã, não tínhamos nada de especial, mas eu queria ter. Ainda temos essas necessidades, porém, sem obsessões.

Rarun e Orin aproximaram-se de mim, e levantei-me. Não havia papéis nas mãos de Rarun. Certamente, Orin não pudera passar os relatórios devido à presença do espião.

Despedimo-nos e saímos. Não tivemos dificuldade de encontrar o caminho de saída como eu pensara. Muitos olhos nos seguiam vigiando-nos.

Quando saímos para o ar livre, comentei com Rarun sobre o local onde vivera o escultor e sugeri que fôssemos até lá, mesmo sem sabermos o local preciso.

— O local a que ele se referiu é praticamente capim seco; só em algumas fases do ano ele tem mais vegetais. Creio que será fácil encontrar algum registro — comentou ele curioso.

— Será que dá tempo de irmos até lá?

— Se não der, ficaremos aqui essa noite.

Seguimos em direção ao local, enquanto Rarun nos direcionava. Entramos na vegetação espinhosa e vimos um homem sentado à sombra de uma pedra grande. Havíamos pensado em volitar sobre o terreno e a vegetação, mas ele nos observava.

“Vamos ter que andar”, transmiti a Rarun.

“Sim, mas talvez ele viva por aqui e nos dê o local exato. Vamos perguntar-lhe.”

Fomos em direção ao homem, e Rarun, após cumprimentá-lo, perguntou se ele conhecia o local.

— É maldito! Nem mesmo bruxos vão até lá. — Sentimos o medo no homem.

— Somos de fora e gostaríamos muito de conhecer. Dizem que era um excelente escultor.

— Era um maluco, um possuído por satãs. Mas, se realmente querem ir, vão. Há uma caverna a uns quinhentos passos grandes daqui. Antes, verão um pé de espinhos dos maiores e uma elevação.

Ele nos indicou a direção e especulei:

— Por que será que dizem que é maldito?

— Talvez pelo que ele tenha esculpido ou pintado. Certamente não entendem.

— Do que será que se alimentava? Não há nada aqui com nutrientes suficientes para o corpo denso.

— Talvez houvesse na época.

Andamos sobre a areia quente, e meus pés começaram a doer. O calor quase nos sufocava, pois o nível de umidade estava baixíssimo. Nosso sistema de refrigeração natural da pele, o suor, deixava a desejar naquela temperatura.

— Que saudades do meu traje, pelo menos o mais leve — comentei, e Rarun sorriu.

— Pense que você está vivendo a história e pode relatá-la como um espectador, com precisão.

— Não sou historiador e agora tenho muitos graus de temperatura para não ser e não pensar em ser.

Ele sorriu e respondeu:

— Qual ser não tem curiosidade de saber de onde veio e para onde vai, mesmo sem seus primórdios evolutivos?

O céu refletia um azul profundo, e o sol quente brilhava ostensivamente. A pouca água que existia no solo evaporava-se, criando distorções de imagens. Muitos animais escondiam-se em tocas ou enterrando-se na areia para fugirem do calor, que era perigoso para o corpo denso. Agiam assim em puro instinto de sobrevivência.

Chegamos perto da elevação, vimos um pé de espinhos (como chamavam aquele tipo de vegetação) e passamos a procurar no local uma caverna.

Levamos algum tempo para encontrá-la até que finalmente a encontramos.

— Como será que ele vivia aqui sem água? — especulei.

— Não sei. Talvez haja água dentro da caverna.

Entramos com cuidado na caverna, e seu interior era realmente fresco. Examinei as paredes, e descobrimos que a caverna não era natural. Era uma formação rústica, mas planejada, habitada por alguns animais pelo frescor.

Várias pedras empilhadas, que a areia cobrira depois ou fora coberta propositadamente como toca de um animal. As esculturas talhadas nas pedras não eram formadas de um mineral muito duro. As mesmas imagens, umas malfeitas, outras bem-feitas, pinturas, algumas já se apagando.

Rarun abaixou-se do outro lado para examinar algo, chamando minha atenção.

"O que foi, Rarun?", transmiti curioso e intrigado.

"Veja isso. Não é uma forma de escrita? Não são os mesmos símbolos que eles usam atualmente."

"Deve ser uma forma de escrita. Vamos tentar deduzir o que está registrado aqui."

Ficamos algum tempo tentando. Como historiador, Rarun conhecia símbolos de várias civilizações, mas não identificara aqueles.

"Talvez ele tenha inventado ou nem seja uma escrita com lógica; só símbolos da cabeça dele, trechos de recordações."

"Não creio. Ele tem talento, nasceu com ele."

Saí de perto de Rarun, enquanto ele decorava os símbolos para continuar a estudá-los depois. Voltei a andar pela caverna e notei que não era muito grande; parecia mais um corredor longo e estreito.

Havia nas paredes uma confusão de desenhos. Uns estavam pintados sobre os outros, com uma resina provavelmente extraída dos pés de espinhos, pois pouco variavam de cor.

"Rarun, olhe! Desenhos de planetas misturados com de naves. Parece que ele não tinha mais espaço e, como não tinha como apagar, desenhava por cima."

"Curioso, pois há espaço livre logo ali."

"Por que será que ele fez isso?"

"Deixei nossa máquina de registro de imagens na nave."

"Precisávamos deixar. Eu tinha certeza de que seríamos revistados; é de praxe. Ninguém confia em ninguém nessa era, principalmente dentro daquele palácio. O medo e a insegurança imperam."

"Vamos voltar. Amanhã, registraremos as imagens."

"Espere um pouco, Irione. Quero ir mais para o fundo da caverna."

Eu o segui. Havia um local com muito capim seco quase se desfazendo e vestígios do que seria uma fogueira.

"O que será que ele cozinhava? Provavelmente, não existiam animais que ele pudesse consumir. Não faz tanto tempo assim."

"Talvez roubasse uma ovelha, uma cabra e se alimentasse. Existem rebanhos de mercadores que passam por aqui."

"É provável."

Aprofundamo-nos mais na caverna e notamos que lá também havia desenhos misturados de pessoas de corpo denso, com vestimentas variadas de civilizações e costumes distintos. Vimos também desenhos de pessoas com o traje.

"Será que, sempre que esculpia ou desenhava alguém com o traje, ele se referia às próprias lembranças?"

"Também avaliei essa possibilidade. Mas por que se isolou e depois voltou?"

"Cansou de viver sozinho. De uma coisa eu tenho certeza: ele não era nem um pouco louco. Só passou por uma provação difícil e de algum modo se revoltou contra isso. Sem dúvida, era um exilado e não queria readaptar-se."

Vimos que também havia registro da escrita no teto, que era baixo, e aventamos a possibilidade de o exilado ter uma estatura bem maior do que a média da população para conseguir alcançá-lo. Calculamos que ele ficava na ponta dos pés para isso, pois não havia na caverna objetos em que ele pudesse subir para alcançar o teto.

Saímos da caverna, e o sol continuava escaldante. Rarun e eu estávamos nos sentindo muito desconfortáveis e ainda tivemos de ir andando em direção à nave. O homem continuava ali, sentado na única sombra que havia no local. Certamente, esperava o momento mais fresco para locomover-se.

Quando calculamos que já estávamos fora do alcance de visão dele, volitamos, mas logo nos cansamos e voltamos a andar. Por fim, conseguimos chegar à nave, e entrar nela foi uma bênção.

A primeira coisa que fiz foi passar por um banho de vapor e trocar de roupa. Depois, fui até Trion, que ainda mantinha seu ambiente fechado. Aproximei-me, e ela abriu-o.

— Como está Orin? — perguntou ela.

— Está ótima, e você?

— Tenho sentido dores, mas estou evitando tomar analgésicos. Clarion e Aradie já classificaram seis mil micro-organismos tóxicos a nós.

— Como meus anticorpos têm trabalhado! Ainda bem que meu espírito está alerta. — Brinquei para animá-la, e ela sorriu levemente.

— Quer algo? Um suco alimentar?

— Não. Aradie já me serviu com algumas alterações que ele mesmo fez.

— Trion, o que está causando esse descompasso em você?

— Estou avaliando. Na verdade, tenho estado dividida e creio que é isso que tem me causado desarmonia e me deixado à mercê dos micro-organismos.

Fiquei quieto e sentei-me ao lado do ambiente dela. Trion ligou o oxigênio mais forte e senti que ela o fez temendo que eu me contaminasse. Ela virou-se um pouco e ficou de costas.

— É entediante ficar aqui deitada, no entanto, sei que é importante economizar energia e, antes de tudo, pensar sobre minhas emoções e no que tem me desajustado. Irione, quando vim para esta viagem, eu tinha um objetivo. Não poderia deixar passar essa oportunidade. Pedi a Aradie que não viesse, no entanto, não podia proibi-lo. De alguma forma, senti que ele iria me atrapalhar, mas não vi motivos lógicos para isso. Além do mais, decidir vir era livre-arbítrio dele.

— Está vendo motivo agora?

— Não, eu estava enganada. Ele não me atrapalha, ao contrário. Sem querer, Aradie veio para que eu tomasse uma decisão. Nunca o amei, embora ele já tenha me proposto o casamento experimental várias vezes, desde a época que trabalhava comigo em nosso planeta. Nunca quis, pois parecia-me que eu queria algo que tinha deixado fugir de mim.

"Quando cruzei com Kariram, tive certeza de que fora ele quem fugira de mim, mas estava errada. Ele não fugiu. Tenho pensado em minhas memórias e o identifiquei entre os tantos seres com que me relacionei durante as vidas das quais me recordo.

"Amei tantos seres nos vários papéis de experiência... Sei quem foi Aradie, reconheço sua frequência e todas as vezes que nos cruzamos no passado. Ele tem certo remorso de uma dessas vezes, na qual deveria ter feito o bem a mim, mas não fez. Ele sente desconforto. Kariram, contudo, é pleno, e sou plena com ele. É um amor platônico, mais difícil para ele do que para mim. Tenho me perguntado o que posso fazer por ele. Saí do meu planeta para encontrá-lo aqui. Irione, o que realmente estamos fazendo aqui?"

— Quando saí de nosso planeta, também pensei que estava vindo para cá por escolha e para estudar. Da última vez que passamos por aqui, não havia registro de humanos. Foi uma surpresa encontrá-los. Assim como você, tenho me feito essa pergunta, mas sem perturbação; somente como especulação — respondi tranquilamente.

— Muitos arrependimentos que pensei que estivessem superados reavivaram-se. Na verdade, nunca me senti plena de equilíbrio. Constatei isso recentemente.

— Descanse, Trion. Pare de se preocupar, embora a preocupação traga a dádiva da busca por uma solução.

— Pelo menos detectei que estou menos hostil. Não percebia que era e lastimo. Perdoe-me.

— Quer contar-me? Talvez a ajude.

— Se estiver disposto a me ouvir.

— Terei prazer.

Trion acomodou-se melhor no ambiente e por algum tempo se manteve calada, como se estivesse ordenando os pensamentos. Depois, olhou-me vagamente. Pressenti que tinha dúvidas e fiquei ali. Queria que ela entendesse que eu era um amigo e, se não fosse, queria ser. Esperei, e ela começou a contar-me:

— Fui para o sul porque sentia vontade de isolar-me, mas não tinha um motivo lógico. Cedi à minha vontade. Ainda em nosso planeta, havia requisitado esse tipo de equipamento, pois pensei que seriam úteis de qualquer forma.

"Vocês levaram-me, e Aradie quis ir. Eu não queria companhia; queria estar só, comigo mesma, e fiquei assim durante vários dias. Muitas vezes, ouvi vozes de seres em evolução humana. Eles sorriam, falavam alto, mas eu me mantinha afastada. Às vezes, isso despertava minha curiosidade.

"Como não sabia se seriam hostis comigo, continuei isolada, mas não me escondi em momento algum. Mesmo sentindo a aproximação deles, não mudei o acampamento.

"Certo dia, estava abaixada, tentando registrar a imagem de um animal que tinha completo mimetismo. Estava tão adaptado que eu não o havia detectado mesmo tendo passado por ele várias vezes. Abaixei-me para ver se conseguiria perceber alguma diferença entre o tronco e ele.

"Nesse momento, ouvi um movimento atrás de mim e, quando me virei, vi vários homens pintados e enfeitados com penas de animais observando-me. Levantei-me e sorri amistosamente. Um deles falou algo, mas não entendi. Para que eu detectasse a simbologia das palavras, era necessário que falassem um pouco mais.

"Senti uma simpatia enorme por eles, um prazer como se já os conhecesse. Tinha certeza de que não me fariam mal, uma confiança intrínseca, quase inocente.

"Ele repetiu a ordem, e consegui entender que me perguntara quem eu era. Respondi-lhe, mas não acreditaram. Expliquei rapidamente que era como eles, então, o líder questionou por que eu brilhava, se afirmava ser como eles.

"Com muita dificuldade, devido à falta de domínio do idioma, expliquei que aquilo era somente uma vestimenta, mas ele, ainda em dúvida, me pediu que a tirasse. Despi-me da parte de cima, e ficaram olhando-me fixamente. Julguei natural aquela reação, afinal, nossa pele é bem diferente da deles.

"Ele, o líder, ordenou que eu repusesse a vestimenta rapidamente e o seguisse. A expressão no olhar dele conflitava com o tom de voz autoritário. Senti isso e deduzi que era apenas um modo de mostrar autoridade. Talvez, ele até me temesse.

"Fui com eles, e todos demonstraram uma curiosidade normal diante de algo que é diferente. No entanto, observavam-me sem preconceito.

"Quando entrei na comunidade deles, começaram a tocar-me admirados. Alguns sorriam, e outros me temiam superficialmente. Fiquei lá o dia todo, tentando aprender sua linguagem.

"No seguinte, levei meu equipamento para mais perto deles, pois me senti bem-vinda, como se fossem meus amigos há muito tempo. Fiz algumas curas e notei que o conhecimento deles sobre doenças era muito primário. Começaram a chamar-me de Orichana.

"Uma das mulheres contou-me que muitos homens estavam encantados e queriam casar-se comigo. Alguns deles realmente vieram falar-me, mas recusei, dizendo que não poderia, pois era de outro mundo.

"Da parte de Kariram não foi simplesmente um pedido de casamento; da parte dele foi um amor quase à primeira vista, do modo que ele sabe amar, de homem para mulher. Dias depois, lembrei-me de onde viera: um passado remoto, um erro exagerado..."

Novamente, Trion fez um longo silêncio e tive a sensação de que se esquecera de mim ali ao seu lado. Esperei calado e depois, acreditando que ela estava demorando muito, repeti:

— Ainda estou aqui para ouvi-la.

Ela sorriu e tornou a olhar-me.

— Eu sei. Vejo que é paciente, Irione. Obrigada pela paciência. Há muitas reencarnações, no tempo em que cometíamos erros primários, fui irmã de um homem de destaque, influente. Eu era vulgar e gostava de flertar com os homens. Jogava com olhares, trejeitos, prometendo-lhes o que não queria dar. Certo dia, houve uma grande festa, e homens e mulheres usavam suas melhores vestimentas.

“Naquele dia, eu estava usando uma vestimenta que classificaria de escandalosa, muito insinuante para a época. Gostava de brincar com o desejo dos homens que me cercavam e de vê-los excitados. Foi nesse dia que deixei um deles enraivecido.

“Esse homem agarrou-me, levou-me para um local deserto em uma praça quase em frente ao evento e violentou-me. Depois, vieram outros. Arrependi-me, então, de minha brincadeira estúpida de provocação. Algumas pessoas perceberam o movimento atípico lá fora, e houve um burburinho na festa. Meu irmão atravessou a rua acompanhado de outros convidados e viu-me sendo violentada. De arma em punho, ele começou a matá-los — matou inclusive os que só assistiam à cena e outros que tentavam impedi-lo de assassinar mais pessoas. Entregue à fúria cega, ele criou uma confusão horrível.

“Gritei-lhe pedindo que parasse, mas, no ódio cego, meu irmão matou até quem nem sabia direito o que estava ocorrendo, como alguns homens que conversavam sentados na escadaria de uma habitação.

“Eu chorava muito. Depois do desespero, pedi perdão a Deus, pois sabia que havia cooperado para aquela insanidade. Meu irmão, contudo, não percebeu que eu tinha uma boa parcela de culpa em tudo aquilo. Ele jamais se arrependeu do que fez, acreditando que havia vingado a honra da irmã e ganhado status social. Acredito que tenha feito mais por orgulho do que por amor a mim.

“Passei a temê-lo, pois ele sentira prazer no que fizera. Meu irmão gostava de descrever em detalhes sua ação, como se o motivo não fosse mais importante. Recolhi-me, então, ao arrependimento. Durante muito tempo, tentei fazê-lo se arrepender dos assassinatos, mas nunca consegui.

“Ele não foi punido pela lei. Nos tribunais, fui defendida como uma jovem pura e inocente, violentada por animais. Essa, no entanto, não era bem a verdade. Eu os levava à loucura e depois os abandonava, brincando com um perigo iminente. Por fim, meu irmão foi absolvido.

“Agora, ele tem responsabilidade sobre a aldeia, é honrado, sábio e justo. Sabe o que deve fazer, é obrigado a treinar seus guerreiros, mas, se tiver que matar alguém, tenho certeza de que isso será antes de tudo uma violência contra seus princípios pessoais atuais.

“Não contei a Kariram que já nos conhecemos, pois sei que isso não lhe fará bem e lhe trará conflitos. Ele não está preparado.

“Tenho certeza de que ele se arrependeu quando não tínhamos mais contato. Evoluí mais rápido, e Kariram ficou. Acredito também, Irione, que não somos apenas especialistas desenvolvendo um trabalho de pesquisa aqui; temos coisas a resgatar neste planeta. Entendi isso quando vi Kariram.

“Na vez em que sofri a intoxicação, o fiz por amor a ele. Kariram queria tanto que eu fosse um deles, que eu dividisse o que comiam, bebiam, vestiam. Foi difícil convencê-lo de que para mim não era necessário. Naquele dia, ele quase me implorou. Para todos os que o ouviam, Kariram fez aquela súplica parecer uma ordem.

“Era um dia de festa, e todos estavam pintados. Houve muitas danças representando o canto dos pássaros, o vento, a chuva, uma forma de agradecer a Deus o que ele lhes dá.

“Entre eles há o hábito de ingerir uma bebida que dizem ser sagrada. Não sei como a preparam, pois quem as produz são as mulheres mais velhas. É um segredo da tribo que eu não quis desvendar por respeito aos seus costumes.

“Todos bebem, menos as crianças. É uma grande honra dividir a cuia com o chefe, e só os grandes caçadores o fazem. Todo o ritual é uma forma inocente de agradecimento à natureza. Tenho certeza de que os elementares percebem isso.

“Naquele dia, ele estendeu-me a cuia. Estava de costas para a grande maioria e olhava-me. Ordenou com a voz, mas, suplicando com os olhos, disse: ‘Beba, Orichana. Não é grande caçadora, mas é grande curadora; merece a honra de beber na cuia do chefe’.

"Kariram estava ali, diante de mim, estendendo-me a cuia. Olhei para todos que observavam a cena, esperando. Pensei que, se eu teimasse em não beber, ele teria sua autoridade diminuída. Poderia perder o respeito de todos, ser ridicularizado e não conseguir comandar mais. Aquela oportunidade de ter a vida de muitos sob sua responsabilidade era uma grande chance de redimir-se, e ele o está fazendo com honra.

"Responsabilidade pela vida e pelo aprendizado, para evitar que se percam na escuridão da desorganização. Lembrei-me de que já fui, em outra existência, a grande culpada por seu fracasso.

"Estava sentada no meio das mulheres, com um recém-nascido nos meus braços. Devolvi-o à mãe, levantei-me e olhei para os olhos de Kariram. Era como se implorasse: seja como nós, pelo menos hoje. Só hoje, mesmo que eu não possa alcançá-la.

"Eu sabia que a bebida me adoeceria, Irione, mas o mal físico que isso me causaria não seria nada diante do mal emocional que experimentaria se não o fizesse. Diminuiria a autoridade dele na frente de todos com os quais Kariram tem tentado se redimir, mesmo sem atualmente ter essa compreensão.

"Peguei a cuia em silêncio e mal encostei meus lábios. Um pequeno gole, contudo, foi o bastante para intoxicar-me. Não iria cooperar mais uma vez para o fracasso dele como da outra vez. Eu o amo de uma forma mais ampla do que ele pode imaginar. Consegue entender-me, Irione?"

— Sim, claro.

Ela sorriu.

— Creio que já o contaminei.

Sorri de volta e respondi:

— Vou ao laboratório. Vamos conseguir anular os efeitos químicos de seu desequilíbrio e acabar com esse oportunista.

Ela tornou a sorrir e voltou-se para mim.

— Da próxima vez, convide um médico.

— Todos foram voluntários espontâneos, menos Clarion, que eu insisti muito para que viesse — comentei brincando.

Trion sorriu novamente e fechou o ambiente, que era um pouco maior que o corpo dela, o suficiente para acomodá-lo confortavelmente.

Saí e fui ao laboratório. Li os relatórios deles rapidamente e comecei a analisar outras amostras, comentando sobre o escultor e a caverna na qual vivera.

Enquanto isso, na outra sala, Rarun transcrevia os símbolos para analisá-los com mais tempo.

Quando percebi, já estava escuro. Fechamos a nave, pois a temperatura caía muito no que chamavam de deserto, e fiquei até muito tarde trabalhando. Reclamei que meus pés doíam, e Clarion olhou para eles divertido.

— Pezinho atrás de pezinho, foi assim que se locomoveram?

— Não tivemos opção. As sandálias causam atrito entre a areia e a pele, mas já cuidei disso. Meus músculos estão doendo.

— Pobre rapaz! É bom para você dar valor à evolução. — Brincou ele. — Vai ficar? Vou dormir.

— Sim. Estou sentado mesmo.

— Pobre gente que atravessa esse deserto a pé ou montada em animais — comentou Clarion.

— Será que já fizemos muito isso? — perguntei.

— Graças a Deus eu não me lembro disso; a vida agora é moleza. Se eu soubesse disso antes, teria estudado noite e dia e aberto mão de todo o restante.

— Teria sido ótimo, pois assim você não teria me dado tanto trabalho.

— Eu lhe dei trabalho? Nós nos demos trabalho, não foi? — perguntou Clarion fingindo indignação.

Tirei os olhos do que fazia e sorri para ele.

— Foi. Se não nos tivéssemos dado trabalho, não seríamos amigos agora e para sempre.

Clarion olhou-me com ternura.

— É verdade! Mesmo quando você me convence a ir a um planeta com essa temperatura, sou abrigado a perdoá-lo. E o pior! Faço com isso prazer, sem xingamentos e reclamações como antigamente. Não sou mais o mesmo.

— Graças a Deus. Vá dormir, Clarion.

— Boa noite, pezinhos doloridos. — Brincou e saiu.

Continuei trabalhando na análise dos micro-organismos. Algum tempo depois, também resolvi recolher-me e, ao passar pela outra sala, notei que Rarun ainda estava lá, concentrado.

— Descobriu algo? — perguntei curioso.

— Sim. A escrita tem lógica, mas está misturada. É como se ele escrevesse uma palavra e a repetisse novamente em outro idioma que ainda não decifrei. Tenho certeza disso. Nenhum desses símbolos fez parte de nossa escrita. Vai comigo amanhã de novo?

— Vou, sim. Pobres pés!

Rarun sorriu sem me olhar, mexendo nos pés como sinal de que também doíam.

Segui para meu ambiente, deitei-me e dormi profundamente.

Um segundo antes de meu espírito desprender-se, ainda pensei mais uma vez em minha mãe e tive certeza de que ela estava renascendo em nosso planeta. Senti um fluxo de felicidade maior envolver-me.

Capítulo 15

No dia seguinte, logo que acordei, fui visitar Trion. Ela sorriu-me, abriu seu ambiente, e contei-lhe detalhes sobre nossa visita ao imperador e sobre a escultura.

— Será possível, Irione, que seres de outros planetas façam visitas periódicas aqui?

— Provavelmente, mas tenho pensado mais em Chrospu, que insiste em afirmar que é um de nós.

— Você crê que as informações estejam ligadas? Neste nível evolutivo, vamos dizer assim, as informações de sua memória remota deveriam estar desligadas.

— Talvez ele já estivesse num estágio evolutivo no qual tivesse controle dessa memória, assim como nós. Há quantas encarnações temos esse controle?

— É possível, mas só ele pode nos fornecer informações mais precisas. Gostaria de conhecê-lo. O que não consigo comparar são os dois. Kariram é dócil, equilibrado, justo e, no entanto, está aqui.

— Havíamos avaliado que ele era um abnegado, não foi? Está aqui para alavancar esta civilização.

— Sim, mas creio que isso não explica tudo. Ele não tem acesso à memória remota, então, por que Chrospu a tem?

— Enigmas que precisamos resolver. Ainda bem que somos curiosos!

Trion riu e comentou:

— Ontem, Clarion deu-me algo para beber, e sinto que está apresentando resultados. Tenho vontade de levantar-me, mas, por sugestão de Aradie, vou ficar aqui hoje. Sinto muita falta do trabalho.

— Houve uma época em que eu tinha muita preguiça, lembro-me bem. Tempos remotos, claro! Eu preferia viver na miséria e à parte de tudo só para não trabalhar — comentei com certa vergonha.

Trion sorriu incrédula. Estava, sem dúvida, muito mais simpática. Avaliei que talvez não fosse a fórmula a responsável por isso, mas ela mesma, com seus dias de repouso, de convívio conosco, nos conhecendo melhor e resolvendo os próprios conflitos existenciais.

Aradie entrou e percebi o prazer dele em cuidar de Trion. Ele cumprimentou-me e deu um suco alimentar a ela, que se sentou.

— Meu caro amigo, como você é gentil. Eu já ia levantar--me. Como disse Irione, não quero ficar à parte; preciso sair para o ar livre, trabalhar.

— Vai voltar para o sul? — perguntou ele.

— Sim, assim que voltarmos. Todo o meu equipamento está lá, e tenho laços com aquelas pessoas.

Senti Aradie entristecer-se, no entanto, ele sorriu assentindo.

— Pensei que fosse ficar mais um dia de repouso.

— Sinto-me ótima! Obrigada, mas resolvi que não. Vou escrever meus relatórios.

Saí, e Rarun conversava com Clarion, que estava pronto para ir conosco à caverna. Esperamos mais um tempo até o dia clarear um pouco e levamos conosco a máquina de registro de imagens.

Chegando lá, fizemos muitas imagens de tudo, e a que mais me intrigou foi uma em que um deles usava um traje parecido com o nosso. Rarun brincou:

— Este deve ser como Clarion, que jamais tira o traje.

— Então, deve ser tão esperto quanto eu! — afirmou Clarion no mesmo tom.

— Ou calorento. Tire o traje, Clarion. Ainda não estamos no pico de calor do dia.

— Irione, seu cérebro está derretendo com o calor. Você deveria usar o traje. Não gosto desse modelo local. Não fica bem em mim — disse Clarion tirando a vestimenta local e ficando só com o traje que estava por baixo.

Ficamos lá fazendo imagens, e Clarion, como sempre, manteve o traje de aclimatação.

Depois de algum tempo, ouvimos alguém aproximando-se. Pensamos em nos esconder, mas não havia lugar. Alguém se aproximou da abertura da nave, e percebemos que era do sexo masculino. Como uma sombra, ele ficou parado nos olhando por algum tempo e principalmente para Clarion.

Depois gritou e saiu. Rarun correu atrás dele pedindo que esperasse, e o homem gritou:

— Não se aproxime de mim, fantasma!

— Não somos fantasmas. Espere. Vamos conversar.

— Não! Não! Não sou louco! Eu não vi nada, foi miragem dentro da caverna. Imagens do sol que enganam.

Rarun parou de correr atrás do homem, que ficou repetindo a última frase em voz alta:

— Foi miragem dentro da caverna. Imagens do sol que enganam.

— É melhor irmos. Vamos tirar a nave daqui. Ele pode trazer outros, e isso pode causar pânico entre eles.

Seguimos para a nave, levantamos voo e voltamos para a aldeia. Quando a sobrevoamos, vimos todos levantarem as mãos nos cumprimentando. A primeira coisa que fizemos foi medir a umidade do ar; estava baixíssima, menos da metade do ideal.

A vegetação toda registrava níveis de desidratação alto. Clarion foi até a aldeia, enquanto Rarun e eu permanecemos na nave para analisar as imagens da caverna.

— Veja este detalhe, Rarun. Parece que ele tentou pintar essa jovem de pele clara. Ali não há pessoas dessa cor. É impossível viver naquele clima e a pele não sofrer alterações na melanina.

Rarun pegou a imagem da pintura e ficou olhando. Era um desenho bem-feito, embora sem muitos recursos de cores.

— Sem dúvida, ele registrou cor de cabelos e pele claras, sem o traje. Vamos procurar em outros desenhos.

Com muita atenção, encontramos outros desenhos nos quais havia o registro da mesma figura. Era a mesma mulher e estava misturada com a multidão muitas vezes confusa que ele pintava. Procuramos imagens de outros seres que destoassem das características do povo em geral, mas não encontramos.

— Rarun, o que você acha que aconteceria se mostrássemos as imagens a Chrospu?

— Melhor não. Poderia confundi-lo mais. Sugiro que prestemos mais atenção ao que ele fala. Pode ser como *flashes* e esses formem um todo com outras informações que obtivermos.

Ainda analisávamos as imagens quando Clarion voltou. Ele sentou-se ao nosso lado e ficou quieto, olhando-as. Também notara que a imagem retratada da jovem destoava do restante.

Rarun voltara a analisar a escrita e sorriu depois de algum tempo.

— Vejam o que descobri em dois idiomas diferentes: "Não queremos viver entre essa gente; não é nosso local de nascimento. Não queríamos ser exilados. Isso foi injusto conosco".

— Rarun, é escrita de algum lugar daqui?

— Sei que daquela região não é, pois os símbolos básicos são completamente diferentes. Mas vejam o trecho que está mais abaixo, quase na base da pedra. Parece não ter sentido: "Renascer, renascer... Recuso-me a esse destino, mas eu quero, não quero, sofro por ela. É a culpada, eu a carreguei até aqui. Idiota! Por que me acompanhou?".

Indiquei com o dedo onde isso estava escrito a Clarion, que ficou olhando a imagem tentando entender. Nesse trecho não havia desenho algum; nos outros havia algumas imagens um tanto apagadas. Tivemos, então, de restaurá-las seguindo a mesma linha.

— Será que vocês não alteraram os desenhos quando fizeram a restauração — perguntou Clarion.

— Não. Pintei de branco quando tive incerteza sobre a cor. Observe — comentou Rarun.

— Irione, Rarun, vocês perceberam que a jovem está descalça enquanto todos estão calçados?

— Eu não havia reparado. — Rarun pegou a imagem da mão de Clarion e colocou-a no detalhador, que a ampliava de acordo com nossa necessidade. No meio da confusão de pés, os da jovem realmente eram os únicos descalços. Esse detalhe não havia chamado nossa atenção. — Por que isso? — perguntou Rarun intrigado mais para si mesmo.

— Ele não desenhou uma base, solo. Talvez ela esteja volitando. A areia lá é muito quente, principalmente para seres de outros sistemas solares.

Tentamos ver em perspectiva, mas não conseguimos. Na multidão que ele desenhara, as pessoas pareciam estar umas sobre as outras. Umas apareciam de corpo inteiro; outras, contudo, só tinham expostos pequenos detalhes do corpo, a cabeça e os pés. Era como uma aglomeração de seres.

Passamos todas as imagens no aparelho detalhador, contudo, não descobrimos mais nada. Nós três fizemos vários relatórios e depois os anexamos às imagens. Clarion sorriu e disse:

— Enigma... Enigma...

Rarun comentou sorrindo:

— É isso o que faz um historiador feliz: muitos enigmas para serem resolvidos. Enigmas em cada trecho de escrita, em cada pedaço de imagem, em cada fóssil. Chrospu, você talvez tenha tudo de que preciso guardado aí dentro.

Voltamos a pensar em Chrospu com pesar.

No dia seguinte, Trion levantou-se e a primeira coisa que fez foi pedir para voltar. Notei o olhar triste de Aradie quando ele perguntou se Trion estava bem.

— Estou ótima graças a vocês. A intervenção química foi importante, mas minha intervenção foi fundamental.

— Vamos levá-la — afirmou Clarion.

— Tem certeza de que não quer ficar mais um pouco, Trion? — pediu Aradie.

— Sim, tenho. Preciso resolver algo e vou fazê-lo.

Clarion entrou na sala de controle da nave, e sentimos quando ela levantou voo. Fiquei na sala de navegação com ele, e pouco depois estacionamos na praia. Quando a deixamos lá, olhei para Aradie. Ele estava muito triste e relutante, eu podia sentir isso.

Enquanto Clarion nos levava de volta, fui até Aradie e disse:

—Não fique assim, Aradie. Logo, logo ela voltará para nosso sistema e à sua rotina. Tudo que está aqui terá de ficar aqui. Não poderemos levar nada além de relatórios e imagens.

Ele olhou-me longamente, e pensei que não fosse me dizer nada. Depois, desviou o olhar e suspirou:

— Eu sei, amigo, mas também não levaremos nada que já não fosse nosso. Nunca consegui que Trion tentasse comigo o casamento experimental... Eu sempre quis, sou dedicado a ela. Fui auxiliar dela durante anos, um amigo.

— Quando voltarmos, envolva-se com outras mulheres interessantes. O casamento experimental traz à tona velhos relacionamentos um tanto esquecidos às vezes, e, quando os descobrimos, é um prazer o tanto de felicidade que pode nos proporcionar.

Ele voltou a olhar-me e sorriu:

— Pensa que já não tentei? Tenho lembranças de outras mulheres com as quais desejo relacionar-me em outras vidas, mas desta vez eu queria Trion. Sei que ela tem motivos para não ser plena comigo, que é instintivo, atos muito antigos. Somos amigos, somos parceiros de trabalho... isso a satisfaz, mas não a mim.

Aradie levantou-se, entrou na sala de navegação e pediu para pilotar a nave. Clarion, então, entregou-lhe o comando e veio até a mim.

— O que ele tem?

— O maior dos resgates que sempre pertenceu ao crescimento.

— Amor não correspondido — comentou Clarion sorrindo. — Ainda bem que sou casado, muito bem casado.

— Há quanto tempo você está casado, Clarion?

— Há tanto tempo que nem sei, mas tenho certeza de uma coisa: meus resgates maritais acabaram. Quero ficar sempre unido a ela. Vivo dizendo-lhe isso. Ela sorri e diz que, na próxima encarnação, se casará com outro, que está enjoada de um casamento certinho e de ser sempre feliz.

Sorri.

— Por que ela lhe diz isso?

— É a terceira vez seguida que nós nos casamos. Na próxima, já disse a ela que pularei o casamento experimental e irei direto aos filhos. Muitas vezes, a fiz infeliz em outras vidas, por isso quero fazê-la feliz o mesmo tanto de vidas em que a fiz infeliz. Por falar nisso, quando você se casará? Carli não perdeu as esperanças ainda.

— Não sei se esta é a vida em que resolverei todos os meus resgates com Carli. Não sinto por ela esse "algo mais" que nos leva ao casamento experimental.

— Meu caro amigo, falta algo em sua vida, e esse algo é o casamento e depois filhos. Essa será a primeira coisa que farei quando voltar. Dar chance de correção a outros espíritos é, de certa forma, nossa obrigação. Irione, você ainda é jovem, mas logo não o será mais. Ofereça a alguém o que você pode ter de bom.

— Vou pensar.

Ele sorriu.

— Lembrei-me de quando o amor pelo sexo oposto era uma febre, recorda-se? O pior é que, naquela época, o excesso e o desequilíbrio não nos traziam felicidade total nem os maiores dos amores. No máximo, nos proporcionava alguns momentos.

— Porque, antes de tudo, vinha o egoísmo, coisas que acreditávamos ser obrigações sociais, que queríamos perdoar. Pensávamos no que os outros iriam dizer e tínhamos inseguranças como o ciúme, o medo da morte, de ficarmos sozinhos e da solidão. E todos esses medos se refletiam nas relações amorosas.

— Lembro-me bem de, certa vez, ter visto uma esposa minha com outro homem. A dor que eu senti foi tão forte, mas meu único desejo era que ela não me deixasse. Porém, por ímpetos do costume, acabei mandando prendê-la.

— Quando foi isso, Clarion? Tenho uma vaga lembrança disso.

— Devo ter lhe contado essa história. Quando isso aconteceu, você não estava entre meus relacionamentos. Foi naquela época em que havia uma doença sexualmente transmissível, mortal, quase fulminante.

— A natureza não tinha outra forma de reagir. A sociedade estava se desestruturando com a separação do sexo e do amor. Todos se relacionavam com todos. No mínimo, era uma agressão à boa higiene

— Sim, foi isso. Você estava encarnado naquela época?

— Estava em outro país com certeza, mas lá também acontecia. Embora fosse um país de regras sociais rígidas, a estruturação da família, aos poucos, estava sendo disseminada. As crianças nasciam de pais desconhecidos, e os homens não se sentiam responsáveis pelos filhos, alegando que a mulher tinha muitos homens. Os orfanatos estavam ficando cheios, a cultura começava a se perder, as crianças estavam crescendo sem o amor dos pais e sem estrutura familiar — que são tão importantes — e o Estado, aos poucos, ficava com o ônus. Era quase obrigação social se relacionar sexualmente com qualquer um.

— O abuso resultou em discordância, e dela tinha de vir a correção. O pior é que também veio com distorção. Aquela doença fez muitas vítimas em pouco tempo. O Estado, então, proibiu os relacionamentos fora do casamento e passou a vigiar as pessoas. E quem quebrasse essa regra era enviado à cadeia e a trabalhos forçados.

— Onde eu morava, quando um indivíduo não queria mais se relacionar com o parceiro e desejava ter um novo ia até os representantes do Estado e alegava que o parceiro estava se relacionando com outra pessoa ou outras. O parceiro era preso, o divórcio acontecia e o indivíduo que estava livre podia tentar outro casamento.

— Sempre éramos de extremos: antes abuso total; depois proibição total. E foi bem nessa época que vi minha esposa se relacionando com outro. Eu não queria ir até a representação do Estado e acusá-la, pois a amava e queria continuar com ela. Talvez tivesse sido só daquela vez, mas senti-me na obrigação com aquela idiotice de "O que os outros vão pensar ou falar de mim?". Nem sequer conversei com ela para lhe pedir explicações.

"Fui até o tribunal, e minha esposa foi intimada a depor. Não negou, mas me jurou que tinha sido um acaso, algo passageiro, uma paixão, e que não cometeria novamente o erro.

“Meu coração doía de vontade de perdoá-la, mas fui teimoso. Ela foi presa, e eu fiquei infeliz para sempre. Mesmo que querendo, não consegui relacionar-me com outras imediatamente. Todo o resto das noites de minha vida, quando me encontrava sozinho, desculpava-me repetindo que era a lei e que eu tinha a obrigação de acusá-la.”

— As leis mudam de acordo com a evolução e os interesses do Estado. Veja, hoje quase não existem leis que proíbem isso ou aquilo. Estamos em um ponto que não precisamos mais de olhares sobre nossa consciência e com isso não dirigimos nossa vida de acordo com as mudanças de interesse do Estado.

— Naquela época, o povo não sabia, mas o Estado estava quase falido e aproveitou aquela lei para ter mão de obra barata. Em nenhum momento, tentou reeducar o povo, ensinar as pessoas o risco que elas corriam com relacionamentos ocasionais e que, naquela época, era ainda maior.

Levantei-me e pensei em mim naquela época.

— Clarion, naquela época, eu estava em um país onde as leis morais eram rígidas, mas totalmente desrespeitadas. Mesmo assim, o número de pessoas que sofreu daquela doença foi um dos mais baixos no planeta. Isso, contudo, não impediu que acusações injustas fossem feitas. Eu estava incumbido de cuidar de minha mãe que sofrera um acidente e estava tetraplégica. Eu lastimava muito a vida que tinha, pois estava sempre trabalhando e, nas horas de folga, me dedicava a ela.

“Via os homens de minha idade se relacionando livremente com as jovens, enquanto eu não tinha tempo. Deprimia-me por isso, mas padecia muito mais com o sofrimento de minha mãe. Quando a doença começou a surgir em grande escala, e vi as pessoas sofrendo dela — vizinhos meus, amigos de infância —, agradeci por ter ficado tão ocupado com minha mãe.

“Mal tinha tempo para uma namorada, que me ia ver em casa. Não tínhamos relações sexuais, pois minha mãe quase não dormia e podia precisar de minha ajuda a qualquer momento, e eu pensava que tínhamos mais um relacionamento de amigos do que de um casal de namorados.

"Quando minha mãe partiu, e, finalmente, pude casar-me, já estava bem maduro para ter outras aventuras. Vivia na contramão do momento social e deprimia-me por isso. Quanta estupidez! Eu vivia um futuro de equilíbrio e não sabia.

"Esse fato protegera-me da peste daquele século, como a doença ficou conhecida em meu país. Eu tinha com minha namorada um casamento experimental, que passou a ser realidade muito depois."

Clarion sorriu.

— Eu não. Acabei pegando a doença anos depois, cometendo o mesmo erro em proporções maiores do que uma simples aventura.

"Sempre existem pessoas que insistem no erro, mesmo sabendo do perigo. Eu arriscava-me; era como se julgasse que a merecia."

— E merecia, Clarion?

— Creio que sim. Descuidei-me, não? Na minha reencarnação seguinte, passei a ser moderado. Era um pai e marido exemplares.

— Ela é sua esposa hoje?

— Sim, é. Às vezes, digo à minha esposa que sinto saudades do tempo em que ela ficou presa e que queria que aqueles tempos voltassem. Ela sabe que brinco com isso. Rogo que o tempo do desequilíbrio e da dor que ele traz nunca mais volte.

Estávamos tão distraídos com a conversa que, quando olhamos para fora, notamos que já nos aproximávamos do solo. Aradie acabou de pousar a nave, e eu fui até a aldeia.

Chegando lá, conversei com Dorka, que me contou um sonho que ela tivera e confessou estar com muito medo. Nele, mesmo morando tão no alto, muita água suja a alcançava.

Percebi que era uma das memórias de probabilidades de provações passando ao consciente de Dorka o que viria; era uma forma de precavê-la.

— Não se preocupe, Dorka. Aqui, vocês estarão seguros. Preocupo-me com a família que teima em ficar lá embaixo. A seca vai se acentuar mais um pouco e depois virão dias e dias de chuva forte. Os rios subirão como nunca se viu.

— O mar está tão longe. Será que chegará até nós?

— Não, tenho certeza de que não. Calculamos bem para que fiquem seguros. Vocês terão de reforçar a cobertura das habitações para que a chuva não penetre por ela. Os ventos não terão acesso às suas casas, por isso elas foram construídas desta forma, como grandes degraus, assim como a montanha. Já avisei a todos. Você viu Chrospu por aí?

—Ele está lá embaixo, Irione. Disse que não teme a chuva, que uma outra grande chuva já ocorreu e juntou os dois lados do mundo. Todos riram enquanto ele gritava que viu, então, Chrospu se irritou e se afastou-se novamente.

— Obrigado, Dorka.

Andei mais um pouco pela plantação. Tudo estava em ordem. Assim que a umidade começasse a subir, calcularíamos quando a chuva começaria.

Nós tínhamos montado um aparelho de medição de umidade bem no alto da montanha, então, fui até lá realizar a aferição. O nível de umidade estava baixíssimo, tornando difícil a respiração das pessoas. Para ajudá-las, sugeri que colocassem recipientes de água dentro das habitações e que não saíssem ao sol nos momentos mais quentes do dia.

Voltei à nave, registrei no relatório de umidade do ar o nível em cima da montanha e procurei Rarun. Encontrei-o na biblioteca trabalhando.

— Rarun, perdoe-me interrompê-lo, mas gostaria de conversar sobre um comentário que ouvi hoje. Vi em seus relatórios algo sobre uma grande enchente.

— Sim, o que tem ela? Vocês estão prevendo que aqui será nas mesmas proporções? Segundo dados que obtive, foi catastrófica.

Sentei-me perto dele.

— Estava conversando há pouco com Dorka e perguntei por Chrospu, nosso enigma. Ela relatou-me que ele afirma ter vivido essa grande enchente. Você comentou algo com ele ou com alguém da nave?

— Não, e duvido que alguém o tenha feito. As pessoas que mais têm contato com ele são você e Clarion. Creio que Clarion nem tenha essa informação. Irione, isso é o que chamam de lenda e corre entre o povo do outro lado do planeta.

"Não tenho prova nenhuma sobre essa enchente; tenho somente dados. Aquele deserto, sem dúvida, já foi coberto por água, pois encontrei vários tipos de fósseis marinhos lá. Há amostras no laboratório. Dizem que foi castigo de um grande deus pelos pecados dos homens.

— Será que é possível que Chrospu o tenha vivido?

— Talvez, ou o tenha visto do plano espiritual. Só ele poderá esclarecer.

— Queria reler seu relatório antes de procurá-lo para conversar.

— Vou pegar para você; sei a ordem em que está.

Rarun levantou-se, foi até o local em que guardava os relatórios e entregou-me. Acomodei-me melhor e comecei a ler.

Corre uma lenda que houve várias pragas, e creio que foram ajustes da natureza procurando seu ponto de equilíbrio. Alguns exageros fogem à lógica; outros são desequilíbrios ambientais que ainda ocorrem.

Conta-se que houve cem dias de chuva, mas que alguém teve uma visão anterior e construiu um barco enorme, no qual colocou todas as espécies evolutivas existentes.

Isso não é possível. Acreditam que todo o mundo foi coberto por água — o mundo que aquele povo conhecia, talvez. Até hoje, nem sequer conhecem o planeta em que vivem; não sabem que é arredondado e que existem populações isoladas espalhadas por todo ele. Deduzo que, por causa dessa grande chuva, muitos seres que viviam fora dos centros de alagamento foram se afastando.

Sabemos que há muitos povos afastados e que desconhecem a existência um do outro, mas, onde existem presenças de seres em níveis de humanidade, há alguns mais desenvolvidos cientificamente e outros menos. Essa foi a razão que classifico de elemento espalhador. De forma alguma, ficaram somente um casal de humanos, seus filhos, e dois animais de cada espécie.

Os humanos daqui ainda não têm ideia do quanto é inúmero o fervilhar de vida à sua volta. Para isso, precisaria ser construído um novo planeta, o que não é possível a seres tão limitados.

Creio que o nível alto de chuva ocorrido tenha sido causado por variações climáticas e estimo que sejam cíclicas. Não tenho, contudo, dados para estimar a reincidência. São também carmas coletivos, pressões evolutivas.

— Será que Chrospu realmente estava reencarnado nessa época? — Especulei intrigado. — Ele não tinha como saber de uma lenda que corria do outro lado do planeta.

— Provavelmente. Sabemos que ele não inventou esse dado. Talvez até possamos acrescentar algo. Irione, tenho pensado... desde quando esse ser está sobre a face da Terra? Já devia ter escalado outro nível de evolução.

— Ele teima em dizer que foi exilado. É alguém com muitos problemas para evoluir e que parece persistir nos erros. Vou tentar encontrá-lo.

— Relate-me assim que voltar, faça-me essa gentileza. Talvez tenhamos um relatório perambulante do ciclo evolucionário do planeta até aqui.

Saí e fui procurar Chrospu. Não o encontrei. Novamente, ele afastara-se de todos, característica também comum ao antepassado do imperador.

Capítulo 16

Muitas vezes, pegava-me pensando em Chrospu. O que ele teria feito para ser exilado? Procurei nos anais da história do nosso planeta, mas não encontrei nada que a sociedade como um todo não tivesse permitido ou da qual não tivesse participado.

Até os atos mais bárbaros sempre têm o aval da sociedade, do contrário, o que seriam alguns contra milhares? Nada! Discuti isso com Rarun quando ele chegou, e concordamos que, se existia um exilado, deveria existir outros mais.

Líderes e toda a casta que o cercavam, mas por que só Chrospu teria esses *flashes*, já que seria uma forma de aprendizado? Antes de tudo, o Criador de todo o universo é justo, bom e não tem preferidos. Isso me fez interessar-me pela história, embora nunca tivesse demonstrado isso antes.

Alguns dias depois, Rarun chegou com Orin, que conseguira sair do castelo. Ela descobrira portas disfarçadas, que formavam túneis e muitas saídas. O imperador permitiu que ela saísse.

Sentimos um prazer enorme em vê-la e ela a nós. Estar na nave era como estar em casa. Orin ficaria conosco durante o período da noite, mas, logo pela manhã, precisaria voltar.

A satisfação de Rarun era evidente, e eu senti vontade de ter alguém especial para mim. Alguém que dividisse tudo como faziam, desde o prazer do trabalho como toda experiência de vida.

— Orin, você conseguiu fazer relatórios? — perguntei.

— Sim, trouxe alguns. Imaginem que, nessa sociedade, é proibido a qualquer ser, que não seja autorizado pelo imperador, saber ler ou escrever. Se eu for pega, nem ele poderá me ajudar. Outro dia, me disse isso claramente. Com certeza, viu-me lendo ou escrevendo, enquanto eu pensava que ele dormia. Faço isso à noite, quando todos dormem e quando ele também parece dormir.

— Da cama dele, o imperador ainda vê a sua?

— Sim, mas tenho fechado a porta. Imaginem que espalharam a notícia de que sou amante dele.

Rarun sorriu delicadamente.

— Eu sei o porquê. Ao imperador não se admitem defeitos de nenhum tipo.

— O que eles farão em relação a herdeiros?

— Não sei. Espalharam também que o imperador, sendo um ser divino, só pode se relacionar com seres divinos. — Ela riu divertida. — Adivinhem que é esse ser? Eu. Não é muito engraçado?

— Eles têm um motivo político para isso. Não há amantes desse imperador; quanto aos outros, há muitas. Como explicar ao povo a falta delas e de herdeiros? — questionou Rarun.

— Que governo de mentiras! A verdade aparecerá. O que farão quando ele morrer? — perguntou Clarion.

— Deduzo o que farão. Tenho certeza de que Deron colocará alguns de seus filhos. Ele tem muitas amantes, que, infelizmente, falam demais, mas parentes do imperador estão atentos a isso. Essa é a sorte dele. Vive só como empecilho a essa luta.

— Como está a saúde dele?

— Ele está bem. A doença degenerativa estacionou, mas milagres não existem. O imperador precisará aprender a ser humilde e não acreditar em título de nobreza. Não existem seres especiais, todos nós sabemos disso, mas eles não. E ele ainda discute e discorda de mim quando afirmo isso.

— Descobriu algo mais sobre aquele antepassado dele?

— Não, mas gostaria de ver as imagens da moradia no deserto.

Rarun levantou-se, foi buscar as imagens, e Orin começou a analisá-las.

— De onde serão esses seres? Realmente não são naturais desse planeta. Esse aqui com o traje tenho certeza de que é Clarion. — Brincou ela.

Todos riram.

— Não sou eu, mas é também algum esperto que não gosta de calor e frio exagerados! — respondeu ele no mesmo tom.

Por alguns momentos, enquanto Orin examinava as imagens, ficamos em silêncio. Quem sabe ela não observasse algum detalhe que nos tivesse escapado?

— Estou lembrando-me agora... Há uma pintura em um dos quartos... Não, está em uma parede do muro. Está quase completamente apagada. Parece uma nave, mas um tanto diferente da nossa em formato.

— Você lembra exatamente em que parte do palácio está essa pintura?

— Para falar a verdade, não lembro, mas sei que fica na área onde o imperador fez seu jardim particular. Não tenho certeza, mas é um entalhe na pedra. Faltam alguns detalhes, como se tivesse sido quebrado.

— Creio que sejam de outros visitantes, mas de onde? Gostaria muito de saber — comentou Rarun curioso.

Orin rabiscou como era o entalhe. Realmente não sabíamos se era de uma nave ou se alguém tentara fazer um círculo e não conseguira.

Ficamos muito tempo trocando impressões e criando teorias. Depois, todos se recolheram, e eu saí um pouco ao ar livre. Medi o nível de umidade, que estava como do outro lado, do deserto, como chamavam.

A vegetação, que antes era verde e exuberante e pela qual me apaixonara, estava seca. As grandes árvores pareciam esqueletos. Sentei-me na borda da nave. Sabia que aquele tipo de fenômeno era necessário para a evolução dos seres como um todo, mas lastimei a situação mesmo assim.

No dia seguinte, Orin se foi com Rarun, e nós medimos novamente o nível de umidade. Percebemos que ele subira ligeiramente, mas não comentamos com os seres da aldeia, pois era algo somente perceptível por meio de aparelhos precisos como os nossos.

Ficamos ainda mais atentos. Teríamos de tirar a nave e já deixamos pronto o local onde ela passaria a pousar. Clarion aproximou-se de mim e disse:

— Irione, estamos com um problema. Analisei a modificação que fizemos para a adaptação dos habitantes no alto e cheguei à conclusão de que, quando as chuvas vierem, a chance de as encostas caírem é muito grande.

Olhei para o local visível a alguma distância pelo fato de a floresta estar nua.

— Você deve ter razão. Erramos.

— Não está errado. Só precisamos encontrar uma forma de manter fixos os degraus de solo.

— Aqui não há material de construção para isso, Clarion.

— Há sim. Andei por aí e acredito que podemos colocar pedras no local, assim como se constroem na civilização do outro lado.

— São irregulares, e aqui só existem pedras de grandes proporções.

Ele sorriu.

— Vê-se claramente que você não é construtor. Já discuti isso com Aradie.

— Ele também não é.

— Mas foi filho de um construtor, e sempre aprendemos algo com a profissão dos pais. Vamos cercar todas as bordas dos degraus com pedras; elas impedirão que o solo escorregue com as chuvas que virão.

— Você notou que o nível de umidade começou a subir?

— Sim. Não há tempo a perder. Falarei com Aradie. Precisaremos de todos trabalhando, mas, antes, temos que falar com o velho mais velho, explicar o que está acontecendo e pedir a autorização dele.

— Está certo. Este é o costume deles, então, vou reunir todos.

Passamos parte da noite programando, fazendo desenhos e cálculos e fomos até lá no dia seguinte. Entre desenhos e mil e uma explicações que eram difíceis para o entendimento deles, convencemos quase todos da necessidade de colocar as pedras nos degraus. A palavra final era do velho mais velho, que, para nosso alívio, assentiu.

— Como traremos as pedras até aqui? — perguntou um dos velhos mais velhos. — Elas são pesadas, e não há homem forte para isso.

— Usaremos recursos da nave, mas a ajuda de vocês será importantíssima — afirmei, e todos, finalmente, entenderam a necessidade.

Falamos com Rarun, que teria de ficar muitos dias sem ir ao outro lado. Senti que ele estava preocupado com Orin, mas a preservação do ciclo daquelas pessoas era de extrema importância.

Começamos a transportar as pedras até acima da grande elevação, polidas por nossos equipamentos para que ficassem bem ajustadas, e depois as colocamos em volta dos grandes degraus da plantação.

Precisamos demolir as moradias e refazê-las depois, para que ficassem abrigadas por esses mesmos degraus do vento e da chuva que prevíamos. Pedi também que construíssem uma moradia extra para a família que não quisera vir.

Chrospu apareceu e olhou a todos com ar de autoridade. Eu não sabia se as pessoas o amavam ou temiam, então, deduzi que ele despertava um pouco de cada coisa.

— Para que servem essas pedras? — perguntou ao ver algumas ainda amontoadas para serem polidas.

Um dos velhos mais velhos respondeu:

— Para que a elevação não se torne plana e não morramos com as chuvas que virão.

— Nunca mais haverá chuva. Eu sei! Acreditem em mim.

— Os homens da casa brilhante disseram que ela logo chegará com muita intensidade, alagando tudo, mas disseram também que ela é necessária para a reposição da vida dos peixes e da floresta.

— Eles estão mentindo, e vocês estão trabalhando à toa. A fonte secará, pois está na hora de morrer.

Estávamos afastados quando vimos Chrospu disseminar a insegurança nas pessoas. Tive de reconhecer que ele tinha o dom da liderança, um modo de falar seguro que envolvia os inseguros.

Clarion afastou-se de nós e foi até lá.

— Chrospu, por que está disseminando o desânimo? As pessoas têm o direito de lutar pela preservação dessa chance de evolução. Venha! Trabalhe conosco, ajude-nos.

Chrospu olhou para Clarion com desprezo.

— Eu sei quem é você, lembrei-me.

Clarion sorriu:

— Ótimo! Agora pare de atrapalhar e venha nos ajudar. Os ventos virão daquele lado, e as moradias têm de estar bem protegidas, do contrário, voarão.

— Você é o grande traidor! Foi por sua causa que eu fui expulso! Lembrei!

— Do que você está falando, Chrospu?

— Ele está louco — afirmou o velho mais velho. — Ninguém o expulsou, Chrospu. Foi você quem decidiu ir embora. Vamos voltar ao trabalho, e eu determino: ninguém construirá casa para Chrospu, pois ele tenta ofender quem nos ajuda. Olhem lá para baixo. Estaríamos sem ter o que comer, pois não há caça nem frutas. Aqui em cima há. Vejam como tudo está verde e nossas crianças estão fortes. Chrospu, eu o expulso daqui por falar mentiras — determinou o velho mais velho.

— Pode não ser mentira, ele só está confuso — interveio Clarion.

— É mentira. Ele sempre mente e traz medo às pessoas. Sou o velho mais velho e não o quero mais aqui.

— Por favor, não faça isso. Ele precisa de ajuda, velho mais velho. Eu o respeito e peço-lhe que me faça esse favor — pediu humildemente Clarion.

— Vocês têm poder. Não precisam me pedir favor.

— Precisamos, sim. Pelo seu costume, são vocês quem determinam. Chrospu está confuso. Virá a época em que a confusão dele se desfará.

— Se nasceu louco, louco será — profetizou o velho mais velho, virando-se depois para os outros. — Trabalhem! Vamos trabalhar — afirmou vaidosamente o velho mais velho da aldeia.

Naquele momento, não podíamos parar o trabalho. Os habitantes não tinham conhecimento para fazer funcionar o equipamento que usávamos, mas eram eles que empilhavam as pedras modeladas por nós. Não queríamos fazer tudo, pois, com o tempo e a chegada de novos seres para aquela sociedade, teriam de se expandir e precisavam aprender a fazer as coisas sozinhos. Por isso era tão importante ensinar-lhes o máximo que podiam absorver.

As variações climáticas mais radicais, típicas do ciclo solar, não estavam acontecendo mais, contudo, a falta de umidade e o calor intenso até para as pessoas dali continuavam.

Fui medir o nível de água que os abastecia, calculei que havia apenas para quatro ciclos solares e pedi que a racionassem ainda mais.

No fim da tarde, quando todos nós estávamos cansados e eles haviam parado para a refeição, fui até Chrospu, que se sentara do outro lado da elevação, quase na base, quieto, sem falar ou ajudar ninguém.

— Posso ficar um pouco com você? — pedi.

— Não. Essa gente toda não gosta de mim, e vocês tiraram minha autoridade.

— Quem concedeu autoridade ao velho mais velho não fomos nós; ela já existia antes, e você sabe disso. Chrospu, o que o incomoda? Gostaria de saber.

— Por que fui expulso e vocês ficaram? O Criador dos mundos não é justo como vocês dizem, e eu não acredito Nele.

— O que o atormenta? Diga-me. Lembre-se de que não lemos seus pensamentos.

— Vocês ganharam com minha vitória.

Sentei-me ao lado de Chrospu, que estava desconexo. Seriam relances ou imaginação? Tirei o filtro do bolso e o olhei através da aura. Estava em estado de perturbação profunda. Fiquei quieto, e ele tornou a calar-se.

Depois de um longo silêncio, perguntou-me:

— Como está lá agora?

— Estamos nos últimos ciclos reencarnatórios. Há muito conhecimento sobre as ciências, a física, a matemática, química, mas não sabemos tudo.

— Eu soube, sempre soube tudo.

— A respeito do quê, Chrospu?

— Eu dizia a eles: “Existem outras vidas, outros mundos. Eu vim de outro mundo, um mundo lá das estrelas, daquela que brilha mais”. Ninguém acreditava em mim.

— Quando isso aconteceu? Você consegue lembrar-se, Chrospu?

— Você não acredita, não é?

— Acredito. Eu vim de outro mundo, esqueceu?

— Não esqueço, mas você mente. Inventou isso que chama de nave, mas ela não existe, é ilusão. As coisas são ilusões; não existo aqui, existo lá.

— Lá onde? Pense, tente colocar seus pensamentos em ordem.

Ele olhou-me, e, aos poucos, senti que a agitação serenava. Continuei ao lado dele, esperando.

— Certo dia, eu quis ser o maior de todos... já era o mais inteligente. Percebi logo que todos que me cercavam eram idiotas, então, todos tinham de me obedecer.

Novamente, ele fez um longo silêncio, e não cobrei uma continuação, pois nem sequer sabia se teria. Era como uma vaga lembrança, e eu sabia o que ele passava para se lembrar. De repente, no entanto, Chrospu voltou a falar.

— Ele me traiu, contou a todos que eu era uma farsa, que eu matava quem não queria acompanhar-me e obedecer às minhas ordens. Ele foi à praça... eu sabia que eram idiotas... que entre mim e ele, me obedeceriam, acreditariam em mim. Gritei da janela de minha casa: “Você é mais idiota do que eles! Não vê que não entendem nada, não aprendem, que precisam obedecer! Você também precisa e vai, porque estou determinando”. Ele respondeu: “Não vou e prefiro morrer lutando”, e eu sorri. O que um homem sozinho e toda aquela gente idiota podiam fazer contra mim, um grande líder? Mas ele continuou a falar:

"Vou acordar todos e mostrar que você é uma farsa, que usa o medo para se impor aos que sabem disso. Não tenho medo de você e lhe provarei isso. Todos terão certeza de que é uma farsa e não cederão por covardia".

Chrospu fez uma breve pausa e continuou:

— Gritei: "Veja, povo! Ele os chama de covardes! É ou não um idiota maior?". Nesse momento, o povo ovacionou-me. Sorri e o vi no meio dos que me ovacionavam tentando gritar mais alto, mas não conseguia.

"— Só temos um mestre! Ele não é mestre, não é líder! É o mal em pessoa.

"A multidão continuou a vaiá-lo e a ovacionar-me, enquanto eu sorria satisfeito. Ele estava acabado, sem que fosse preciso fazer nada. Era um idiota maior do que toda aquela gente idiota junta. Nem precisei mandar matá-lo.

"Ele desapareceu, e eu esqueci aquele idiota. Continuei fazendo o que queria. Aquela gente idiota só servia para sustentar meus luxos. Quando eu não estava satisfeito, os descartava.

"Um dia, porém, acordei no meio da noite com uma sombra ao meu lado, que me disse: 'Sou a morte e que o Criador dos mundos me perdoe por isso'.

"Vi uma arma brilhar e não tive tempo de fazer nada. Senti uma dor imensa e depois sorri. Ele não conseguira matar-me; eu era o líder e seria para sempre.

"De repente, vi a sombra sair; parecia uma imagem estranha, mas não liguei. Fui até a praça, e muitos estavam lá. Contei-lhes o acontecido rindo, mas ninguém ria. Olhei pela primeira vez em seus olhos e senti que me odiavam. Tentei impor minha liderança, contudo, ninguém me obedeceu. Tive certeza de que era sonho, mas não acordei, nunca mais. E foi ele. Tenho certeza de que foi ele."

— Chrospu, por que você costuma sumir da aldeia e ficar afastado, mesmo sem ter o que comer e beber?

— Muitos que estão aqui são aqueles que nunca mais me obedeceram. Não gosto deles, pois continuam a não me obedecer. Não gosto de vocês. Viram-me ser expulso e não fizeram nada. Eu não queria vir, não quero estar aqui. Ninguém quis que eu ficasse, foi votado!

Ele começou a gritar essa última frase e desceu o restante da elevação. Vi a nave sobrevoando e trazendo mais pedras que vinham de grande distância. Fui até Clarion, que estava no solo naquele momento, e comentei com ele o que, mesmo confuso, Chrospu me relatara.

— Não deve ter sido eu. Não me esqueceria de uma experiência assim. Ele confunde as coisas, as pessoas, as épocas.

— Com certeza. Mas, quando estava doente, Trion especulou: "Será que estamos aqui sem ter resgates com esse povo? Que somos apenas estudiosos?". Trion já tem certeza de que ela não.

Clarion olhou-me pensativo:

— Já discutimos sobre isso, mas espero que sim, amigo. Que sejamos apenas viajantes e estudiosos. Vamos trabalhar que aí vem outro carregamento.

Quando a nave trazia novas pedras, elas chegavam irregulares, então, Clarion e eu as fragmentávamos em partes menores, as políamos, e os habitantes as empilhavam. Não tínhamos guindastes para aquele peso, que, para a tração da nave, era pequeno.

Era um serviço pesado e cansativo naquela condição de calor e falta de umidade. Muitas vezes, quis colocar meu traje aclimatado, mas julguei que, de certa forma, seria injusto com os outros, apesar de eles terem o suor para lhes refrescar a pele.

Com o ar parado, sem ventos, o alimento exíguo na floresta, uma noite houve um ataque de insetos à plantação da aldeia.

Na nave, só eu estava acordado. Os outros já dormiam, e a abertura estava fechada para economizar combustível. De repente, ouvi um grande estrondo, como se alguém estivesse jogando algo sobre a nave. Abri a porta com cuidado, acreditando que pudesse ser uma descarga elétrica no ar. Alguém com uma tocha acesa gritava algo, e senti desespero nele.

Desci rapidamente e fui até ele:

— O que houve?

— Gafanhotos estão comendo tudo e zumbindo terrivelmente. As pessoas desceram a montanha correndo. Não teremos o que comer, ajudem-nos.

Segui apressadamente com ele, pois queria ver que espécie de animal era aquela que eles chamavam de gafanhotos e o que poderíamos fazer. O desequilíbrio começava a afetar gravemente a cadeia alimentar.

Fiquei estupefato ao ver como eles haviam se reproduzido. Peguei alguns e levei-os para a nave. Acordei Clarion para ajudar-me.

— Estão devorando tudo! Toda a população morrerá. O que podemos fazer?

— Espere, Irione, deixe-me pensar. Usar qualquer tipo de veneno seria danoso. Vamos sugá-los e levá-los para onde a natureza possa controlá-los.

— Para onde? Não estávamos preparados para isso. A população morrerá de fome. E é noite. Não temos depósitos para colocá-los e transportá-los depois. Demoraria muito construir um local para isso. Eles são vorazes — disse e um certo desânimo tomou conta de mim; sensação que há muito eu não experimentava.

— Primeiramente, vamos tirá-los de lá. Se voam, podem ser obrigados a se afastar pelo menos um pouco.

Clarion foi até a sala de navegação e levantou a nave. Depois, sobrevoou a plantação com dificuldade, provocando um deslocamento de ar. Muitos insetos não resistissem e foram, então, parar a quilômetros de distância dali.

Quando Clarion pousou a nave, já quase amanhecia.

— É um paliativo apenas, mas teremos tempo para pensar e criar algo — comentou também preocupado.

Rarun e Aradie acordaram, e relatamos o ocorrido. Enquanto todos nós pensávamos em uma solução, olhei para fora da nave e vi que algumas mulheres e crianças da aldeia a cercavam.

Novamente, fui até lá com os outros. Usando cestos feitos de fibras vegetais, alguns deles pegavam os gafanhotos que sobraram, os recolhiam e depois os jogavam no fogo.

Eram poucos naquele momento, mas os milhares voltariam. O povo acreditava que aqueles soprados, como diziam, não retornariam, mas sabíamos que estariam de volta naquele dia mesmo ou no dia seguinte logo pela manhã.

Precisávamos criar um repelente e já havíamos classificado o inseto no laboratório. Com essa informação, nós quatro — até Rarun, que era um historiador e tinha poucas noções de química, nos ajudava — começamos a trabalhar.

Era um correr contra o tempo. Nem como alimento o inseto poderia ser aproveitado, pois continha compostos intoxicantes aos habitantes.

Concentrados no laboratório, ouvimos alguém gritar novamente.

"Estão de volta", transmiti com uma sensação de impotência.

"Vou até lá. Tentarei acalmá-los, e encontraremos a solução", transmitiu-nos Rarun.

Ele saiu e logo voltou.

— Não são os gafanhotos. O motivo desses gritos é uma nuvem, uma pequena aglomeração de vapor de água. Não chegará aqui em níveis suficientes para provocar chuva.

— Pelos nossos cálculos de nível de umidade, demorará um pouco ainda, mas, quando vier, será exagerada — comentou Clarion sem tirar os olhos das lentes. Ele continuava a analisar os compostos.

— Como vamos fabricar o repelente tão rápido e em tanta quantidade? — perguntei a Aradie.

— Sintetizar a partir do que está seco.

Dois dias depois, enquanto a população — homens, mulheres e crianças maiores — recolhia os gafanhotos que retornavam, queimando-os num trabalho frenético, conseguimos descobrir e produzir a substância em quantidade suficiente.

As aves, que eram os predadores naturais dos gafanhotos, haviam migrado da região por causa da seca e muitas outras tinham morrido.

Começamos a distribuir o repelente entre a população, que teria de espalhar o composto no sopé da elevação e em volta de cada degrau da plantação. Enquanto isso, outros continuavam o trabalho de recolhimento dos gafanhotos com as mãos, colocando-os dentro dos cestos e tocando-lhes fogo. Nosso maior medo era que, por descuido, o fogo se alastrasse naquela vegetação seca e provocasse um grande desequilíbrio artificial. Ficamos atentos a isso, mas não ocorreu.

Em quase um ciclo lunar completo não havia mais gafanhotos. Nos quatro percebemos que há quase três dias não descansávamos, o que começava a causar desequilíbrio em nossa harmonização.

Quando tudo estava controlado, colocamos nativos de plantão e revezando-se entre si, pois outros tipos de insetos poderiam atacar o único ponto verde daquela região, e inspecionamos os estoques de comida do povo. Se um gafanhoto tivesse conseguido se infiltrar ali, alimentar-se e reproduzir-se, acabaria tudo ou contaminaria o alimento.

Não encontramos, mas decidimos levar amostras para analisar o nível de fungo. Era importante ensiná-los e pedir que ficassem atentos, pois o povo ainda não entendia o que eram fungos. Acreditavam mais no que viam e não no que afirmávamos que existia, o que causava certos descuidos entre eles.

O resultado da análise era que o pouco fungo que existia era bem tolerado pelo organismo deles, sem lhes causar danos.

Finalmente, pudemos nos recolher para dormir. Não fechei meu ambiente, mas liguei o oxigênio para ter uma recuperação mais rápida.

Aos poucos, todos nós fomos relaxando a vigilância e, ao analisarmos o nível de umidade, percebemos que começava a subir mais acentuadamente. A chuva viria, mas quando? Ninguém sabia com precisão.

Eu olhava a devastação e não deixava de ficar triste. Não havia mais a exuberância de vida vegetal, embora eu soubesse que ela estava lá, pronta para brotar novamente por meio de inúmeras sementes caídas, esperando no subsolo uma gota de água.

Clarion aproximou-se e olhou-me com o mesmo ar de tristeza. Estava sem o capacete.

— Quando você vai tirar essa roupa e adaptar-se, Clarion?

— Para quê? Temos tecnologia, cuja finalidade é nos ajudar a nos sentirmos bem. De que adiantaria termos todo esse laboratório, se não pudéssemos ajudar ninguém? E as análises, então? Só serviriam para fazermos mil relatórios? É a mesma coisa com a roupa. Ela existe para nos dar conforto, e, em respeito a quem a inventou e aperfeiçoou, eu a uso.

Sorri divertido.

— Não venha com pretextos. O que você não gosta mesmo é do calor excessivo. É fragilzinho, meu amigo. — Brinquei.

— Chrospu voltou.

— Onde ele estava? Faz muitos ciclos lunares que não o vemos.

— Não sei, mas, quando soube da praga, disse que foi ele quem a mandou. Ele jura que foi vingança por não o termos atendido.

— As pessoas da tribo acreditaram?

— Não, mas uma parte ficou cismada. Ele afirmou também que a seca só irá embora quando nós formos. Chrospu quer liderar, Irione, e é perigoso. As pessoas da tribo são muito crédulas, e ele mente bem, porque acredita nas próprias mentiras.

— Pobre ser torturado, que expiação! Vou lá falar com ele.

Desci a rampa da nave e andei até a aldeia no alto. Procurei por Chrospu, e o velho mais velho veio falar comigo.

— Procuro Chrospu. Gostaria de falar com ele — pedi.

— Ah! Chrospu saiu.

— Foi esconder-se de novo?

— Não sei, não. Mas afirmou que a praga voltará e que outras mais virão.

— Velho mais velho, deve saber que nenhum ser vivo é maior que a natureza. Ninguém pode se impor a ela, ninguém. Nem nós que viemos de fora. Chrospu está confuso.

— Ele é jovem, confuso, mas muitas pessoas são confusas. Há velhos que também são confusos. Chrospu disse às pessoas para pararem de alimentar os que ficaram, que vai nos faltar o que damos a eles.

— Velho mais velho, não devem fazer isso. Tem faltado alimento para os seus?

— Não.

— Então, por que fazer isso? Não eram seus amigos? Só estão errando na opinião. Não lhes faltará alimento. O que está guardado é farto, então, peço-lhes novamente que continuem a alimentá-los. Vai lastimar muito, talvez não nesta vida, mas em outras.

— Quando eu for para o mundo dos mortos, não voltarei, assim como não voltarei a ser jovem.

— Voltará a ser bebê, começará tudo novamente, por isso lhe peço que não faça isso. Não faltará comida ou água. Ela está um pouco sem pressão, é verdade. Estava um fio bem mais fino do que era, mas a chuva virá em pouco tempo. Os ventos já a trazem.

O velho mais velho ficou olhando-me pensativo. Chrospu sempre trazia insegurança.

— Homem que brilha, se eu nascer novamente, for bebê, serei como você? Saberei o segredo das matas e das chuvas?

— Sim. Se quiser estudar, saberá até bem mais do que eu.

Ele sorriu incrédulo, e eu continuei:

— Para isso, terá que estudar, prestar atenção no que a natureza diz, anotar tudo e não gastar tempo com futilidades.

— Minha cabeça falha, eu esqueço coisas, homem que brilha.

— Ensinamos a escrita a vocês, aprenda. Karron nos prometeu ensinar a todos que quisessem. Registra muito conhecimento de cura das ervas. Quando outros vierem, só precisarão ler para saber, mesmo que não estejamos mais aqui. Se sua memória falhar, só terá de ler para aprender novamente.

— Sou o velho mais velho, e minha cabeça já perdeu muito. Gostaria de ter certeza de que vou nascer novamente. Ficaria feliz de ser jovem e bebê.

— Confie no grande Criador que criou tudo à sua volta. Percebe que tudo tem sabedoria? Quando você se for, fique feliz, pois voltará. Faça amigos, pois a união é preciosa.

— Homem que brilha, você levará Chrospu?

— Não. Ele não pertence mais ao meu mundo e, se pertenceu, perdeu esse direito. Vou procurá-lo. Gosto dele e quero muito ajudá-lo.

— Ele é louco, diz coisas erradas.

— Diz coisas confusas, pois não se lembra bem das informações. É só isso. Ele precisa de ajuda.

Saí de perto do velho mais velho e fui procurar Chrospu. Perguntei a um e a outro e conversei um pouco com Chrorum, cujo nome já haviam mudado. Chamavam-no agora de Rohane, "homem que ajuda os deuses".

Disseram-me que Chrospu estava no último patamar da montanha, e subi até lá.

Encontrei-o de pé, falando sozinho, o que era comum. Na verdade, ele falava consigo mesmo, questionava-se. O cérebro de Chrospu sempre estava em frenética movimentação de ideias, o que lhe causava a agitação que todos viam. Olhou-me com desprezo.

— O que está fazendo, Chrospu? — perguntei.

— Dando ordens à natureza. Quero que ela só mande chuva quando eu determinar.

Sentei-me na ponta do largo degrau próximo a ele e disse:

— Chrospu, isso não existe. Você é inteligente e sabe disso. Ninguém manda nos ventos, na chuva. Há uma força muito maior sobre elas que não obedece a ordens, principalmente de quem não sabe os motivos por que acontecem.

— Eu também serei um deus, assim como vocês, e comandarei tudo.

— Não somos deuses. Você mesmo afirma que foi um de nós e sabe melhor do que ninguém que não somos deuses.

— Tiveram inveja de mim e expulsaram-me, lembro-me bem!

— Venha cá, Chrospu. Conte-me o que se passa em sua cabeça.

Ele continuou de pé, indeciso, olhando-me. Desviei o olhar dele e fiquei observando a montanha com as plantações abaixo, frutas, milho, feijão, abóbora etc. Em silêncio, ele sentou-se a alguma distância de mim e calou-se.

Chrospu começou a olhar para onde eu olhava: os degraus de plantação, as pedras que evitavam que os degraus desbarrancassem e cuja colocação havia dado tanto trabalho a todos, as habitações feitas de pedra e protegidas dos ventos.

Depois, ele praticamente grunhiu.

— Quero voltar a ser Deus e por isso tenho que morar lá em cima, com vocês.

— Chrospu, não somos deuses. Por que você teima com isso se sabe que não é verdade?

— Todos os chamam Virecocha, e eu também quero ser Virecocha.

— É só uma forma de chamar, assim como o chamam de Chrospu. Como agora mudaram o nome de Chrorum. O nome é só uma designação que não tem importância alguma; nunca é definitivo.

— No tempo em que eu era deus, mandava em muita gente. Muitos me obedeciam, e eu tinha direito de vida e morte. Se desejasse, mandava matar, e todos ficavam quietos. Eu era Virecocha.

— Um deus nunca manda alguém morrer.

— Todo deus mata, espera vir a velhice. Outros nem chegam a ser o velho mais velho.

— Não é assim. Temos um ciclo para cada vida e depende de nós. A escolha é nossa. Você estava errado se agia assim.

Ele levantou-se novamente e gritou a todos que estavam lá embaixo:

— Morarei aqui no alto, pois sou o deus dos deuses. Eu determino a chegada da chuva. Obedeçam-me ou morrerão de sede!

— Chrospu, não diga isso. As pessoas terão medo de você. Nenhum deus impõe medo, ao contrário; ele é magnânimo e ama a todos.

Chrospu ficou pensando sobre minha afirmação. Não adiantava combater a ideia de que ele era Deus, mas mudar o comportamento diante disso. As crianças se divertiam e riam muito de seus acessos. Eu temia que ele acabasse subjugando as pessoas quando fôssemos embora e se tornasse cruel.

Ele voltou a sentar-se pensativo e, depois de algum tempo, voltou a falar:

— Um deus é bom, magnânimo?

— Sim, tenho certeza disso. É sempre bom e ensina a dividir e amar sempre.

— Então, serei assim. Não proibirei mais que deem comida ao povo que ficou.

Senti um alívio. Havia muito tempo, ele tentava convencer as pessoas a parar de alimentá-los. Embora ninguém o obedecesse, eu temia que isso só acontecesse por causa de nossa intervenção.

— É assim, Chrospu: amar sempre, fazer o bem, é isso que nos faz sermos deuses um dia.

Ele sorriu e gritou lá de cima:

— Vou ser deus e determino que a chuva venha amanhã.

— Ela não virá amanhã nem no próximo ciclo lunar. Sinto muito. O nível de umidade começou a subir, mas ainda pode variar. Levará algumas luas até que a chuva chegue.

— Quero amanhã! Tenho sede!

— Beba água. Está fraca, mas não faltará para as plantações nem para as pessoas.

Levantei-me, e ele ficou olhando-me.

— Chrospu, um Deus sabe que tem limites, e as coisas têm razão própria de ser. — Sorri.

— Serei deus, serei Virecocha, não você ou os outros. Deixarei escrito quem eu sou.

— Se for bom, alimentar quem tem fome, não mandar matar e lutar pela vida, não se esqueça disso.

— Direi à morte que se vá daqui. Eu a banirei para sempre, e o velho mais velho será eterno.

— Não pode. A morte é importante para o nascimento de uma nova vida. Já conversamos sobre isso.

Ele virou-se e ficou olhando lá para baixo. Eu voltei para a nave, e algumas crianças foram atrás de mim como sempre. Tirei o equipamento que precisaria usar, e Rarun levantou voo, embora já fosse um pouco tarde.

Encontrei Clarion recolhendo animais de exoesqueleto, que haviam sido mortos pela seca, para o museu de história natural que pretendíamos fazer sobre o planeta.

— Falou com Chrospu? — perguntou Clarion.

— Sim, está mais confuso do que nunca. Quer ser um deus.

Clarion sorriu.

— Todos nós queremos, mas chegar lá ainda levará muito tempo. Venha trabalhar. Amanhã, iremos visitar Trion.

— Foi Aradie quem sugeriu?

— Todos nós sugerimos. Já faz muito tempo que ela não dá notícias. Irione, precisamos voltar. Já estamos acabando o que viemos fazer aqui. Temos um vasto material catalogado.

— Sim, o tempo previsto da expedição já está no fim. Estou com saudade de casa.

— Eu também. Tenho pensado muito em minha esposa, e teremos mais um filho. Enquanto organizo mais o que estudamos aqui, quero ficar em casa. Você já decidiu o que fará de sua vida?

— Outro dia, pensei em tentar o casamento experimental com Carli, mas falta algo que não sei o que é. Parece que não é a ela que devo ligar-me nesta vida.

— Curioso isso... você já a amou tantas vezes.

— É verdade, mas todas foram sem equilíbrio, paixões passageiras, extremos.

— Há sempre um ponto de equilíbrio, amigo, e talvez vocês o encontrem desta vez.

— Estava pensando outro dia... se essas pessoas que nos julgam deuses só porque somos viajantes acreditassem que temos problemas existenciais como eles, tenho certeza de que não nos temeriam.

— Eles não nos temem; só não nos compreendem, e isso causa sustos, preconceito. Não é assim que nasce o preconceito? Do não entendimento? — comentou Aradie aproximando-se.

— Sim, é. Ainda bem que já passamos dessa fase — respondi.

— Será, Irione? E se de repente vermos um ser bem mais adiantado do que nós? Será que não teremos a mesma reação? Um tanto amenizada, mas ainda assim uma reação.

— Acredito e espero que não. Fico triste quando vejo que se aproxima a hora de partir.

Clarion sorriu.

— Afinal, todos nós temos relações com eles agora, isso se já não tínhamos relações anteriores às nossas memórias.

Curiosamente, sinto um carinho muito grande por Chrospu e temo por ele, que se desvirtue novamente.

— São as escolhas dele, Clarion. O que podemos fazer?

— Nada. Rogar que ele leia o que Karron tem registrado e aprenda. Quais insetos você já selecionou para os exemplares, Aradie?

Ele explicou-nos e começamos a trabalhar. O dia passou, e a nave só voltou à noite. Rarun estava incomodado; percebemos no momento em que o olhamos.

Entramos na nave, e Aradie, que havia ficado um pouco mais para recolher amostras, chegou logo depois. Rarun contou:

— Consegui falar com Orin, pois tenho acesso a ela como parente. Deron está convencendo o imperador a ter um filho.

— Como isso será possível? Ele está praticamente paralítico da cintura para baixo.

— O povo não sabe disso. Vão contratar um homem para que tenha relações com uma mulher escolhida, e o filho será reconhecido como sendo do imperador. Trata-se de uma estratégia política para que Deron e seu companheiro se mantenham no poder.

Senti indignação pela fraude que iriam aplicar no povo e nos herdeiros legítimos.

— E vocês não sabem o pior. Querem que Orin seja a mãe, pois creem que o filho nascerá como ela: de olhos claros e pele mais branca. Assim, o povo não duvidará de que o imperador é um semideus.

— Os olhos até poderão permanecer, mas e a pele naquele sol? — questionei sem pensar no problema como um todo.

— Ela não pode se relacionar com um homem daqui. Serão muitas as implicações — disse ele firmemente.

— Sinto muito por minha observação, falei sem pensar. O que faremos para tirá-la de lá?

— Orin está sendo vigiada e muito bem vigiada. O vizir ainda não conseguiu convencer o imperador, que a ama e sente ciúme. Mas, acima de tudo, há a necessidade da continuação da dinastia dele. Deron joga com a vaidade do imperador... o que prevalecerá? O ciúme ou a vaidade pessoal? Creio que, nesse nível evolutivo, por mais que Orin lhe tenha ensinado, a absorção não foi total. Não posso precisar quanto foi, mas creio — e ela também — que a vaidade será a vencedora.

Ele terá um herdeiro reconhecido e não restarão dúvidas. O ser que a fecundará será morto imediatamente após a confirmação da gravidez.

— E o que farão caso nasça uma criança do sexo feminino, que não poderá herdar o poder? — perguntou Clarion.

— Também conversamos a respeito disso, e tenho a impressão de que não terão escrúpulos em trocar as crianças, ou até mesmo, assim que ela nasça, tentar com outro homem, que depois também será morto.

Nós estávamos pasmos com o fato, pois isso nunca havia acontecido em nossa história e parecia nos algo impossível de acreditar. Rarun sabia o que estava falando e estava visivelmente preocupado e angustiado.

— Não podemos intervir mais do que Orin tem tentado ensinando-lhe. Precisaremos tirá-la de lá, sem lutas ou mortes. Diante dessas escolhas, preferimos que ela seja fecundada.

Fiquei calado; ele não deixava de ter razão. Roguei que o imperador tivesse bom senso, pois temia que ele aceitasse a sugestão de Deron. Era um modo de o imperador mantê-la com ele, afinal, nenhuma mãe abandona seu filho.

Levantei-me e tentei imaginar todas as implicações do fato a partir de um ângulo de visão maior. Será que Orin tinha laços profundos com aquele imperador? Resgates do passado esquecidos em nossa memória e com o ser que queriam que ela tivesse?

A escolha seria dela. Rarun a amava, e ela não aceitaria ser manipulada daquela forma, participar de uma mentira, tanto que fizera de tudo para que o imperador se recuperasse fisicamente, entendesse sua responsabilidade e fosse realmente o líder. Assim, ele tiraria do controle Deron e seu acompanhante.

— O que faremos? — perguntei.

— Vamos tirá-la de lá. Aradie, não poderemos visitar Trion amanhã. Fui proibido de visitar Orin novamente. Deram-me muitas moedas em troca disso, e eu as distribuí na praça entre os miseráveis. Fui seguido, mas volitei. O homem que me seguia — com certeza com ordem para me matar — saiu correndo ao me ver ficar a uma boa altura do solo.

— Ela deu alguma sugestão?

— Sim. Existem várias passagens secretas; ela passou-me essas informações telepaticamente. Falávamos do povo superficialmente e, quando ficávamos em silêncio, ela passava-me as informações.

"No quarto dela, que é contíguo ao do imperador, não há passagens. No dele existem três. Só uma é verdadeira; as outras duas são armadilhas. A passagem verdadeira é bem escondida, e a porta que lhe dá acesso se localiza embaixo do ambiente dele."

— Orin consegue entrar nela? Nós a pegaríamos na saída. Ela sabe onde é a saída?

— Não, mas tem certeza de que ela existe. No outro quarto o acesso era mais fácil antes da reforma. Precisaremos entrar e ajudá-la a arrastar o móvel, pois é pesado.

— Rarun, espere. O imperador não pode locomover-se, e Deron o quer vivo para que os parentes não tomem o poder. Deve haver mais uma passagem, sem que tenhamos de arrastar nada.

— Não há. Em caso de emergência, ele teria de ser carregado de qualquer forma pelos dois escravizados, que são fisicamente fortes.

Clarion sorriu divertido.

— Nunca pensei que, nessas alturas do nosso conhecimento, voltaria ao tempo das fugas e estratégias.

Todos nós sorrimos e relaxamos um pouco. Discutimos como iríamos entrar em um palácio tão guardado; precisaríamos da cooperação do imperador. Esperávamos que ele realmente a amasse, que tivesse por Orin aquele tipo de amor que quer o bem do ser amado e não que opta pelo egoísmo.

Clarion saiu e avisou às pessoas da aldeia que voltaríamos, pois sempre havia um certo temor quando a nave ia e ninguém ficava.

Pouco depois do aparecimento do sol, saímos. Havia uma diferença de horário e luminosidade. Chegamos, descemos da nave e a fechamos.

Vestidos com aquelas roupas locais, o calor para nós se tornava excessivo. Olhei para Clarion, que estava usando uma espécie de vestimenta longa, e tive certeza de que ele estava com o traje brilhante por baixo.

Eu me vestira como Rarun, como um nativo do lugar, embora fosse comum a presença de visitantes vestidos de outras maneiras, assim como Clarion estava.

Passeamos em frente ao palácio, e Rarun pediu para ser recebido, alegando ter parentesco com Orin. Ele insistiu, e nós ficamos esperando. Pouco depois, recebemos como resposta que ela não podia receber ninguém. Precisaríamos dar um jeito de entrar.

Sentamo-nos na praça e nos concentramos para alcançar Orin, somente para avisá-la de que estávamos ali. Ela não iria conseguir transmitir a resposta devido à densidade das paredes.

— Vamos ter de entrar pela porta principal. Orin só conhece as aberturas de fuga por dentro; não sabe onde elas ficam aqui fora. Elas não seguem uma lógica e podem ser armadilhas de vários tipos — comentou Rarun.

Demos uma grande volta e entramos por um grande portal que havia no fundo. Deduzimos que era dos empregados — mais tarde eu soube que muitos deles eram escravizados.

Um entra e sai de gente transportando muitas bandejas de comida. Passamos despercebidos, ali não havia guardas de segurança. Só alguém que estava distraído reclamando de todos e dando ordens.

Seguimos por um corredor longo que não conhecíamos. Outro guarda dormitava sentado no chão. Percebemos que havia um alto nível de álcool em seu sangue. Passamos por ele volitando baixo para que nossas sandálias não fizessem barulho devido ao atrito com o piso.

O local era enorme; teríamos muitos corredores e guardas pela frente. Durante todo o tempo, tentávamos manter contato com Orin, descrevendo o local para que ela nos guiasse.

O problema era que ela não conhecia suficientemente aquela entrada dos empregados para nos guiar com segurança palácio adentro.

"Orin, estamos em um corredor quase desguarnecido agora. O guarda está alcoolizado. Há aqui uma parede nua, com pedras expostas", transmitiu Rarun a ela.

"Deve haver um desvio à direita que dará em um jardim. Cuidado. Esse jardim é onde as damas costumam ficar. Houve uma festa ontem, e todas devem estar dormindo. Volitem sobre ele. Tenho quase certeza de que sairá aqui no jardim do imperador."

Entramos no jardim e olhamos para o muro, que era quatro vezes nossa altura. Não havia ninguém. Um de cada vez volitou sobre ele e desceu do outro lado. Eu fui o último e consegui ficar mais próximo a uma abertura da construção.

"Cuidado", transmitiu ela. "Estamos sendo muito bem vigiados, mas não por criados. Devem estar atrás das árvores; são mais espiões do que guardas. Não estão armados. Eles não podem se aproximar muito, não podem ver o imperador de perto, mas controlam se alguém entra ou sai."

Outro muro dividia o local. Subindo pouco acima dele, já conseguíamos ver pelo menos dois dos espiões. Não sentiram nossa presença, mas nos veriam mais cedo ou mais tarde. Se o palácio não ficasse em frente à rua mais movimentada da cidade, poderíamos ter volitado direto da rua.

O esforço nos cansou um pouco, e ainda descemos bem devagar para que os homens, distraídos e entediados, não nos notassem. Depois, nos escondemos bem atrás deles em outros locais.

"Orin, o que devemos fazer agora?"

"Esperem. O imperador está falando comigo e aguardando uma resposta."

Esperamos. Um dos homens comentou com o outro:

— Estou cansado. Ainda preciso ter algo para contar ao vizir.

— Ele nunca acredita em nós quando dizemos que não aconteceu nada. Será que o imperador não virá hoje aqui com sua amásia.

— Virá, sim. Quando aceitei esse emprego pelo bom pagamento, não acreditei que eu mesmo fosse correr perigo.

— O vizir e o amante dele são perigosos. Que ninguém nos ouça.

— Estamos sós. Esses muros são tão largos e altos que nem uma tora com vinte homens o derrubaria. Ninguém entrou ou saiu daqui. Vejo bem a porta e o pátio. Veja, parece que ela está vindo. Vamos nos esconder melhor. Está sozinha. Não sei o que nela atrai o imperador. É tão sem cor! Gosto de mulheres cujo sangue sinto pulsar nas veias — comentou ele maliciosamente, e os dois riram abafado, tentando evitar que fossem ouvidos.

Orin veio, sentou-se quieta, mas não conseguiu fazer contato conosco. Ouvimos alguém gritar por ela quase no mesmo instante.

Ela levantou-se e transmitiu:

"Ele não quer que eu saia de perto dele. Pedi para vir um pouco ao sol, ele permitiu, mas já me chamou de volta. Será que está pressentindo algo?"

"Provavelmente, sim. Ele a ama, não?", transmitiu Rarun.

"Sim", transmitiu ela pesarosamente.

Orin parou um pouco no pátio e olhou em direção aos dois homens que a espiavam. Eles se esconderam melhor.

"O que faremos? Serão mortos, e sinto remorsos por isso."

"Poderíamos levá-los para bem longe, se quiserem."

"Vão assustar-se e podem causar um desastre maior, Rarun", transmitiu ela e entrou no palácio novamente.

Um dos homens abriu a boca com sono.

— Hoje não terá movimento. Aposto que ele estava na festa que ocorreu ontem e deve estar de ressaca.

O outro riu muito, esquecendo-se da discrição.

— Duvido. Beber ele pode até beber, mas se Deron pensa que não percebi que o imperador é aleijado... Ele se engana comigo, e isso é bom. Finjo ser idiota e até gagueira perto dele. Só assim não corro perigo.

— Sei que Deron é perigoso, todos sabemos disso. Arrependo-me de ter procurado por ele, mas não tinha o que perder. Não tenho família nem um gato para puxar pelo rabo. E o dinheiro que ganho me faz comprar as mulheres mais apetitosas deste palácio. Mantenho minha boca fechada, e isso basta. Por que falaria também? Não lucraria nada com essa informação; tenho certeza de que só me traria a morte. Quem sabe um dia o vizir acredite que sou de confiança?

— Você é um sonhador. Aquele homem não confia nem na própria sombra e já tem um amante fixo.

— Credo! Não quero que ele ponha a mão em mim nem para cumprimentar-me.

Eles riram novamente, e um deles ajeitou-se melhor para tirar um cochilo. O outro, contudo, manteve-se atento. Tínhamos um problema: como tirá-la de lá sem causar o interrompimento do ciclo de vida daqueles seres?

Senti que todos nós estávamos procurando uma solução para isso. Continuamos esperando as sugestões de Orin para o melhor momento.

Vimos quando Deron entrou, olhou ao redor, não viu os espiões e sorriu satisfeito. Ele não nos viu, mas ficou algum tempo olhando em volta, como se nos pressentisse.

Deron entrou no pátio ensolarado, e imaginei que ele certamente iria até o quarto do imperador. Eu, que estava mais próximo, abaixei-me e fiquei perto de outra abertura, de onde podia ouvir as vozes.

— Pensou no que eu disse, grande imperador? — perguntou Deron.

— Ainda não e não venha cobrar-me.

— Sinto, mas o povo já reclama um herdeiro. Não pode ficar mais tempo sem um. A solução é perfeita. Trabalho sempre para manter sua dinastia no poder.

— Ora, Deron, não pense que me engana! Seus interesses estão de comum acordo com os meus, e é só isso.

— Já escolhi o homem. É forte, um lutador de rua, investiguei. Faz tudo por dinheiro e vive de cidade em cidade para ganhá-lo com lutas. Não recusará tantas moedas.

— Ouvi dizer que você não vai pagar-lhe, que pretende matá-lo depois disso.

— Talvez, se ele não corresponder. Pensei melhor! Se ela se oferecesse a ele como uma qualquer, o homem nem descobriria o que ocorreu. Viraria as costas e iria embora como deve fazer sempre. Lucraria a própria vida.

— Saia, Deron! Tenho pensado em outra mãe. Em drogá-la talvez.

— Poderia vir um bebê deformado. Todos sabem que a droga faz mal. E não gostaríamos de outro... Perdoe-me, imperador, fui indelicado.

Senti que Deron fizera a observação propositadamente para ofender e magoar o imperador.

— Você adoraria mais um imperador aleijado! Pode falar! Sei que é isso o que você pensa. Saia daqui! — gritou o imperador, em um tom de voz que denunciava muita raiva.

Vi quando o homem saiu do quarto, parou novamente no pátio e ficou olhando tudo em volta. Depois, virou as costas e saiu. Durante o pequeno trecho, contudo, ainda se voltou várias vezes.

— Imperador, não faça isso — pediu Orin.

— Estou pensando, cara amiga. Bem que eu gostaria de ter um filho com seus olhos e essa pele.

— Não poderá ter. Eu não posso ser mãe... não aqui. Isso me prejudicaria muito.

— Gostaria de ter essa ilusão. Tenha certeza de que, vindo de você, seria meu filho. Só não suporto a ideia de vê-la nos braços de outro homem. Tenho, contudo, que suplantar isso e saber que ficaria ligado a você para sempre. Eu esqueceria que foi a semente de outro homem. Você poderia jurar-me que pensaria em mim enquanto ele colocasse a semente dele em seu corpo. Eu acreditaria, Orin. Trataria essa criança como meu filho, o reconheceria publicamente e o tornaria meu herdeiro. Ele continuaria esta dinastia. Pense, Orin. Você só teria vantagens.

— Eu não teria nenhuma vantagem, senhor, a não ser muitos remorsos. Por isso lhe peço que não me force a isso.

— Você é diferente; eu nunca a entendi. Não gosta de joias, não se veste com luxo, e, quando determino isso, fica triste, desconfortável. Mas cura! Curou parte de mim e de meus escravos, eu sei. Pensa que não sei?

— Senhor, vou dizer-lhe novamente que não sou deste mundo e peço-lhe que sempre se lembre do que lhe falei sobre outras vidas e sua responsabilidade. Se veio como imperador, assuma esse compromisso com justiça. Não tenha vergonha de ser como é; aprenda somente. Seja mais bondoso e tolerante.

— E não sou? Não a amo como um humilde camponês?

— Não a mim. Divida seu amor com seu povo. Pense em como ele sofre. Pense nele como se fosse o senhor mesmo.

— Você é uma deusa, Orin?

— Senhor, já lhe disse milhares de vezes que não sou.

— Diga que é, pois assim eu a obedecerei.

— Não posso. Seria uma mentira, e a decisão tem que ser sua. Estou triste. Irei embora hoje e não voltarei mais.

— Não irá, não! Não deixarei! — gritou ele, e eu senti desespero em sua voz.

— Terei de ir como vim. Tenho um lar ao qual preciso voltar.

— Determinarei que todos seus parentes vivam aqui.

— Imperador, meu querido amigo, mesmo que tivesse todo o poder do mundo, o senhor não poderia. Quer me fazer feliz? Dirija seu país como deve e com o conhecimento que já lhe ensinei e pedi. Fará muito mais por mim, por si e pelo povo.

— Tem o atrevimento de chamar-me de amigo, no entanto, diz que irá embora. Isso é ser amiga? Sabe que voltarei ao que era: um ser desprezado, humilhado e sem motivos para viver. Preciso de você, Orin. Atenda aos meus apelos. Usarei minha autoridade para impedir que você se vá.

— Não pode, assim como não posso interferir no seu destino, a não ser ensinando e orientando. São suas escolhas, e todos nós temos as nossas. Passei-lhe tudo o que podia... Permita-me, por favor, que eu o abrace. Nós nos encontraremos no futuro, que espero seja próximo.

— Não se aproxime. Não sou um homem completo.

— Para mim é. O ser humano existe independentemente do corpo que usa, se ele é eficiente ou não.

— Orin, como gosto de abraçá-la... Não pode abandonar-me. Por favor, morrerei sem você. Sou o imperador de todo o mundo conhecido, mas imploraria aos seus pés. Se eu pudesse, ajoelharia.

— Não precisa. Creia somente que criamos laços, se é que já não o tivemos algum dia, em um passado tão remoto do qual não me lembro mais. Agora, peço-lhe que me deixe usar uma das passagens secretas. Tenho amigos no pátio que me levarão para minha casa.

— Não vou permitir! Não vou. Não posso.

— Acredita no que eu lhe disse?

— Sim, mas tenho ainda mais certeza de que é uma deusa. Uma deusa que por acaso se esconde, contudo, veio a mim, fez-me feliz e recuperou-me em parte.

— Se deusa para você é só isso, está errado. Deus é uma força criadora imensa, inimaginável. Sou apenas mais um ser neste universo também infinito. Deixe-me ir. Não quero ir com laços de ódio; quero ir com sua bênção para que esses laços se fortaleçam. Que nós nos encontremos no futuro como amigos, com prazer e saudade.

Eu podia imaginar o conflito do imperador. Ouvi soluços e tive certeza de que vinham dele. Preocupei-me se os homens que o espiavam conseguiam ouvi-lo. Calculei a distância, o tom de voz, e deduzi que não. Transmiti a Orin:

"Peça ao imperador que não permita que matem os espiões."

"Não posso esperar isso do imperador; ele mesmo mandaria matá-los por estar espionando-nos. Deron negaria que fossem dele e acusaria sem escrúpulos qualquer outro que julgasse vantajoso. Entrem, temos de ir."

"O pátio está nu. Não temos onde nos esconder. Eles nos veriam facilmente."

"Vou até a fonte buscar água. Eles me seguirão com os olhos, sempre fazem isso. Vocês, então, entram e eu volto."

— Imperador, alguns amigos meus entrarão aqui para ajudar-me. Por favor, não chame os guardas.

— Como seus amigos passaram por eles?

— Volitaram sobre o muro.

— O que é isso?

— A capacidade de deslocar-se sem tocar no solo.

— Nunca a vi fazer isso.

— Não houve necessidade. Solte-me, por favor. Vou buscar água.

— Orin, quem cuidará de mim com tanto amor? Nem minha mãe o fez.

— Eleja alguém. E amor é algo que não se ganha, se conquista.

— Você me deu amor e o despertou em mim.

— Agora que o conhece, faça o mesmo. Com licença.

Orin saiu com uma jarra na mão, e Rarun já estava atento aos homens. Clarion chegou perto de mim rapidamente, e fomos os primeiros a entrar no quarto do imperador.

Ele estava sentado em uma cadeira, com as pernas cobertas. Não disse nada; apenas ficou nos olhando em silêncio. Logo depois, Rarun e Aradie entraram. Nenhuma palavra foi dita. O imperador nos olhava de alto a baixo e fixava Rarun insistentemente.

Alguns minutos depois, Orin entrou no quarto e colocou a jarra ao alcance dele. O imperador a olhou, e seus olhos estavam marejados.

— Sinto que não poderei fazer nada, que tenho que aceitar esse destino. De que me adianta ser imperador? Não comando meu país, não comando minhas pernas e não tenho a mulher que amo.

— Aprenda com isso e será um homem bem maior do que tudo isso em um futuro próximo. Faça os exercícios que lhe ensinei. Faça-os, por favor. Lute contra a depressão para que ela não o arraste. Pense que tem um motivo ainda obscuro para tudo isso. Precisamos ir.

— Orin, há uma passagem secreta de mais fácil acesso. Ela sai perto de um lago a poucos quilômetros daqui — disse ele e nos apontou uma parte do quarto.

Procuramos a passagem tateando as pedras, mas não a encontramos. O imperador olhou novamente para Orin e, angustiado, disse: "Fique". Senti meu coração sofrer por ele, pois sabia o que aquele homem estava passando.

— É na terceira pedra abaixo; basta empurrá-la suavemente — falou-nos sem parar de contemplar Orin.

Abaixei-me, empurrei a pedra, e uma abertura abriu-se ao lado. Orin ainda foi até ele, beijou-o na testa, mas ele não teve reação.

— Comande seu país aliviando a dor de seu povo. Isso fará sua dor quase desaparecer. Assim, esquecerá que tem limitações, porque elas não existem. O espírito não é limitado. Você só não pode caminhar, só isso. Já lhe disse que todos nós somos muito maiores do que esta casca que chamamos de corpo. Acredite em mim.

O imperador balançou a cabeça afirmativamente, e por um momento temi que ele chamasse os guardas pelo nível de conflito que experimentava. No entanto, não o fez.

Nós nos deslocamos por um local escuro, usando o tato para delimitar o caminho. Não volitamos, pois a parede de cima nos limitava. Tínhamos que nos deslocar com uma certa inclinação nas costas, em total escuridão.

Íamos em silêncio. Aquele lugar parecia interminável, mas, de repente, conseguimos sentir uma brisa fresca vinda da abertura que ainda não enxergávamos.

Clarion ia na frente com o braço estendido para guiar-se e nos guiar e, finalmente, nos transmitiu:

"Creio que chegamos."

Fez vários movimentos deslocando algo até conseguirmos ver luz. Apenas um arbusto com muitos galhos flexíveis escondia o local. Saímos no que eles chamavam de oásis, enquanto alguns poucos mercadores davam de beber aos seus animais. Mal nos olharam.

Não sabíamos para que lado estava a nave, mas Rarun, após tirar um indicador de local do bolso, nos deu a direção. Continuamos a caminhar até sairmos do campo de visão dos homens. Depois volitávamos um pouco e andávamos outro tanto.

Um total silêncio nos envolvia, como se estivéssemos abandonando algo valioso para nós. Entramos na nave, nos trocamos, nos alimentamos e levantamos voo em direção à aldeia.

Capítulo 17

Podíamos sentir uma grande tristeza em Orin, emoção que se refletia em olhares vagos.

Clarion foi até ela e perguntou por que Orin estava sentindo-se assim, mesmo sabendo que aquele não era nosso mundo e que não poderíamos ficar.

— E o que é nosso mundo? Não é todo o universo? Um dia, não seremos todos uma só irmandade?

— Eles têm um longo caminho evolucional para seguir, Orin.

— Sei disso e sei também que seria estranho quando o ciclo corpóreo dele acabasse e eu continuasse aqui. Mas criei laços, fiz amigos e confesso que fiz mais do que ensinar. Insisti, implorei que me ouvissem... Sinto-me como uma mãe que abandona os filhos.

— Você crê que aprenderam?

— O imperador, sim, do contrário, eu jamais teria saído de lá da forma como saí. Ele era arrogante antes da doença. Eu soube que era uma pessoa intratável e que acreditava ser nobre. Para ele, ser superior era isso: intolerante, caprichoso, vaidoso e indiferente à dor alheia. A doença veio — pressão evolutiva para mudar —, e só assim ele percebeu, com muita revolta, que era frágil, um ser comum. Vim, expliquei-lhe os motivos e pedi: "Aprenda, por favor, aprenda com essa doença antes de blasfemar contra os deuses em quem acredita". Para ele, foi difícil entender essa lógica. Hoje, contudo, sabe que terá outras vidas, que poderá vir de qualquer forma, com poder, sem poder, ou como um simples mendigo. No início, riu muitas vezes, mas agora não mais.

— Você fez diferença, Orin. Deveria estar feliz e não tão triste.

— Sei que deveria sentir-me assim. Ficou um relacionamento de amizade, amor e carinho muito grandes. Tenho me perguntado: "Por que, quando entrei ali como servente, só para entender o funcionamento do governo, me vi de repente servindo ao imperador?". Eu não vim; fui enviada. Tenho certeza disso.

Sorri-lhe e comentei:

— Trion também fez esse tipo de comentário. Ela me disse que, provavelmente, temos resgates passados com algumas pessoas que nos cercam. Ela descobriu o dela. Não podemos especular mais.

— Tenho certeza disso. Ir embora é como deixá-los sem salvaguarda.

— Sabe que isso não é verdade. Eles saberão que têm auxílio. Não percebem isso agora nem perceberão amanhã; essa percepção só despertará quando estiverem preparados para entender.

— Descobri uma fragilidade em mim que pensava não existir mais. — Observou ela um tanto decepcionada consigo mesma.

— Todos nós temos fragilidades. Faça os relatórios. Isso a ajudará a entender o conflito — sugeriu Clarion.

Saí da presença deles e fui à sala de comando. Rarun navegava. Vimos formações de nuvens e chuva ao longe e pousamos. Clarion saiu para medir o nível de umidade relativa do ar, e decidi acompanhá-lo.

— Pelo nível de umidade, choverá em três dias. — Observou ele. — Mas não creio que, no primeiro momento, virá uma chuva forte. O problema é que ficará dias e dias, variando de concentração, aumentando de intensidade.

— A família que ficou terá tempo de deslocar-se? — perguntei preocupado.

— Creio que sim. Ontem, fui até lá.

— Conseguiu convencê-los?

— Não. Tentei explicar como funcionava esse aparelho. Foi em vão; ninguém entendeu. Fui o mais simples possível, mesmo assim, nada.

— Hora de nos mudarmos.

— Hora de irmos para casa, Irione.

— Aradie sugeriu que fôssemos buscar Trion amanhã logo cedo. Temos dados suficientes para dez anos de estudos ou mais.

— Iremos embora sem saber sobre Chrospu? Se ele realmente foi um de nós?

— Não conseguiremos descobrir; não há como. Só poderíamos fazer o que fizemos até agora: especular. Talvez, todos tenham sido um de nós um dia — comentou Clarion intrigado. — Rarun está fazendo um resumo das pesquisas dele.

— Lerei assim que ele terminar — afirmei.

Voltei à nave para conversar com Rarun, e encontrei-o discutindo alguns dados com Orin. Não os interrompi; fui até a sala de alimentação, peguei um concentrado e comecei a mastigar.

Uma tristeza começou a tomar conta de mim. Não queria partir com aquela imagem de desolação. Tudo estava seco à minha volta. Depois, sorri de mim mesmo por essa reação. Toda a vida estava lá, pulsando dentro de Cordissanal, e brotaria com toda a força assim que as chuvas caíssem e o clima se estabilizasse novamente. Enquanto isso, muitos seres seguiam seu nível evolucional. Ligados ainda sem consciência a toda razão de ser do universo e ao seu criador inimaginável.

No dia seguinte, logo aos primeiros raios de sol, saímos e fomos até Trion. Descemos a nave e andamos pela floresta. Não havia sinais de seca no sul.

Os nativos pintados nos cercaram em vão. Quando conseguimos chegar ao centro da aldeia, o chefe nos recebeu de malgrado. Perguntamos por Trion, e ele nos respondeu:

— Minha mulher, Orichana, não irá com vocês.

— Chefe, com meu respeito, precisamos falar com ela — afirmei.

— Estou aqui! Kariram, eu havia lhe dito que, no dia em que eles voltassem, eu teria de ir.

— Você é minha esposa e vai obedecer às minhas ordens.

Ela sorriu meigamente e falou-lhe em tom baixo:

— Sabe que não posso. Sei que está diante de seu povo e tem que mostrar autoridade, por isso diga que posso bem alto... Do contrário, terei de desafiá-lo, e seu povo dirá que perdeu a autoridade. É importante que eles o respeitem. São como crianças, e você, o pai.

Senti nele um olhar de dor profunda, um silêncio de afastamento enorme.

— Eu determino que vá — falou alto e firme, enquanto sua expressão facial e seu olhar afirmavam outra coisa: suplicavam que ela ficasse.

Trion ajoelhou-se aos pés de Kariram dizendo:

— Agradeço, grande homem, por sua hospedagem. Nunca se esqueça de transmitir ao seu povo o que lhe ensinei. Isso fará com que fiquemos cada vez mais próximos.

— Não esquecerei — ele disse com voz embargada, quase em um sussurro.

Trion virou as costas, e nós saímos. Os que nos olhavam não se mexiam. Chegamos à nave, e ela se recolheu ao seu ambiente. Pouco depois, levantamos voo.

Retornamos à aldeia, e, após sair da nave, sentei-me em uma grande rocha. Clarion aproximou-se e, também pensativo, sentou-se perto de mim.

— O que viemos fazer aqui, Irione?

— Muito mais do que estudar e compreender um mundo novo de perto. Viemos em busca do nosso passado, de amigos que não puderam nos acompanhar. Tenho certeza disso.

— Precisamos voltar para casa. Quando iremos?

— Assim que as chuvas começarem e o povo que ficou estiver a salvo — afirmei.

— Rarun terminou o relatório. Não pretende ler?

— Pretendo, sim.

Dois dias depois, bem no meio da madrugada, ouvi no laboratório os primeiros pingos de chuva. No dia seguinte, ela continuou, ora mais densa, ora mais amena.

Sabíamos que a grande enchente começaria com aqueles tímidos pingos e que haveria uma proliferação de animais aquáticos mortos pela grande seca, mas era algo necessário. Com a enchente, ocorreria a mistura das águas de muitos rios, daqueles que tinham mantido seus níveis e, consequentemente, a vida, com aqueles que estavam com leito seco. Por isso, nossos cálculos provavelmente estavam corretos.

Fui até o povo que permanecera na região e novamente pedi a eles que subissem a montanha, do contrário, morreriam. O velho mais velho mais uma vez se recusou a ir e impediu que a família dele fosse. Eram quase cinquenta indivíduos, entre adultos e crianças.

Tentei convencer pelo menos uma parte deles e senti que as mães, mais atentas à vida pelos filhos, queriam ir, mas não tinham coragem de desafiar as ordens. Voltei à nave com grande tristeza.

Na primeira estiagem que aconteceu dois dias depois do início das chuvas, fomos até a montanha para dizer adeus a todos. Pelo nível das nuvens que se aproximavam, a chuva que traria a vida começaria seus dias sem interrupção.

Muitos choravam, e outros somente agradeciam. Procuramos por Chrospu, e ele havia sumido novamente.

Quando o encontrei, estava todo molhado. Os cabelos pingavam gotas de chuva, e tive uma vontade emocionada de abraçá-lo. Perguntei:

— O que faz aqui em baixo? Deveria estar com os outros, protegido da chuva.

— Vocês vão partir e não vão me levar.

— Não podemos, Chrospu. Este é seu mundo agora. Você terá que viver, aprender, morrer, renascer até alcançar o que perdeu.

Ele baixou o olhar.

— Vou morrer agora, então.

— Não faça isso, pois errará novamente. Você precisa dar valor a cada oportunidade de viver. Cada vida é de extrema importância. Não queira morrer e, sempre que puder, defenda a vida alheia, como fizemos. Deixamos a vocês muito conhecimento. Os ciclos lunares, as indicações de como nos visitar, tudo, tudo está ali, nas pedras. Verifiquei que Karron anotou tudo. Quando puderem ir nos visitar, estaremos à espera de vocês. Sei que nos reconheceremos mesmo em outras roupagens, porque amigos sempre se reconhecem.

"Aprenda os segredos da vida e venha com todos os que amamos. Levamos saudades e jamais os esqueceremos. Adeus, Chrospu."

— Quero ir! — disse ele à beira das lágrimas.

Abracei-o emocionado e tive certeza de que ele já fizera parte de minha existência — não importava quando ou como.

— Não posso levá-lo. Você tem seu destino e fez suas escolhas, lastimo muito. Logo irá, mas não desse jeito. Estará preparado para a nova evolução. Chegará o tempo em que vocês terão certeza por si só de que são eternos.

Soltei Chrospu, abaixei-me para pegar um punhado daquele solo ligeiramente úmido em minha mão e pude sentir o ciclo de vida renascendo dele.

Recoloquei-o delicadamente no lugar. Se estava ali, havia um motivo para estar. Voltei à aldeia para despedir-me de todos os habitantes. Meus parceiros de viagem também estavam lá. Tive o prazer de ver a família que ficara ali segura e sorri feliz.

Um dos jovens dessa família veio até a mim e me disse:

— Virecocha, a água ainda não chegou à marca, porém, o velho mais velho ficou com medo, e subimos rapidamente para a cidade dos degraus.

Sorri para o jovem e agradeci. Procurei pelo velho mais velho daquela família com o olhar e sorri a ele, que me sorriu de volta a alguma distância e me disse adeus com um cumprimento de mãos.

Descemos para a nave e levantamos voo em direção ao nosso sistema solar.

O silêncio reinava entre nós. Cada um carregava a certeza íntima de que, mais uma vez, nos separávamos de antigos relacionamentos.

Rarun estava recolhido na biblioteca e agora contava novamente com a ajuda de Orin. Eles tinham uma integração ímpar. Eu diria que formavam um casal perfeito. Quanto a Aradie e Trion, ela não correspondia a ele, pois de alguma forma estava presa a um passado relembrado na memória.

Trion estava diferente, mais amiga de todos. Aliás, todos nós estávamos diferentes. Outra lei no universo: ensinar e aprender, sempre em uma correspondência.

Entrei na biblioteca e pedi a Rarun o relatório que ele fizera. Sentei-me e, quando já trafegávamos pelas estrelas, comecei a ler.

Levando-se em conta que todo o universo tem a mesma base de criação, presenciamos nesse planeta um trecho da sua história em alguns poucos anos.

Aqui, o que classificarei como raça base ou natural vem dos seres que começaram sua vida passando por todos os reinos, tendo sido esse planeta seu nascedouro natural.

Passaram pelos unicelulares, vegetais e animais. A cada evolução, mais uma cadeia molecular de DNA era anexada ao corpo espiritual e, por reflexo, mais uma era anexada ao corpo denso, como já conhecemos de nossa própria origem. Quando chegaram ao nível de Primata Hominun, houve a chegada dos primeiros exilados. Classifiquei de segunda presença.

Oriundos de um sistema que apresentava domínio de conhecimento em relação aos primeiros. Esses seres, que não haviam acompanhado a evolução da grande maioria em seu planeta originário, tornaram-se aberrações e perderam totalmente a identificação.

Para uma nova chance de aprendizado, foram trazidos para um planeta em seus primórdios, como sempre ocorre no universo. Vieram como espíritos, e seus corpos espirituais foram adequados para o padrão local, renascendo da forma natural em que sua adaptação seria mais fácil.

O cruzamento dessas raças de forma assexuada trouxe evolução física e espiritual de forma mais rápida e eficiente aos que classifiquei como naturais.

Terceira presença: são oriundos de um sistema solar de menor intensidade em termos de emissão de calor. Apresentam pigmento celular de olhos e pele bem mais claros. Foram deixados em áreas nas quais sua adaptação seria mais propícia. Região do planeta que apresenta baixos níveis de temperatura e intensidade solar.

Quarta presença: são oriundos de sistema solar de estrela de maior grandeza e calor intenso e foram deixados em regiões onde há presença de animais de grande porte. Pela necessidade do seu sol de origem, há uma variação na composição do DNA. Apresentam corpos com musculatura mais desenvolvida, nível elevado de altura e pele bem mais resistente aos raios solares e ao calor em comparação com os demais. Para eficiência, a pigmentação dos olhos e da pele são bem mais escuras.

Quinta raça: são oriundos de um planeta no qual a atração gravitacional e a pressão atmosférica provavelmente apresentam grande peso, pois esses seres têm como características pernas um tanto curtas e olhos puxados. Essa raça tem conhecimentos profundos sobre o próprio corpo físico, espiritual e seus motivos. Apresenta também muitas distorções desses conhecimentos e imperfeições em relação ao caráter moral como as demais.

Por muito tempo, tiveram total ignorância uns dos outros. Atualmente, já há relacionamentos, embora ainda não tenham ocorrido misturas consanguíneas acentuadas entre eles.

O relatório dele ainda apresentava muitos dados técnicos, os quais li brevemente. Levantei-me e fui até o lado transparente da nave. Clarion a pilotava devagar, como se pudéssemos adiar a partida, mantendo-nos no sistema solar.

Fechei os olhos e revi a última imagem antes de entrar no mar de estrelas: a das nuvens vista por cima e depois nada; só o azul infinito do planeta Cordissanal, o planeta das mil e uma cores.

Quando, já de volta ao meu planeta, soube que outra equipe viria para esse lado, pedi a eles que devolvessem meus vegetais. Estavam crescidos, mas não era lá o lugar deles. Passei as coordenadas do local onde os tinha encontrado, e foi lá, com precisão quase absoluta, onde eles os replantaram.

Enquanto séculos passavam em Cordissanal, Clarion, eu e outros diversos trabalhadores voltamos e voltamos em outras vestimentas, e, a cada vez que retornávamos, o planeta já não era o mesmo. Fervilhava cada vez mais de vida humana, cidades cresciam, os habitantes multiplicavam-se, a floresta se reduzia, e, de certo modo, perdia a gentileza. Os povos da aldeia não existiam mais da forma como os tínhamos conhecido.

Passavam por guerras localizadas e por outras maiores. Deduzimos que, na luta pelo poder e levados pelo egoísmo, nos receberiam com hostilidade, provavelmente com armas. Havia muito preconceito ao que julgam diferentes.

Lastimo. Sentimos saudades e jamais nos confrontaríamos, pois somos irmãos. Mesmo com esses impedimentos, nunca deixamos de, ao passar pelo sistema, descer mesmo rapidamente e refazer os dados para ter a informação do dia em que estarão novamente preparados para nos receber como irmãos, sem medo, como da primeira vez. Porque ninguém está só no universo. Nunca está.

Psicografado por Amarilis de Oliveira

Nota da autora

Quando comecei a psicografar este livro, fiquei muito intrigada, pois, embora ele tenha vindo sob o título de ficção científica, muitas coisas nele parecem-me bem possíveis.

Tive minha curiosidade despertada principalmente por pequenos detalhes, e identifiquei que este livro não é todo de ficção. Quando tive a chance, perguntei ao autor, que me respondeu que se torna muito mais fácil absorver alguns fatos quando vêm a nós como ficção, histórias da imaginação, pois colocamos o preconceito de lado.

Continuamos a trabalhar no livro, e identifiquei fatos que correspondem facilmente à nossa realidade de reencarnação — mas não deve ser só isso. Quando o personagem Chrospu lamenta não poder ir e quer ser Virecocha, um alarme despertou dentro de mim. Eu já tinha ouvido essa palavra, só não sabia de onde.

Fui procurar, e muitas dicas no livro ajudaram-me. Concluí — embora não tenha o aval do autor — que se refere aos incas, que viveram no Peru.

Inca significa príncipe ou chefe. No Vale Sagrado dos Incas, Virecocha — Deus supremo — semeou o milho, o feijão e muitos alimentos. “Essa foi a morada, esse foi o lugar. Aqui subiram os grossos grãos de milho”, diz a lenda.

Querido(a) leitor(a),

Uau! Que história intrigante, não? A vida sempre nos oferece descobertas mágicas.

Agora que você chegou ao final, que tal voltar à imagem da capa e observar melhor as montanhas ao fundo? Notou algo familiar?

Elas fazem parte do sítio arqueológico de Machu Picchu, localizado no Peru. Também conhecida como a cidade perdida dos incas, é considerada patrimônio cultural da humanidade pela UNESCO.

Ficamos felizes em lhe proporcionar esse mergulho no passado, a bordo da nave brilhante de Irione e seus companheiros.

Até a próxima leitura.

Equipe Vida & Consciência